Koppensteiner • Wegbereiter, Brückenbauer, Helfer in der Not ...

Schriften zur Geschichte
des Österreichischen Bundesheeres

Herausgegeben vom Generalstab
des Bundesministeriums für Landesverteidigung und Sport
und dem Heeresgeschichtlichen Museum (Wien)

Band 16

Bruno W. Koppensteiner

Wegbereiter, Brückenbauer, Helfer in der Not …

Das Salzburger Pionierbataillon

Innovativ – Professionell – Effizient

Bibliografische Information der Deutschen Bibliothek
Die Deutsche Bibliothek verzeichnet diese Publikation in der Deutschen
Nationalbibliografie; detaillierte bibliografische Daten sind im Internet
über <http://dnb.ddb.de> abrufbar.

Umschlagabbildungen:

Großes Bild: Die Salzburger Landesregierung übergab dem PiB 3 im Jänner 1964 die erste D-Brücken-Einheit.
Vorführung des Gerätes anlässlich der Übergabe.
Kleines Bild: Filzmoos 1959.

© 2009. Republik Österreich/Bundesminister für Landesverteidigung und Sport
Roßauer Lände 1, 1090 Wien
Alle Rechte vorbehalten
Artdirektion, Produktion: Gra&Wis, 1090 Wien
Druck: Heeresdruckerei, 1030 Wien. BMLVS R 09-1570
Vertrieb: Heeresgeschichtliches Museum, 1030 Wien
Umschlagabbildungen: Archiv PiB 2
ISBN 978-3-902455-17-8 Gra&Wis, Wien

Inhalt

Vorbemerkungen der Herausgeber 8
Geleitwort des Bataillonskommandanten 10
Vorwort des Verfassers 12

    Die Entwicklung der österreichischen Pioniertruppe 15
        Entstehung und Entwicklung der österreichisch-ungarischen Eisenbahntruppe 28
        Karl Freiherr von Birago 33
        Gustave Alexandre Eiffel 36
        Generalmajor Franz Herbert 38
        Oberingenieur Johann Kohn 40
        Olt dRes Dipl.-Ing. Friedrich Roth 41

    Salzburger Pioniere im Bundesheer der Ersten Republik 43

    Das Salzburger Pionierbataillon 1956 bis 2008 47
        Die Kommandanten des Salzburger Pionierbataillons 392
        Offiziere des Intendanzdienstes 394
        Offiziere des Generalstabsdienstes 395
        Salzburger Pioniere auf vier Kontinenten im Einsatz 396
        Entwicklung des Salzburger Pionierbataillons 397
        Geleistete Arbeitsstunden bei Unterstützungsleistungen und Katastropheneinsätzen 400
        Totengedenken 401

Abkürzungsverzeichnis 402
Literaturverzeichnis 404
Anhang 407
Autor 410

Innovativ

Professionell

Effizient

Vorbemerkungen der Herausgeber

Schon im ersten Jahrzehnt der Zweiten Republik sahen die konkreten Planungen für die Aufstellung österreichischer Streitkräfte quantitativ starke und leistungsfähige Pionierverbände vor, die ein wichtiges Element der Kampfunterstützungstruppen darstellen sollten.

In der Heeresgliederung 1955/56 war je ein Pionierbataillon pro Brigade vorgesehen, ein Organisationsrahmen, der jedoch vorerst nur zum Teil umgesetzt werden konnte und schließlich reduziert werden musste.

Letztlich erbrachte auch die zahlenmäßig verkleinerte Pioniertruppe schon in den ersten Jahren ihres Bestehens große Leistungen. In den Hochwasserkatastrophen 1965 und 1966 konnte sie – mit Unterstützung zahlreicher anderer Verbände des Heeres – der schwer betroffenen Bevölkerung entscheidende Hilfe zukommen lassen.

Das Engagement und die Professionalität, die auch in den folgenden Jahrzehnten immer wieder gezeigt wurden, wirkte sich bei Übungen und Einsätzen aller Art im In- und Ausland in einer Anerkennung aus, die weit über die Grenzen der Republik Österreich hinausreichen sollte. Hier sei nur – als rezente Beispiele – an den Aufbau der österreichischen Camps durch die Pioniertruppe am Beginn der Einsätze 1999 in Albanien und im Kosovo und 2008 im Tschad erinnert.

Die vorliegende Publikation widmet sich der Geschichte der Pioniertruppe in der Garnison Salzburg. Vom ursprünglichen Pionierbataillon 8 zum heutigen Pionierbataillon 2 wurde ein weiter Weg zurückgelegt.

Letztlich haben jene nahezu 22.000 Soldaten, die seit 1956 als die „Salzburger Pioniere" ihren Dienst für Österreich geleistet haben, eine weitere und bleibende Anerkennung in Form dieser Publikation verdient.

Dem Verfasser und „Chronisten", Oberst iR Dr. Bruno Koppensteiner mit seinem „Redaktionsteam" sprechen die Herausgeber ihren herzlichen Dank für seine Leistung aus.

Zur Umsetzung des Projektes „Salzburger Pioniere" sowie zur Weiterführung der „Schriften zur Geschichte des Österreichischen Bundesheeres" gilt außerdem der Dank der Herausgeber der Leitung und den Mitarbeitern der Abteilung Öffentlichkeitsarbeit im Bundesministerium für Landesverteidigung und Sport, der Heeresdruckerei und den mit der Schriftenreihe betrauten Mitarbeitern der Abteilung Militärgeschichtliche Forschung und Publikationswesen des Heeresgeschichtlichen Museums.

Hofrat
Dr. Wolfgang Etschmann
Leiter Abteilung Militärgeschichtliche Forschung
und Publikationswesen

Generalleutnant
Mag. Christian Segur-Cabanac
Leiter Sektion IV-Einsatz

Geleitwort des Bataillonskommandanten

Seit über einem halben Jahrhundert besteht das Salzburger Pionierbataillon. Aus bescheidenen Anfängen hat es sich zu einem modern ausgerüsteten Verband mit anerkannt hoher fachlicher Kompetenz entwickelt, der Vergleiche mit Pionieren anderer Armeen nicht zu scheuen braucht, wie wir bei Auslandseinsätzen immer wieder feststellen können.

Name, organisatorischer Rahmen und manches andere haben sich geändert. Aus einem Brigadepionierbataillon wurde eine Korpstruppe und schließlich ein Gebirgspionierbataillon mit integrierter Panzerpionierkompanie. Auch die Aufgabenstellung ist – bedingt durch die veränderte weltpolitische Lage – eine andere geworden. Verteidigungsaufgaben im eigenen Land sind in den Hintergrund getreten. Durch die Auslandseinsätze ergeben sich andere Herausforderungen wie Auf- und Ausbau von Infrastruktur, Beseitigung von Minen und Blindgängern usw. Unverändert geblieben ist die Verpflichtung zur Hilfeleistung bei Elementarereignissen im eigenen Land, die gleichrangig mit den anderen Aufgaben im Wehrgesetz verankert ist. Diesen Aufgaben fühlen wir uns aus tiefster Überzeugung verpflichtet.

Wir haben das große Glück, dass unser Land seit dem Ende des Zweiten Weltkrieges von kriegerischen Auseinandersetzungen verschont geblieben ist. Wie Obst iR Dr. Koppensteiner in der vorliegenden Chronik umfangreich und detailliert dokumentiert, hat unser Verband in den nunmehr mehr als fünf Jahrzehnten seines Bestehens beachtliche Leistungen für unsere Bevölkerung erbracht. Im Namen des Bataillons und all jener, die in unserem Verband gedient und ihren Beitrag geleistet haben, möchte ich ihm für diese Arbeit aufrichtig danken. EDV-mäßig wurde er dabei bestens unterstützt durch OStv Bernd Eberl und Gfr Georg Hollenstein.

Unser Dank gilt dem BMLVS, das die Herausgabe dieses Buches im Rahmen der Reihe „Schriften zur Geschichte des Österreichischen Bundesheeres" genehmigt hat, und in besonderer Weise den Herren der Militärgeschichtlichen Forschungsabteilung des Heeresgeschichtlichen Museums, in deren Händen die praktische Umsetzung dieses Projektes lag.

In der Hoffnung auf weitere Jahre einer friedlichen Entwicklung wird das Bataillon auch in Zukunft bemüht sein, getreu unserem Motto

innovativ,
professionell,
effizient

sein Bestes für Österreich zu geben.

Oberst
Josef Schnöll, MSD
Kommandant Pionier-Bataillon 2

Vorwort des Verfassers

1956 wurde die 1. Kompanie des Pionierbataillons 8 mit Kader der B-Gendarmerie, vornehmlich der Gendarmerieschule Tirol III in Schwaz, der Keimzelle der Pioniertruppe, gebildet und war der 8. Brigade unterstellt. 1958 erfolgte durch Aufstellung eines Stabszuges und einer 2. Pionier-Kompanie die Erweiterung zum Bataillon. Dieses halbe Jahrhundert des Bestehens des Verbandes ist Anlass, eine Rückschau zu halten auf die Ereignisse dieser Jahre. Zur Abrundung dieser historischen Betrachtung wird im Folgenden auch die Entwicklung der Pioniertruppe kurz beleuchtet.

Die Auslandseinsätze im Rahmen internationaler Organisationen wurden nur insoferne aufgenommen, als das Bataillon direkt für die Abstellung zuständig war. Eine geschlossene Aufstellung der UNO-Einsätze der einzelnen Kaderangehörigen war nicht möglich – aus einem einfachen Grund: Es gibt keine diesbezüglichen kompletten Aufzeichnungen. Sehr wohl aber findet sich am Ende des Buches eine Karte mit allen Einsatzorten, an denen Angehörige des Salzburger Pionierbataillons tätig waren – auf vier Kontinenten.

1963 wurde das Bataillon dem Gruppenkommando III direkt unterstellt und erhielt die Bezeichnung Pionier-Bataillon 3. Eine weitere Umbenennung in Pionierbataillon 2 erfolgte 1992, da das vorgesetzte Kommmando inzwischen zum Korpskommando II geworden war. Die gleichzeitige Vergabe der Bezeichnung „Pionierbataillon 3" an das Melker Pionierbataillon hat naturgemäß in der Folge zu unvermeidlichen Verwechslungen geführt. Um eine Verwirrung in der vorliegenden Arbeit zu vermeiden, wird daher die Bezeichnung „Salzburger Pionierbataillon" bevorzugt.

2002 wurde das Bataillon nach Auflösung der Ebene der Korpskommanden der 6. Jägerbrigade mit Kommando in Absam unterstellt. Im Zuge der generellen Umstrukturierung der Armee erhielt es u. a. noch eine Lehr- und eine Panzer-Pionier-Kompanie zugeteilt und erreichte einen Maximalstand von acht Kompanien. Der Organisations-Plan von

2008 brachte wieder eine Reduzierung auf fünf Kompanien.

Die Erstellung einer derartigen Chronik hängt ganz wesentlich von den zur Verfügung stehenden Unterlagen, von vorhandenem Bildmaterial, und vor allem auch von der persönlichen Erinnerung der damals Beteiligten ab. Das Salzburger Pionierbataillon ist wie kein anderer Verband in der glücklichen Lage, über eine durchgehende Chronik und über das regelmäßig erscheinende Jahrbuch „Der Pionier" zu verfügen. Dieses war übrigens die erste Truppenzeitung des Österreichischen Bundesheeres, und seit Anfang der 60er Jahre dokumentiert diese Publikation kontinuierlich die Ereignisse im und um das Bataillon. Beides, Chronik und „Pionier" waren von Oberst List gegründet und von den Nachfolgern weitergeführt worden und bildeten eine hervorragende Basis für diese Arbeit. Darüber hinaus wurde diese Zusammenstellung durch mündliche Beiträge unserer Kameraden aller Generationen, durch Bilder und Unterlagen aus ihren privaten Archiven sowie durch Medienberichte ergänzt. Die Fotos von konkreten Ereignissen konnten zeitlich gut zugeordnet werden. Bei Aufnahmen, die keinen direkten diesbezüglichen Bezug aufweisen, mag es zu leichten zeitlichen Verschiebungen kommen. Die Redaktion ersucht dafür um Verständnis und gegebenenfalls um entsprechende Hinweise.

Die vorliegende Dokumentation, deren Schwerpunkt weniger auf der Übungstätigkeit als vielmehr auf dem Beitrag liegen soll, den das Bataillon für den zivilen Bereich erbracht hat, wie Katastropheneinsätze, Hilfeleistungen im Rahmen der Ausbildung und sonstige Unterstützungen, versteht sich als eine Art Leistungsbilanz für die militärische Führung ebenso wie für die Öffentlichkeit. Sie wendet sich aber auch an jene Kreise, welche immer wieder die Notwendigkeit des Heeres in Frage gestellt, ja dessen Abschaffung mit Vehemenz betrieben haben.

Im Besonderen aber ist diese Sammlung all jenen gewidmet, die in jenen Jahren als Angehörige des Aktiv-, Miliz- oder Reservestandes im Salzburger Pionierbataillon gedient haben. Sie gilt vor allem auch allen unseren jungen Kameraden, die ihren Wehrdienst in diesem Verband geleistet haben – und das waren geschätzt etwa 20.000 bis 22.000 Mann. Nur dadurch, dass jeder, gleichgültig in welcher Funktion, sein Bestes gegeben hat, waren diese Leistungen möglich.

Ihnen allen gebühren Hochachtung und Dank.

Der Chronist

Vorwort

Dank

Allen, die an der Erstellung dieser Dokumentation mitgearbeitet haben, sei es in rein arbeitstechnischer Hinsicht, sei es im dokumentarischen Bereich durch das Einbringen ihrer persönlichen Erinnerung oder durch Beistellung von Unterlagen, soll an dieser Stelle aufrichtig und herzlich gedankt werden.

Die Bilder und Dokumente für diese Arbeit wurden in großzügiger Weise von nachstehend angeführten Dienststellen und Einzelpersonen zur Verfügung gestellt. Nur durch ihre Unterstützung war es möglich, diese Chronik zu erstellen. In den meisten Fällen ist es leider nicht mehr möglich, festzustellen, wer die Aufnahmen tatsächlich gemacht hat – die Leihgeber haben die Bilder nur zum Teil selbst aufgenommen. Sehr oft scheinen Sie selbst auf den Bildern auf, wodurch sie als Fotografen ausscheiden. Es wird daher um Verständnis gebeten, dass die Bilder nicht einem bestimmten Fotografen zugeordnet werden können. Unbeschadet dessen gilt allen Leihgebern wie Fotografen, vor allem auch jenen, die in der Anonymität bleiben, ein herzlicher Dank dafür, dass sie die Situationen fotografisch festgehalten bzw. die Bilder aufbewahrt und für diese Dokumentation zur Verfügung gestellt haben:

- Militärkommando Salzburg
- Bezirkshauptmannschaft Zell am See
- Bezirkshauptmannschaft Salzburg Umgebung
- Marktgemeinde Mittersill

- Pionierbataillon 2
- Obstlt Alois Arnreiter
- Vzlt Johann Atzl-Wiednig
- Vzlt Günther Bogner
- Hptm Christian Dax
- Vzlt iR Helmut Dax
- Vzlt iR Franz Essl
- OStv Klaus Goldmann
- Vzlt iR Alois Haiden
- Olt RR Ing. Heinrich Haslauer
- Olt wtOAR Ing. Michael Klock
- Vzlt iR Carl Kohoutek
- Vzlt iR Friedrich Kracmar
- Vzlt iR Adolf Krenn
- Obst iR Dr. Bruno Koppensteiner
- OAR Egon Leitner
- Obst iR Robert List +
- HR Dipl.-Ing. Werner List
- OKntlr Sigrid Mahrle
- OStv Othmar Moser
- Wm Josef Müllegger
- Olt OStR Mag. Erwin Niedermann
- Obst iR Peter Panuschka
- OAR Kurt Reiter
- Vzlt iR Franz Salzlechner
- MjrdG Peter Schinnerl
- Obst Werner Schneider
- Obst Josef Schnöll
- Prof. Dr Eberhard Stüber, Haus der Natur
- Bgdr iR Anton Wessely
- Vzlt Peter Zaller

Vorwort

Die Entwicklung der österreichischen Pioniertruppe

Die Pioniertruppe, heute eine einheitliche Waffengattung, geht auf sehr unterschiedliche Wurzeln und auf ein breites Spektrum von Institutionen und Berufen im handwerklichen und technischen Bereich zurück.

Ihre Entwicklung verlief keineswegs geradlinig, sondern eher verschlungen, und es gab ein ständiges Auf und Ab – Zusammenführungen und Teilungen je nach Bedarf, vorhandenen Mitteln und Intentionen der militärischen Führung.

Auch die Aufgaben der einzelnen Korps veränderten sich im Laufe der Zeit und überschnitten sich teilweise. Die nachstehenden Ausführungen zeigen in komprimierter Form das wechselhafte Schicksal dieser Truppe und ihre laufenden Veränderungen unterworfene Organisation.

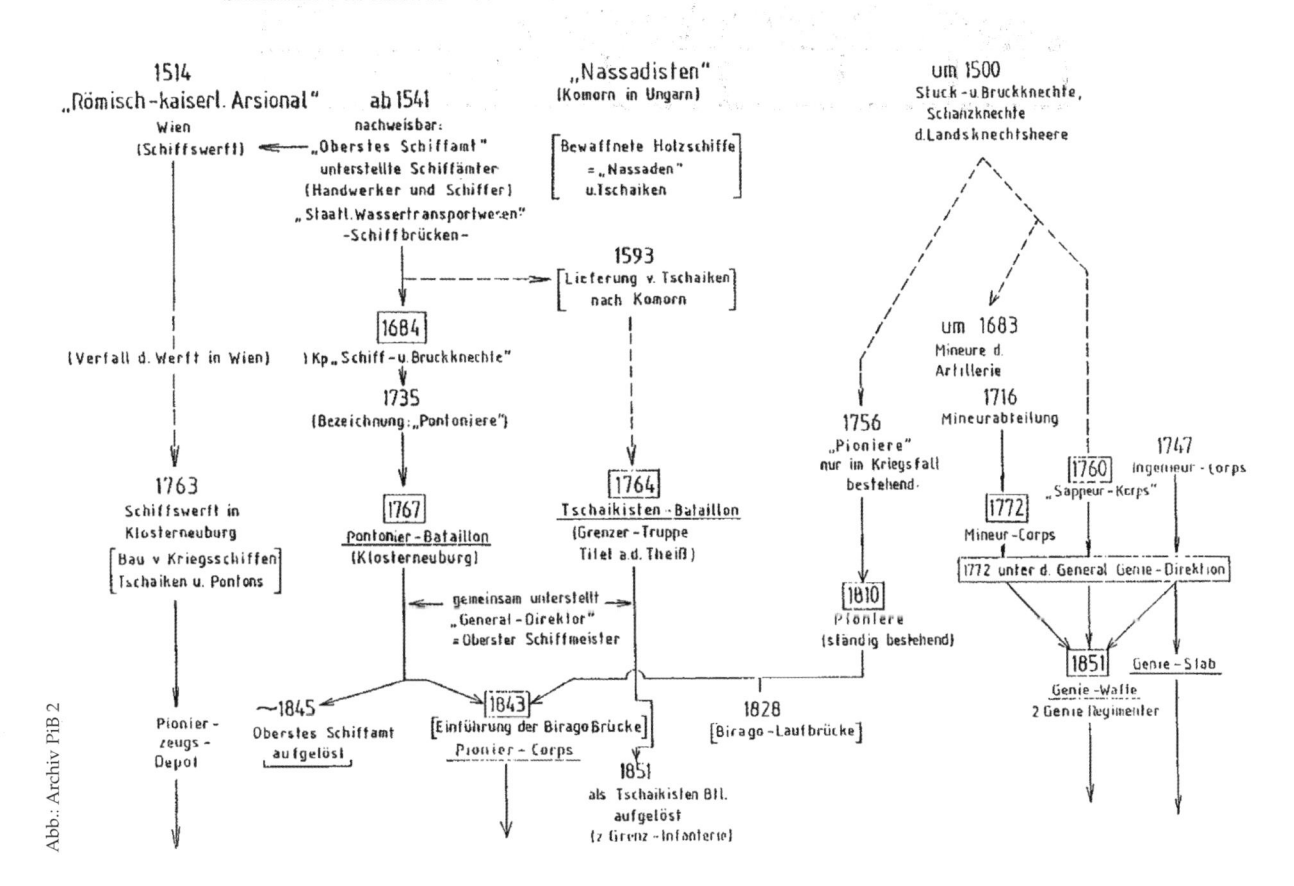

Stammtafel der österreichischen Pioniertruppe 1500 – 1851. Aus: Karl Cserny, Beitrag zur Geschichte der österreichischen Pioniertruppe. In: Festschrift 300 Jahre Pioniertruppe in Österreich, S. 17.

- In der 1514 von Kaiser Maximilian I. gegründeten **Schiffswerft** (*„Römisch kaiserliches Arsional"*) in Wien, ab 1763 in Klosterneuburg, wurden die erforderlichen Boote und Kriegsschiffe hergestellt. Teilweise wurden ab 1530 Zillen und Tschaiken auch von Schoppermeistern in Gmunden bezogen.

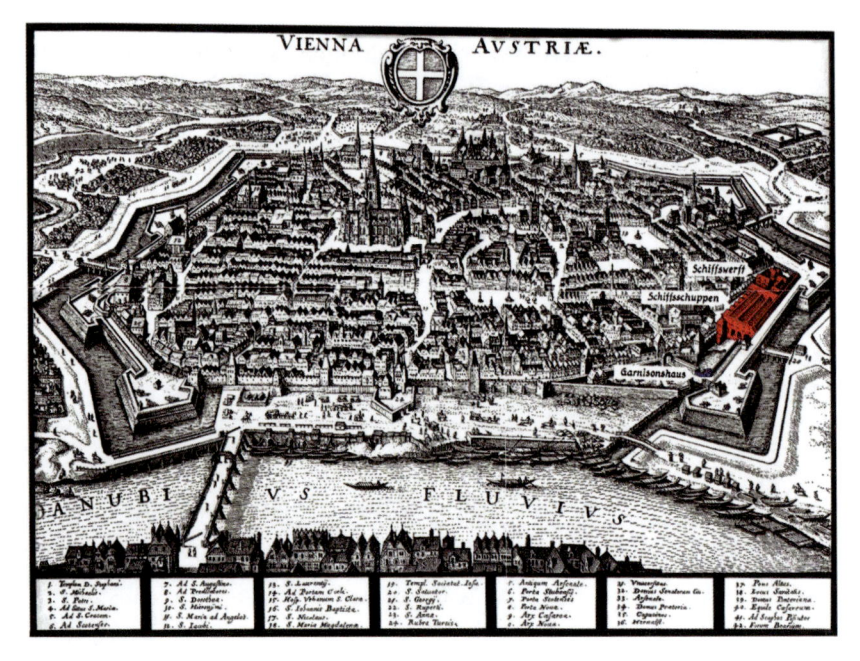

Plan von Wien 1609. Arsenal rot markiert.

- Das **Oberste Schiffamt (Schiffmeisteramt)** in der Leopoldstadt in Wien mit den Schiffern (später den Pontonieren) war zuständig für das staatliche Wassertransportwesen.

Das Oberste Schiffamt in der Leopoldstadt im Jahre 1731.

- Den **Nassadisten** (ungarische militärische Schiffleute) und **Tschaikisten** der Militärgrenze oblag mit ihren bewaffneten, flinken Booten die Sicherung der Donau gegen die Osmanen. Sie waren ursprünglich im Bereich Raab (Győr), Komorn (Komárom, Komárno), Gran (Esztergom) stationiert, nach der Zurückdrängung der Türken wurden sie 1764 unter Maria Theresia nach Slawonien in den Bereich zwischen Peterwardein (Petrovaradin) und der Theißmündung mit Kommando in Titel (Serbien) verlegt.

Mit der Beendigung der Türkenkriege und dem Aufkommen der Dampfschiffe verloren sie ihre Bedeutung. Sie wurden 1853 aufgelöst und die Reste der Grenzinfanterie eingegliedert.

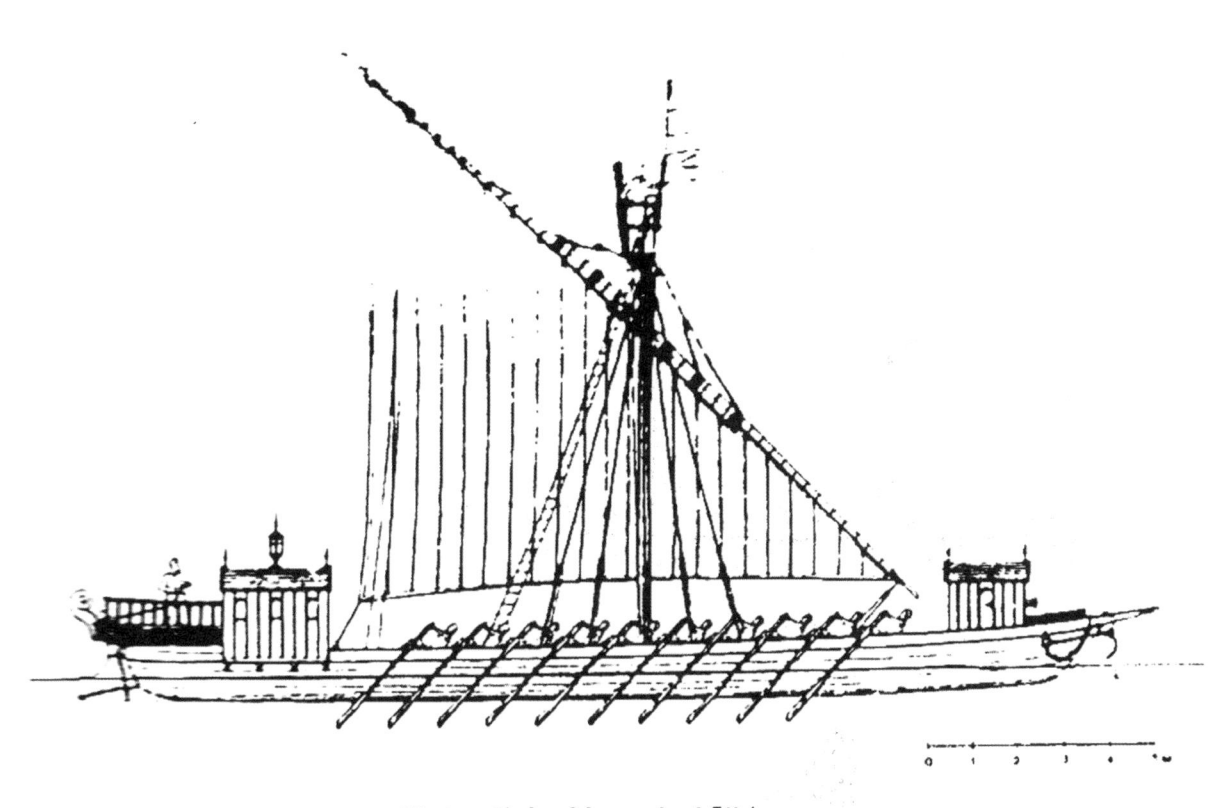

Kaiserliche Nassade 1594. Aus: Kurt Schäfer, Architectura Navalis Danubiana.

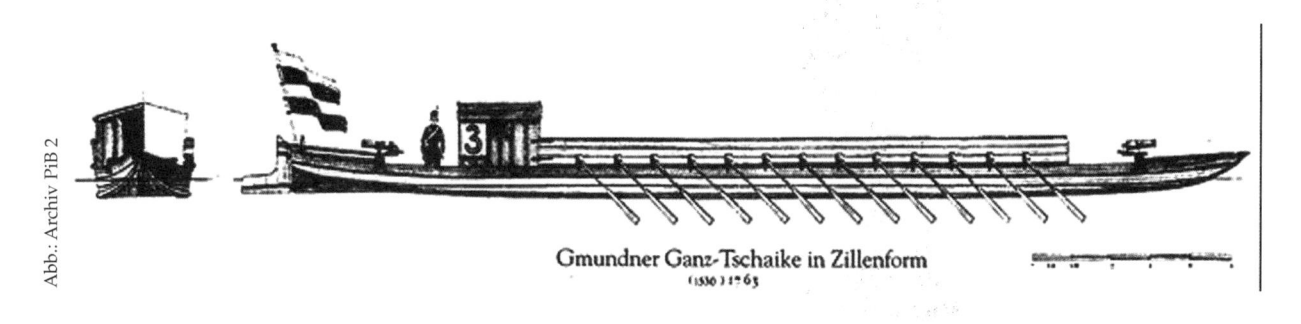

Gmundner Ganz-Tschaike in Zillenform. Aus: Kurt Schäfer, Nassern Tschaiken Canonierbarquen.

Die Entwicklung der österreichischen Pioniertruppe

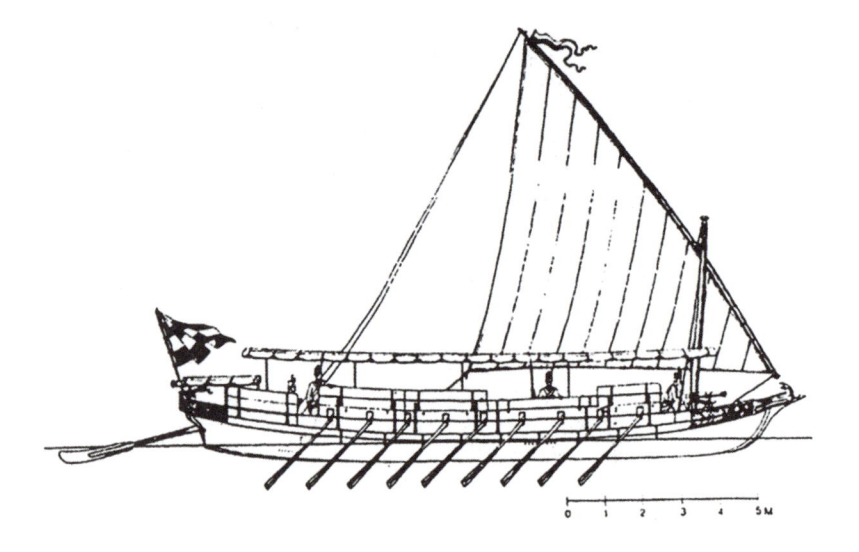

Klosterneuburger Halbtschaike
mit Galeerensegel 1771.
Aus: Kurt Schäfer, Architectura
Navalis Danubiana.

Canonierbarque 1819.
Aus: Kurt Schäfer, Nassern
Tschaiken Canonierbarquen.

Ungarisches Tschaikisten Korps.
Aus: Geschichte und bildliche
Vorstellung der Regimenter des
Erzhauses Österreich, Tafel 32,
Sammlung
Harald Gredler

Wegbereiter, Brückenbauer, Helfer in der Not

- Um 1850 wurde auf Betreiben Feldmarschall Josef Wenzel Graf Radetzkys das mit Dampfschiffen ausgerüstete **Flottillenkorps** zur Durchführung von Truppen- und Materialtransporten zu Wasser, zur Unterstützung militärischer Operationen des Landheeres sowie zur Bekämpfung feindlicher Truppen, Fahrzeuge und Uferbefestigungen geschaffen. Es bestand aus:

- der Lagunenflottille in Venedig und der Po-Flotille mit sehr flachen Schiffen
- der Binnenseeflottille für Gardasee, Comosee und Lago Maggiore
- der Donauflottille in Pest.

Das Flottillenkorps wurde 1861 der Kriegsmarine unterstellt.

Kriegsdampfer General SCHLICK

Kriegsdampfer General Schlick. Aus: Hugo Kerchnawe, Die Flotillisten.

Der Dampfer General Schlick wurde von der 1829 gegründeten DDSG in der Schiffswerft Wien-Floridsdorf gebaut und 1830 als „FRANZ I." für den zivilen Schiffsverkehr in Dienst gestellt. 1848 wurde der Dampfer im Zuge der Revolution von den Ungarn angekauft und umgebaut. Er bekam als Bewaffnung zwei siebenpfündige Haubitzen, acht sechspfündige und zwei zwölfpfündige Kanonen und erhielt den Namen „MÉSZÁROS".

Nach der Niederschlagung der Revolution in Ungarn wurde er von den kaiserlichen Truppen übernommen, in „General Schlick" umbenannt und bildete den Kern der neuen Donauflottille.

Die Entwicklung der österreichischen Pioniertruppe

Flottillenkorps 1852.
Lithografie von Franz Gerasch.
Aus: Hugo Kerchnawe,
Die Flotillisten.

Abb.: Archiv PiB 2

• Die **Bruck- und Schanzknechte** – Zimmerleute und Straßenbauer. Sie errichteten Brücken, machten Straßen befahrbar und beseitigten Hindernisse. Ab 1756 wurden sie **Pioniere** genannt.

Zunächst wurden die erforderlichen Handwerker und Fachleute nur jeweils im Bedarfsfall, also bei Kriegsgefahr, angeheuert und nach Kriegsende wieder entlassen.

Erst im Jahre 1684, unmittelbar nach der Zweiten Türkenbelagerung Wiens, ordnete der Hofkriegsrat über Vorschlag des „Stuck- und Bruckhauptmanns" Peter Ruhland an, „unverweilt eine Kompanie Schiff- und Bruckknechte" aufzustellen, die imstande sein mussten, „das Gewehr zu gebrauchen", die also auch eine militärische Ausbildung erhielten. Das war die Geburtsstunde der neuen Waffengattung der Pioniere, auch wenn sie erst später unter diesem Namen zusammengefasst wurde.

Anfang des 18. Jahrhunderts wurde auf Betreiben von Prinz Eugen von Savoyen eine Mineurabteilung – zu Beginn noch im Rahmen der Artillerie – geschaffen, die mit den später aufgestellten Sappeuren und den Ingenieuren 1772 in einer **General-Genie-Direktion** zusammengefasst wurde. Den Mineuren oblagen die bei Belagerungen anfallenden technischen Arbeiten sowie die Schanzarbeiten.

Wegbereiter, Brückenbauer, Helfer in der Not

Durch Maria Theresia wurde das Kriegsbrückenwesen straff organisiert und 1767 in Klosterneuburg ein dem Obersten Schiffamt unterstelltes **Pontonierbataillon** in der Gesamtstärke von 364 Mann aufgestellt. Darüber hinaus kam es zur Aufstellung eines **Pionierbataillons**, das sich vornehmlich aus Zimmerleuten, Bergleuten und sonstigen Berufen zusammensetzte und mit so genannten Laufbrücken, hölzernen Brücken auf stehenden Unterstützungen, ausgerüstet war.

Im Jahre 1810 ließ Josef Wenzel Graf Radetzky, der selbst ab 1796 als Kommandant dieses Pionierbataillons in Italien den Wert gut ausgebildeter Pioniere kennen gelernt hatte, in Korneuburg eine Pioniercorps-Schule einrichten.

Pionier-Pontonier 1760.
Aus: Rudolf von Ottenfeld/Oskar Teuber, Die österreichische Armee in ihrer historischen Entwicklung von 1700 – 1867, Tafel 40.

Pionier — Pontonier 1760

Lothar F. Gerasch,
Pontonier um 1790.

Die Entwicklung der österreichischen Pioniertruppe

Österreichische Pontoniere 1814 mit Brückengerät. Aus: Erich Blankenkorn, Führer durch das Historische Museum Schloss Rastatt, Bd. 3, S. 265

Pioniers Korps.
Aus: Geschichte und bildliche Vorstellung der Regimenter des Erzhauses Österreich, Tafel 78, Sammlung Harald Gredler.

Pontonniers Corps.
Aus: Geschichte und bildliche Vorstellung der Regimenter des Erzhauses Österreich, Tafel 111, Sammlung Harald Gredler.

Abb.: Archiv PiB 2

Wegbereiter, Brückenbauer, Helfer in der Not

• Die **Mineure** – Sprengmeister und Bergleute – sorgten für den unterirdischen Vortrieb von Stollen unter feindlichen Stellungen, um diese zu sprengen, und waren für den Bau von Kavernen zuständig.

Sappeur- und Mineuroffizier 1800.
Aus: Rudolf von Ottenfeld/Oskar Teuber, Die österreichische Armee in ihrer historischen Entwicklung von 1700 – 1867, Tafel 39

Sappeur- und Mineuroffizier 1800

Mineur Korps.
Aus: Geschichte und bildliche Vorstellung der Regimenter des Erzhauses Österreich, Tafel 105, Sammlung Harald Gredler.

Hubert von Zwickle, Kavernenbau

Die Entwicklung der österreichischen Pioniertruppe

- Zu den Aufgaben der Sappeure gehörten der Aushub von Lauf- und Annäherungsgräben an feindliche Stellungen, so genannten „Sappen", sowie der Stellungsbau im Allgemeinen.

Hubert von Zwickle, selbst Angehöriger eines Sappeurbataillons im Ersten Weltkrieg, hielt die Arbeit der Sappeure in einigen Skizzen fest.

Hubert von Zwickle, Skizzen zur Arbeit der Sappeure.

Wegbereiter, Brückenbauer, Helfer in der Not

J. Schindler, K.K. Österreichische Sappeure, Mineure und Pioniere.

Sappeur Korps.
Aus: Geschichte und bildliche Vorstellung der Regimenter des Erzhauses Österreich, Tafel 67, Sammlung Harald Gredler.

Entscheidende Schritte zur Vereinheitlichung der Waffengattung wurden um die Mitte des 19. Jahrhunderts gesetzt:

- 1843 gelang es dem genialen Festungsbauer und Brückenkonstrukteur Karl Freiherrn von Birago, das Pontonierbataillon und die Pioniere zu einer einheitlichen Truppe unter dem Namen „Pioniere" zusammenzuführen.

- Über Anregung von Erzherzog Carl konstruierte Birago ein Brückengerät, das nunmehr als „alleinige Brücke" für die ganze Armee eingeführt wurde und für etwa ein Jahrhundert – bis zum Zweiten Weltkrieg – in Verwendung stand.

Die Entwicklung der österreichischen Pioniertruppe

Birago-Brücke über die Donau bei Klosterneuburg 1927. Pioniermuseum PiTS Klosterneuburg

- Aufgabe des **Ingenieur-Corps** waren die Planung und Errichtung von Fortifikationen und generell das militärische Bauwesen, wobei diesem bzw. in weiterer Folge dem **Geniestab** die Planungen zukamen und dem 1851 in der **Geniewaffe** zusammengefassten **Mineur- und Sappeurkorps** die Durchführung oblag.

Oskar Brüch, Geniestab 1895. HGM, Inv. Nr. BI 858/22.
Aus: Günter Dirrheimer, Das k. u. k. Heer 1895, Tafel 27;
v. l.: Hauptmann des Geniestabes in Ausgangsadjustierung, Hauptmann des Geniestabes in Dienstadjustierung zu Pferd, Major des Geniestabes in Paradeadjustierung

Pionier- und Geniesoldat 1852 – 1860.
Aus: Rudolf von Ottenfeld/Oskar Teuber, Die österreichische Armee in ihrer historischen Entwicklung von 1700 – 1867, Tafel 67

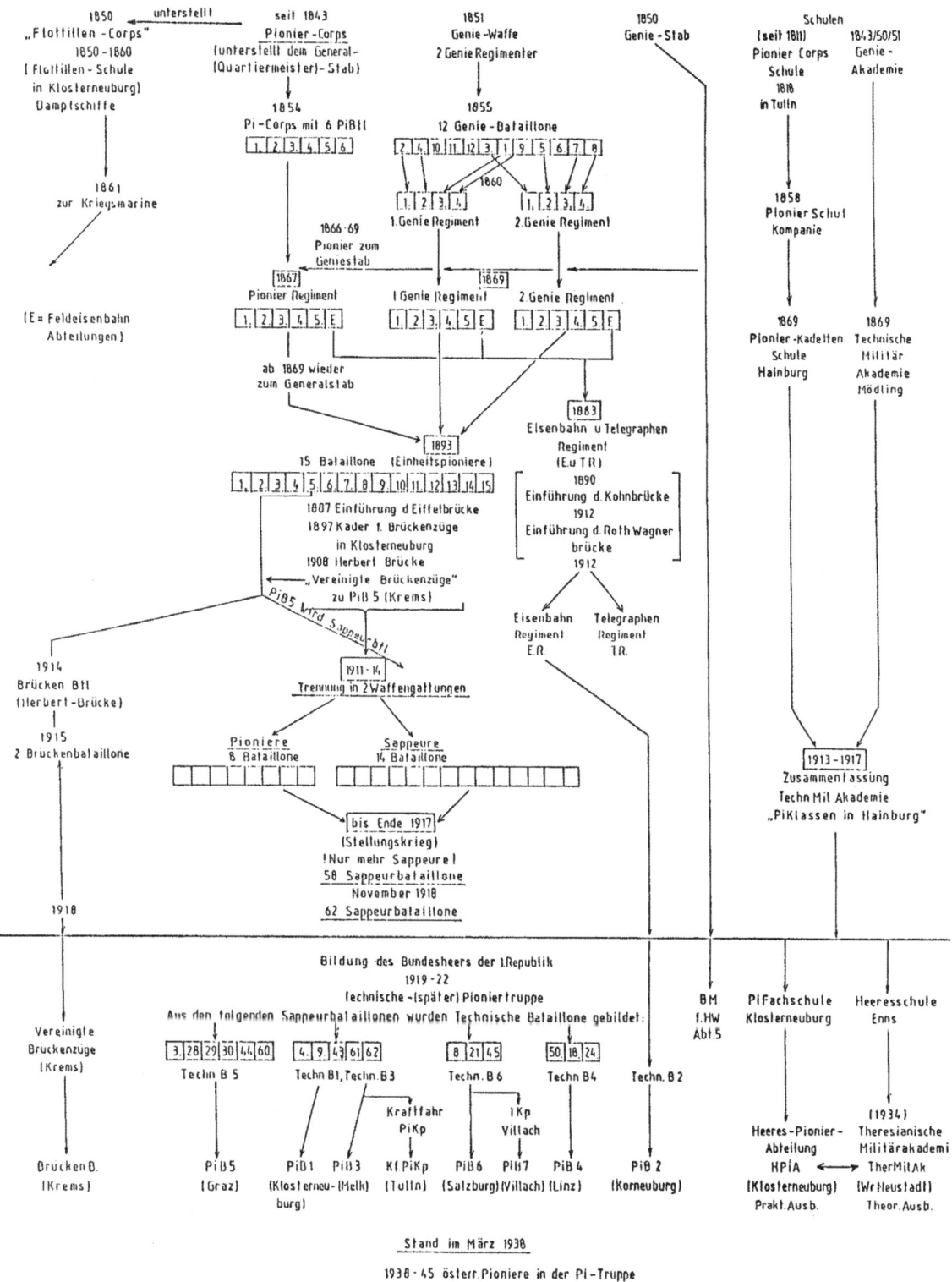

Stammtafel der österreichischen Pioniertruppe 1850 -1938. Aus: Karl Cserny, Beitrag zur Geschichte der österreichischen Pioniertruppe In: Festschrift 300 Jahre Pioniertruppe in Österreich, S. 30

Die Entwicklung der österreichischen Pioniertruppe

Entstehung und Entwicklung der österreichisch-ungarischen Eisenbahntruppe:

1873 wurden friedensmäßig fünf Feldeisenbahnabteilungen unter der Leitung eines Zivileisenbahningenieurs aufgestellt mit je
- einem Militärdetachement, bestehend aus
  - einem Mineurdetachement: gestellt von den zwei Genieregimentern
  - einem Pionierdetachement: gestellt vom Pionierregiment
- einer Zivilarbeiterabteilung: Aufnahme von Zivilarbeitern nach Bedarf.

1883 wurde daraus das Eisenbahn- und Telegraphenregiment gebildet:
- 1. Bataillon mit vier Kompanien in Korneuburg
- 2. Bataillon mit vier Kompanien in Bosnien, angeschlossen die Direktion der Militärbahn Banja Luka-Dobrljin
- Ersatzbataillonskader in Korneuburg

1900 – 1911 bestand das Eisenbahn- und Telegraphenregiment aus drei Bataillonen, und zwar:
- 1. Bataillon:
- Ersatzbataillonskader
- Einjährigenschule in Korneuburg
- Betriebsdetachement St. Pölten-Tulln und Herzogenburg-Krems
- 2. Bataillon:
- Telegraphenschule
- Kavallerietelegraphenschule in Tulln
- Festungsfeldbahnkader in Krakau, Przemysl und Pola
- Lokomotivfeldbahnkader Korneuburg
- Pferdefeldbahndepots in Krakau, Preszow, Jaroslau, Przemysl, Stryj
- 3. Bataillon:
- Telegraphenersatzkader
- Direktion der Militärbahn Banja Luka-Dobrljin
- Festungstelegraphenkader in Krakau, Przemysl, Pola, Trient und Cattaro.

1912 erfolgte die Trennung in ein Eisenbahn- und ein Telegraphenregiment.

1890 erhielt das Eisenbahn- und Telegraphen-Regiment die „Kohn-Brücke" zur Erprobung, 1893/94 wurde dieses Brückensystem definitiv eingeführt. Ing. Johann Kohn von der Firma Schlick in Budapest hat dazu die Eiffel-Brücke (Alexandre Gustave Eiffel, Konstrukteur des Eiffelturms in Paris) – ein Straßenbrückengerät, das bereits seit 1888 bei den Pionieren in Verwendung stand – entsprechend den Belastungsnormen der Staatsbahnen für die Verwendung als Eisenbahnbrücke weiterentwickelt.

Oberleutnant dRes Dipl.-Ing. Friedrich Roth konstruierte in der Folge ein eigenes Eisenbahnbrückengerät, das von der Stahlbaufirma Waagner-Biro hergestellt und 1912 in der Armee eingeführt wurde. Mit diesem, Roth-Waagner-(RW)-Brücke genannten, Gerät konnten in zweigeschossig-dreiwandiger Bauweise Spannweiten bis zu 96 m überbrückt werden.

Das in Banja Luka stationierte Bataillon leistete einen wichtigen Beitrag beim Ausbau des Eisenbahnnetzes im 1878 okkupierten Bosnien. Die Bahnlinien St. Pölten-Tulln und Herzogenburg-Krems sowie Banja Luka-Dobrljin (Doberljin, Dob) wurden von den Eisenbahnpionieren betrieben und zur Ausbildung des Personals in allen Bereichen des Eisenbahnwesens verwendet.

Während des Ersten Weltkrieges unterstanden den vier Heeresbahnkommanden – Nord in Radom (Galizien), Süd in Belgrad (Serbien), Südost in Craiova (Rumänien), Südwest in Udine für den italienischen Kriegsschauplatz – 3.110 km Bahnstrecken mit insgesamt 500 Stationen. Die Gesamtlänge aller Brücken betrug 88 km, 38.355 m davon wurden neu ausgeführt, der Rest wurde ergänzt oder wiederhergestellt.[1]

---

[1] Festschrift: 100 Jahre Eisenbahn- und Telegraphenregiment Korneuburg 1883 – 1983.

18 Brücken wurden mit Kohn-Gerät (5.311 m), 13 mit RW-Gerät (2.667,5 m) gebaut.

Stand der Eisenbahntruppe im Sommer 1918:
- 5 Panzerzüge zu je einem Offizier und 48 Mann
- 39 Eisenbahnkompanien
- 32 Feldbahnkompanien
- 15 Vollbahnbetriebskompanien
- 10 Kleinbahnbetriebskompanien
- 20 Feldbahnbetriebskompanien
- 39 Seilbahnbetriebskompanien
- 1 Unterwasserschneidkompanie
- dazu zahlreiche Spezialdetachements und Werkstätten – insgesamt über 80.000 Mann.

Roth-Waagner-Brücke bei Salcano über den Isonzo.
Aus: Festschrift: 100 Jahre Eisenbahn- und Telegraphenregiment Korneuburg 1883 – 1983.

Oskar Brüch, Eisenbahn- und Telegraphenregiment 1895.
HGM, Inv. Nr. BI 858/05.
Aus: Günter Dirrheimer, Das k. u. k. Heer 1895, Tafel 12;
v. l.: Pionier in Marschadjustierung, Offizier in Wintermarschadjustierung zu Pferd, Gefreiter in Paradeadjustierung, Dienstführender Feldwebel in Marschadjustierung, Oberleutnant in Ausgangsadjustierung, Major in Paradeadjustierung zu Pferd, Leutnant in Paradeadjustierung, Pionier in Marschadjustierung, Pionier in Wintermarschadjustierung

Die Entwicklung der österreichischen Pioniertruppe

1893 wurden das Pionier-Regiment und die beiden Genie-Regimenter zusammengeführt und in 15 Pionier-Bataillone umgewandelt.

Von 1894 bis 1897 diente der nachmalige Bundespräsident der Zweiten Republik Theodor Körner als Leutnant bei den Pionieren in Klosterneuburg[2] und ab 1900 als Kompaniekommandant im Pionierbataillon in Theresienstadt (Terezín, Tschechien), ehe er 1904 in den Generalstab übernommen und im Telegraphenbüro des Generalstabes (Abt. 5/TB des Reichskriegsministeriums) verwendet wurde.

Oskar Brüch, Pioniertruppe 1895. HGM, Inv. Nr. BI 858/16. Aus: Günter Dirrheimer, Das k. u. k. Heer 1895, Tafel 11; v. l.: Pionier in Marschadjustierung, Korporal in Paradeadjustierung, Oberleutnant in Marschadjustierung, Pionier in Wintermarschadjustierung, Pionier in Paradeadjustierung, Oberleutnant in Paradeadjustierung, Leutnant in Marschadjustierung, Major in Paradeadjustierung zu Pferd, Dienstführender Feldwebel in Marschadjustierung, Pionier in Marschadjustierung

Die Pioniere verfügten seit 1888 über das Eiffel-Brückengerät und ab 1908 über die Herbert-Brücke, eine Konstruktion des Pionieroffiziers Franz Herbert. Es handelte sich dabei um eine schwere Straßenbrücke, die auch bei der Errichtung von Feldbahnen eingesetzt wurde. Als Unterstützungen dienten Pfeiler, die aus demselben Gerät gebaut werden konnten, bzw. siebenteilige Pontons.

---

2   Eric C. Kollmann, Theodor Körner, Militär und Politik, S. 19 – 21.

Herbert-Brücke bei Pinzano als Ersatz für die gesprengte Brücke über den Tagliamento

1912 wurde die Pioniertruppe auf zwei Waffengattungen aufgeteilt:
- Pioniere acht Bataillone
- Sappeure 14 Bataillone.

1914 wurde ein eigenes Brückenbataillon gebildet, das, mit Herbert-Gerät ausgerüstet, in Krems stationiert war. Im darauf folgenden Jahr wurde noch ein zweiter gleicher Verband aufgestellt.

Ende 1917 wurden alle Pionierbataillone – bedingt durch den erhöhten Bedarf im Stellungskrieg – in Sappeurbataillone umgewandelt und ihre Zahl bis Kriegsende auf 62 erhöht. Bundeskanzler Julius Raab diente als Oberleutnant in einem Sappeurbataillon.

Besonders ausgezeichnet haben sich die Pioniere und Sappeure bei den Donauübergängen bei Belgrad 1915 und 1916 bei Sistov (Swischtow, Bulgarien)-Zimnicea (Simnitza, Rumänien). Angesichts der großartigen Leistungen dieser Truppen soll der deutsche Kommandierende dieser Unternehmungen, GFM August von Mackensen, vor einem kleinen Kreis von österreichisch-ungarischen und deutschen Generalstabsoffizieren und Pionieroffizieren folgenden denkwürdigen Ausspruch getan haben:[3]

„Die Franzosen, unsere Feinde im Westen,
haben die beste Artillerie,
wir Deutsche haben die beste Infanterie,
aber ihr Österreicher könnt euch rühmen,
denn ihr habt
die besten Pioniere der Welt."

---

[3] Generalmajor Felix Hess, Der Übergang über die Donau am 7. Oktober 1915 und am 16. Juni 1717.

Die Entwicklung der österreichischen Pioniertruppe

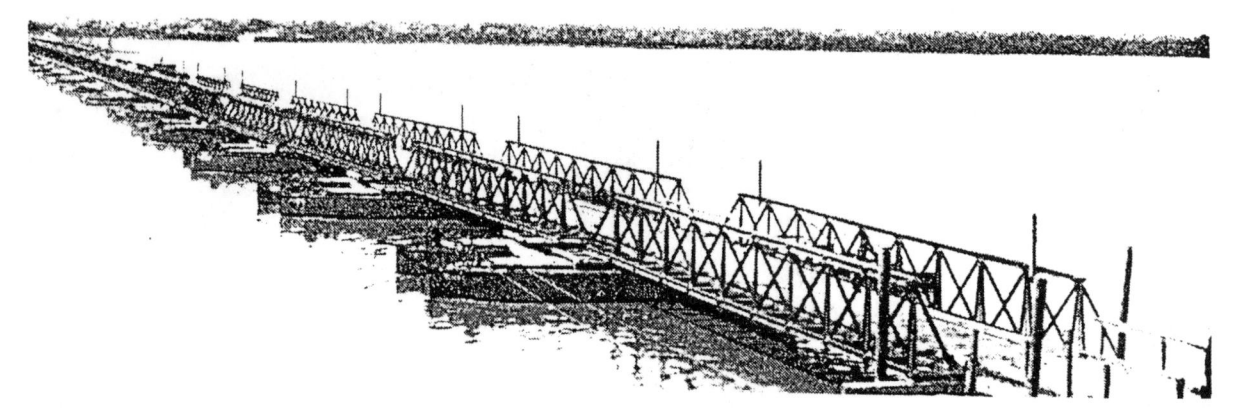

Die Herbertbrücke bei Sistov 1916. Herbert-Brücke auf siebenteiligen Schiffen. Länge: 927 m. Bauzeit: 23 Stunden

In der Ersten Republik wurden im Rahmen der Volkswehr Technische Bataillone aufgestellt, die 1922 wieder in Pionier-Bataillone umbenannt wurden, und zwar:

- Pionier-Bataillon 1 in Klosterneuburg
- Pionier-Bataillon 2 in Korneuburg, gebildet aus dem Eisenbahn-Regiment
- Pionier-Bataillon 3 in Melk mit einer Kraftfahr-Pionierkompanie in Tulln
- Pionier-Bataillon 4 in Linz
- Pionier-Bataillon 5 in Graz
- Pionier-Bataillon 6 in Villach, ab 1923 in Salzburg, ab 1936 in Pionier-Bataillon 8 umbenannt
- Pionier-Bataillon 7 ab 1936 in Villach
- Pionier-Bataillon 6 war für Tirol vorgesehen, kam aber nicht zur Aufstellung.

Im Jahr 1938 wurden die Pionier-Bataillone in die Deutsche Wehrmacht übernommen.

Bei der Aufstellung des Bundesheeres der Zweiten Republik setzte man wieder auf den Einheitspionier, dem trotz der kurzen Dienstzeit folgende spezifische Aufgaben zugeordnet wurden: Stellungsbau, Wasserdienst, Sprengdienst, Sperrdienst, Minendienst, Behelfs- und Kriegsbrückenbau sowie technische Hilfeleistungen bei Elementarereignissen. Die Patrouillenbootstaffel der PiTS, die mit Sicherungsaufgaben auf dem Wasserweg Donau betraut war, setzte die Tradition der Tschaikisten und der Donauflottille fort.

In jüngster Zeit wurde dem Salzburger Pionierbataillon der Seilbahnbau zugeordnet und ihm eine Panzerpionierkompanie mit dem entsprechenden Aufgabenspektrum unterstellt.

Durch die zunehmende Orientierung auf Auslandseinsätze wurden die Anforderungen an die Pioniertruppe noch erheblich erweitert, und zwar:

- Errichtung von Infrastruktur wie Lagerbau, Wasser- und Stromversorgung, Abwasserbeseitigung und
- als ganz wesentlicher Faktor die Sprengmittelbeseitigung und das Minenräumen, jetzt international EOD (= *Explosive Ordnance Disposal*) genannt.

Dieses äußerst breite Aufgabenspektrum verlangt von den Angehörigen dieser Waffengattung

ein umfangreiches Fachwissen
und
eine gediegene Spezialausbildung
in den verschiedensten Bereichen.

Karl Freiherr von Birago
1792 – 1845

Carlo Cavalliere Birago entstammte lombardischem Landadel und wurde am 24. April 1792 in Cascina d'Olmo in der Gemeinde Locate bei Mailand geboren. Die Lombardei gehörte damals zum Habsburgerreich. Im Zuge der Napoleonischen Kriege wurde sie dann ein Teil Frankreichs, später des Königreichs Italien und fiel 1814 wieder dem österreichischen Kaiserreich zu.

An der Universität Pavia erhielt er die Ausbildung zum Kartografen, die er aufgrund seiner außerordentlichen mathematischen Begabung bereits mit 17 Jahren abschloss. Es folgten drei Jahre Dienst im Katasteramt.

Mit 20 trat er in die von Napoleon gegründete Militärschule in Pavia ein und wurde Offizier.

1814, nach dem Ende der Napoleonischen Ära, wurde er in die österreichische Armee übernommen und im Mailänder Kartographischen Institut zu Vermessungsaufgaben eingesetzt. In dieser Funktion wurde er Oberst Baron Welden anlässlich einer Erkundung der von Napoleon errichteten Straßen über die Schweizer Alpenpässe als orts- und sprachkundiger Führer beigegeben. Dieser erkannte die hervorragenden Fähigkeiten des jungen Offiziers und holte ihn als Lehrer für Mathematik an die Pionier-Corps-Schule in Korneuburg bei Wien.

Oberst Welden, damals Waffenchef der Pioniertruppe, war zu jener Zeit mit dem Projekt einer neuen „Laufbrücke", einem leichten Brückengerät auf festen Unterstützungen befasst, und zog Birago zu diesen Arbeiten heran. Mit seinen konstruktiven Beiträgen erregte er die Aufmerksamkeit Erzherzog Carls, der ihm den Auftrag gab, einen Vorschlag für ein einheitliches Brückengerät vorzulegen, das in der ganzen Armee, also bei Pionieren wie bei Pontonieren – damals noch getrennte Waffengattungen – Verwendung finden sollte. Bis dahin hatte nämlich weder das Gerät der einen Waffengattung noch jenes der anderen den Bedürfnissen der Armee voll entsprochen. Die Laufbrücke der Pioniere hatte nicht die erforderliche Tragfähigkeit. Das Pontonbrückengerät der Pontoniere brachte zwar die erforderliche Leistung und war im Frieden gut verwendbar, für einen Kriegseinsatz aber zu schwerfällig und zu langsam. Biragos revolutionäre Idee war es nun, die schweren Pontons zu teilen. Die Einzelteile wurden damit kleiner und leichter und daher schneller transportierbar. Sein Vorschlag fand aber nicht die Zustimmung der etablierten Führung der Pioniere und Pontoniere. Diese hatten zum Teil eigene Konzepte für ein neues Brückensystem vorgelegt und fühlten sich von einem Außenseiter – Birago kam ja von der Vermessung – konkurrenziert.

In dieser Situation ergab sich für Birago ein neues Betätigungsfeld. Erzherzog Maximilian von Habsburg-Este hatte ein neues Reichsverteidigungssystem entwickelt und vom Kaiser die Genehmigung erhalten, die Stadt Linz nach diesem System zu befestigen. Es handelte sich dabei um einen Ring von Geschütztürmen, die in einem Abstand von etwa 1.000 Schritt vor der Stadt errichtet wurden. Einige dieser „Maximilianeischen

Türme" existieren heute noch. Ihre Funktion war es, zu verhindern, dass feindliche Artillerie, deren Reichweite damals noch sehr gering war, in die Festung hinein wirken konnte. Zur Durchführung dieser Arbeiten forderte Erzherzog Maximilian u. a. Birago an und übertrug ihm neben der Bauleitung bei den Türmen 1 und 2 auch die Projektions- und Zeichnungskanzlei. Dabei bewährte er sich in dem Maße, dass Maximilian ihn seinem Bruder Francesco von Habsburg-Este, dem regierenden Herzog von Modena, weiterempfahl.

Im Zuge der revolutionären Ereignisse der Jahre 1830 – 31 war Herzog Francesco gezwungen gewesen, sein Land zu verlassen, und nur dem Einsatz österreichischer Truppen aus dem benachbarten Königreich Lombardo-Venetien war es zu verdanken, dass er wieder an die Regierung zurückkehren konnte. Er war daher an einem sicheren Übergang über das unberechenbare Flusshindernis Po sehr interessiert. Aus diesem Grund baute er das uns aus den Don-Camillo-Filmen bekannte Städtchen Brescello am Südufer des Po als Brückenkopf aus, und zwar mit Geschütztürmen in der Art, wie Linz befestigt worden war. Als Bauleiter holte sich Herzog Francesco über Empfehlung seines Bruders Maximilian im Jahre 1835 Karl Birago. Dieser brachte auf der einen Seite durch seine in Linz gewonnene Erfahrung im Festungsbau die besten Voraussetzungen für diese Aufgabe mit, auf der anderen Seite bot sich ihm hier aber auch die Gelegenheit, seine in Wien abgelehnten Brückenpläne weiterzuentwickeln. Und er fand bei Herzog Francesco volle Unterstützung, denn nur Brücke und Brückenkopf zusammen gewährleisteten eine sichere Verbindung über den Po. Brescello und das Herzogtum Modena sollten in der Folge im Leben Biragos eine zentrale Rolle spielen.

1839 wurde Biragos neues Brückensystem im Herzogtum Modena eingeführt und im Rahmen eines groß angelegten Manövers international vorgestellt. Offiziere aus ganz Europa nahmen daran teil und waren von diesem Gerät beeindruckt. 1841 – Birago war inzwischen wieder nach Wien zurückgekehrt – wurde seine Konstruktion schließlich auch in Österreich als Standard-Brücke eingeführt, aber erst nachdem der heftig opponierende Waffenchef der Pioniere, Oberst Müller von Mühlwerth, seines Postens enthoben und einer anderen Verwendung zugeführt worden war.

Viele Armeen schickten nun ihre Offiziere zu Birago nach Wien, um sein neues Brückensystem kennen zu lernen. Wien wurde zum Mekka der Pioniere Europas, aber von Brescello aus trat die Brücke ihren Siegeszug durch ganz Europa an. Folgende Staaten führten das Gerät – teilweise mit geringfügigen Modifikationen – in ihrer Armee ein: Bayern, Baden, Württemberg, Hessen, Hannover, Sachsen, Russland, Schweden, Schweiz und die Türkei. Das Gerät stand teilweise bis zum Zweiten Weltkrieg, also etwa 100 Jahre, in Verwendung, in Österreich ist eine Nachfolgekonstruktion noch heute in der Ausrüstung der Pioniere vorhanden.

Seine Erfahrungen im Pionierdienst und seine den Brückenbau betreffenden Erkenntnisse hielt Birago in zwei Büchern schriftlich fest. Seine „Anleitung zur Ausführung der im Felde am meisten vorkommenden Pionnierarbeiten" stellt ein übersichtliches und umfassendes Handbuch für die Ausbildung und den Einsatz der Pioniere dar. Sein Hauptwerk aber waren die „Untersuchungen über die europäischen Militärbrückentrains und Versuch einer verbesserten, allen Forderungen entsprechenden Militärbrückeneinrichtung". In einer Zeit, in der es noch keine Technischen Hochschulen und damit auch keine systematische Forschung auf technischem Gebiet gab, schuf Birago eine wissenschaftliche Basisarbeit für den Brückenbau, die auch modernen wissenschaftlichen Ansprüchen gerecht wird.

Außer der Brückenkonstruktion und dem Fortifikationswesen beschäftigte sich Birago aber noch mit anderen Dingen. So konstruierte er ein Tauchgerät, machte Vorschläge für die Nachrichtenübermittlung mit Hilfe von Raketen und plante 1830 einen Kanal vom Donauknie bei Cernavoda nach Konstanza (Constanta) am Schwarzen Meer, der eineinhalb Jahrhunderte später

– nach dem Zweiten Weltkrieg – auch tatsächlich gebaut wurde.

Überdies wurde Birago von Erzherzögen und Fürsten als kluger Berater und geistvoller Gesprächspartner hoch geschätzt und immer wieder u. a. vom Staatskanzler Metternich mit heiklen diplomatischen Missionen betraut.

Zusammenfassend kann gesagt werden, dass Birago, der fünf Sprachen beherrschte, eine außergewöhnliche, hochgebildete Persönlichkeit von europäischem Format und seiner Zeit weit voraus war.

Für seine Leistung wurde Birago mit zahlreichen in- und ausländischen Orden und Ehrungen bedacht:

- 1828 Österreichischer Orden der Eisernen Krone III. Klasse
- 1839 Erhebung in den Kaiserlich-Österreichischen Ritterstand
- 1840 Königlich Schwedischer Schwert Orden
- 1841 Russischer Wladimir Orden IV. Klasse
- 1841 Ritterkreuz des Königlich-Bayerischen Verdienst Ordens vom Hl. Michael
- 1841 Ritterkreuz des Königlich-Sardinischen Mauritius- und Lazarus Ordens
- 1841 Königlich-Preußischer Roter Adler Orden III. Klasse
- 1841 Kommandeurkreuz des Ordens der Württembergischen Krone
- 1841 Kommandeurkreuz II. Klasse des Badischen Zähringer Löwen Ordens
- 1841 Kommandeurkreuz II. Klasse des Königlich Hannoveranischen Guelphen Ordens
- 1842 Komturkreuz des Königlich Sächsischen Verdienst Ordens
- 1843 Kommandeurkreuz des Königlich und Großherzoglich-Niederländischen Ordens der Eichenkrone
- 1844 Kommandeurkreuz des Kurhessischen Hausordens vom Goldenen Löwen
- 1845 Österreichischer Orden der Eisernen Krone II. Klasse und Erhebung in den Kaiserlich-Österreichischen Freiherrnstand
- 1839 Außerordentliches Mitglied der Akademie der Künste und Wissenschaften zu Padua
- 1840 Korrespondierendes Mitglied der Academia della Valle Tiburina in der Toskana
- 1840 Korrespondierendes Mitglied der Aretinischen Gesellschaft
- 1841 Mitglied der Königlich-Schwedischen Akademie der Kriegswissenschaften
- 1845 Ehrenmitglied der k. k. Akademie der Schönen Künste zu Mailand
- 1845 Korrespondierendes Mitglied des k. k. Instituts der Wissenschaften, Literatur und Künste in Venedig

Biragobrücke

Dreiteilerponton mit Bock für Stockwerksbrücke.
Aus: Rudolf Hauptner, Die Kriegsbrückensysteme Birago und Herbert.

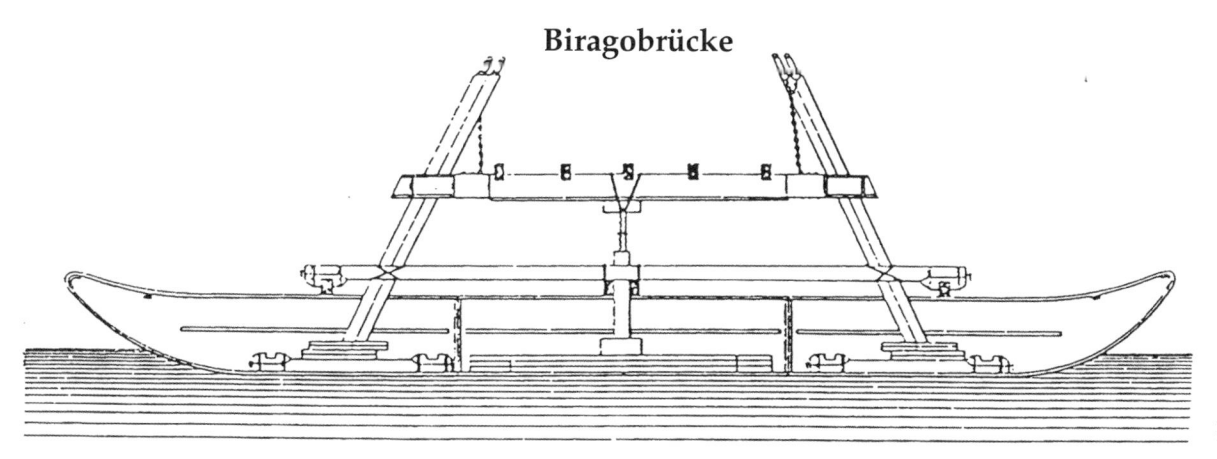

Abb.: Archiv PiB 2

Die Entwicklung der österreichischen Pioniertruppe

Gustave Alexandre Eiffel
1832 – 1923

Sein Ur-Ur-Großvater Wilhelm Heinrich Johann Bönickhausen wanderte 1710 aus einem kleinen Dorf in der Eiffel nach Frankreich aus und setzte seinem Namen die Herkunftsbezeichnung „Eiffel" bei. Bei Gustave Eiffel scheint der Name Bönickhausen nicht mehr auf. Grund dafür könnten die deutsch-französischen Spannungen im 19. Jahrhundert gewesen sein, in deren Anbetracht eine Betonung der deutschen Abstammung für das Werk Eiffels in Frankreich nicht förderlich gewesen wäre.

Eiffel absolvierte ein Studium an der *École Centrale des Arts et Manufactures* (heute *École Centrale Paris*) und machte dort 1855 einen Abschluss als Chemie-Ingenieur.

1856 machte er die Bekanntschaft des Stahlbau-Unternehmers Charles Nepveu. Dieser fand persönlich Gefallen an dem jungen Talent und machte ihn zum Projekt-Manager im Eisenbahnbrückenbau, wo zu jener Zeit eine große Nachfrage nach Ingenieuren herrschte. Eiffel zeichnete sich durch gute Menschenkenntnis und vor allem durch großes Organisationstalent aus.

Seine Werke:

- 1857 – 1860 Errichtung der 500 m langen Eisenbahnbrücke von Bordeaux
- 1867 Bau der Viadukte von Rouzat sur la Sioule und Neuvial und der Eisenbahnlinie Commentry-Gannat
- 1872 – 1874 Arbeiten in Chile, Bolivien und Peru
- 1875 Bau des Westbahnhofs in Budapest
- 1879 Entwicklung eines ausgeklügelten Trägersystems für die vom Franzosen Frédéric-Auguste Bartholdi entworfene Freiheitsstatue im Hafen von New York
- 1880 Bau des Viadukts von Garabit, das wegen seiner Höhe (122 m) und seiner gebogenen Form Aufsehen erregte
- 1881/82 Bau einer Brücke in Szeged in Ungarn. In dieser Zeit führte er auch seine „zerlegbare eiserne Brücke", eine schwere Straßenbrücke, bei einer Ausstellung in Budapest vor. Das Neue daran war die „Zerlegbarkeit" des Systems – also eine Art Baukastensystem. Nach eingehenden Erprobungen in Budapest und Klosterneuburg wurde das Gerät 1888 in die Ausrüstung der k. u. k. Pioniertruppe aufgenommen.
- 1887 – 1889 Planung und Bau des Eiffelturms für die Pariser Weltausstellung
- ab 1888 Beteiligung am Bau des Panamakanals
- ab Beginn des 20. Jahrhunderts Pionierarbeit auf dem Gebiet der Windkanäle mit Experimenten zur Untersuchung des Luftwiderstandes von verschiedenen geometrischen Formen. Er legte damit einen Grundstein für den modernen Flugzeugbau.

Eiffel-Brücke

Tragkraft 32 t bei einer Spannweite von 15 m. Als schwimmende Unterstützungen waren siebenteilige Pontons vorgesehen.

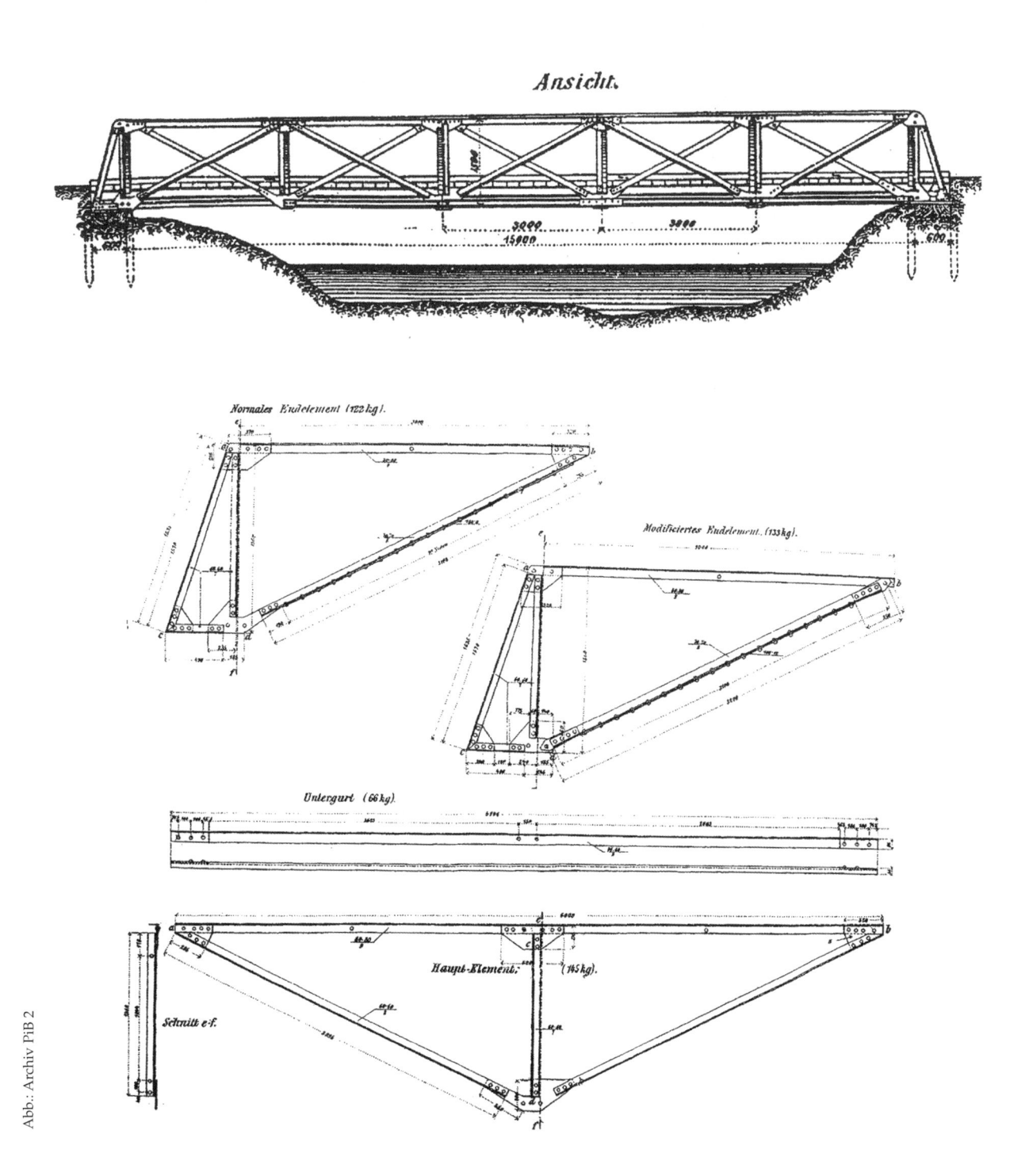

Endelemente, Untergurt und Hauptelement.
Aus: Rudolf Hauptner, Die Kriegsbrückensysteme Birago und Herbert.

Abb.: Archiv PiTS Klosterneuburg

Generalmajor Franz Herbert
1858 – 1929

Herbert wurde 1858 in Fünfkirchen (Pécs) in Ungarn geboren. Er besuchte die Pionierkadettenschule in Hainburg und wurde 1877 als Leutnant ausgemustert. Seine Tätigkeiten:

- 1878 Straßenbau in Przemysl
- 1882 Katastropheneinsatz nach Überschwemmungen im Gailtal
- 1884 Straßenbau in Bosnien
- 1885 Berufung ins Technische Militärkomitee, Konstruktion
    - eines eisernen verschiebbaren Balkenkamms
    - füllbarer Hojer
    - eines eisernen Pontonwagens
- 1889 – 1899 Leitung der Sprengungen anlässlich der Regulierungsarbeiten im Bereich des Eisernen Tores:
    - Bau eines 1.300 m langen, 60 m breiten und zwei Meter tiefen Kanals durch den Katarakt Jucz (32.000 m³ Felsen unter Wasser gesprengt)
    - Bau eines 3.500 m langen Staudamms bei Jucz
    - Bau der Hafenanlage Orsowa (Orflova) in Rumänien
- 1901 Kommandant des Pionierbataillons 7 in Budapest, 1912 zum Pionierbataillon 4 transferiert
- 1903 Vorstand der 3. Abteilung der II. Sektion des Technischen Militärkomitees. Konstruktion
    - einer eisernen tranportablen Straßen-, Gerüst- und Feldbahnbrücke, der „Herbert-Brücke"
    - eines Kavallerie-Brückentrains
- 1914 Beförderung zum Generalmajor. Kurz darauf trat er aus Gesundheitsgründen in den Ruhestand.

Nach dem Ersten Weltkrieg noch zum königlich-ungarischen Generalmajor befördert, starb er 1929 in Wien.

Auszeichnungen:
1888 Militärverdienstkreuz
1907 Orden der Eisernen Krone III. Klasse
1914 Offizierskreuz des Franz Joseph Ordens

Herbert-Brücke

Das Herbert-Brücken-Gerät kam im Ersten Weltkrieg vielfach an allen Fronten zur Überbrückung zerstörter Brückenabschnitte und im Zuge der Errichtung von Militärstraßen zum Einsatz. Beim Donauübergang 1916 in Sistova (Swischtow) wurde mit diesem Gerät eine 927 m lange Schiffbrücke aus 30 Brückengliedern errichtet. Im Zweiten Weltkrieg stand die Herbert-Brücke beim Pionierbataillon 50 der Deutschen Wehrmacht, das von Offizieren und Unteroffizieren des Brückenbataillons Krems des Österreichischen Bundesheeres ausgebildet wurde, in Verwendung und wurde für Straßenbrücken in Frankreich und an der Ostfront eingesetzt.

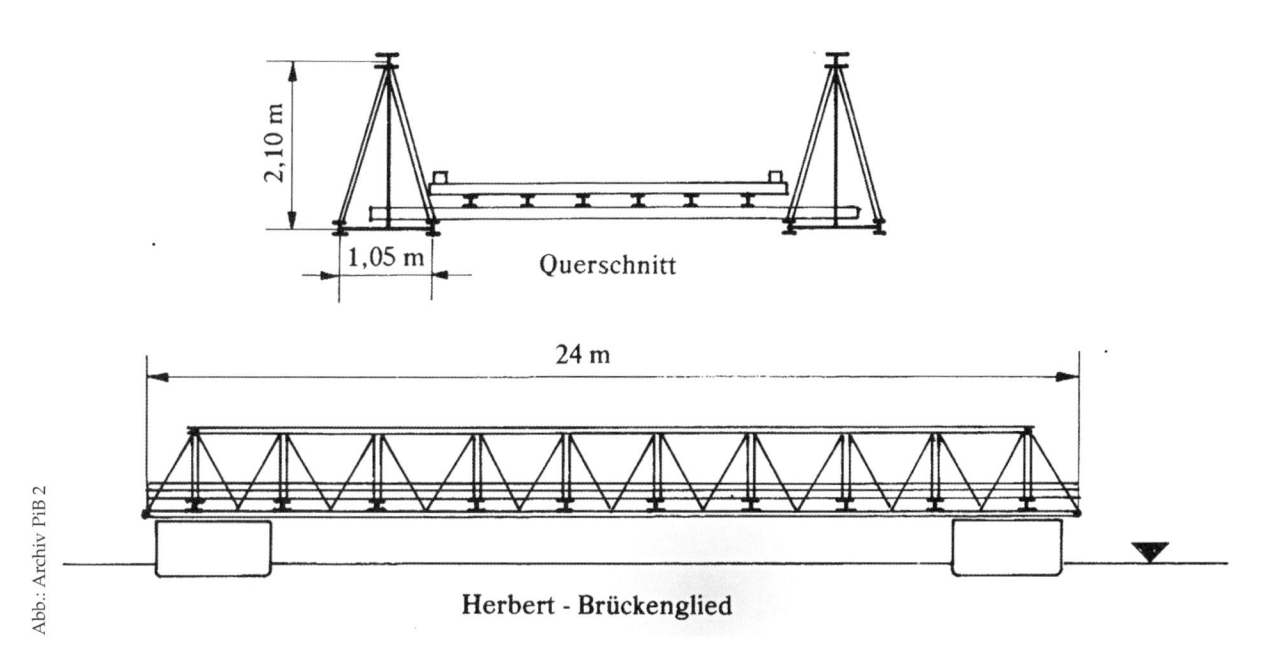

Querschnitt und Herbert-Brückenglied.
Karl Cserny, Beitrag zur Geschichte der „Eisernen Brückengeräte". In: „100 Jahre Eisenbahn- und Telegraphenregiment Korneuburg 1883 – 1983".

Das Tragwerk M 12 war mit 24 m Spannweite für den Etappentrain-Zugwagen mit 6,0 t und drei Anhängerwagen mit 3,2 t ausgelegt. Die späteren Ausführungen M 14 und M 16 waren für Achsdrücke bis zu 10 t verstärkt, entsprechend etwa drei Panzerkampfwagen mit 20 t.

Als schwimmende Unterstützungen waren die siebenteiligen Pontons der Eiffel-Brücke und eigene 45 t Schleppschiffe vorgesehen.[4]

---

[4] Rudolf Hauptner, Kriegsbrückensysteme Birago und Herbert, Teil II, S. 5.

Oberingenieur Johann Kohn

Kohn wurde 1859 in Pisenz in Mähren geboren. Seine Tätigkeiten:

- Beschäftigung bei der Fa. Schlick, Eisengießerei und Maschinenfabrik in Budapest
- 1890 Versuche mit dem von ihm konstruierten Eisenbahn-Brücken-Gerät beim Eisenbahn- und Telegraphen-Regiment in Korneuburg
- 1893/94 Einführung der Kohn-Brücke bei den Eisenbahnpionieren
- 1908 Brückenschlag in Neustadt a. d. Metta in Böhmen
- 1910 Brückenschlag (30 und 40 m) in Korneuburg

Kohn-Brücke

Die Kohn-Brücke war im Ersten Weltkrieg die meistgebaute Kriegsbrücke. Auch im Zweiten Weltkrieg wurden die noch vorhandenen Brückenteile eingesetzt.

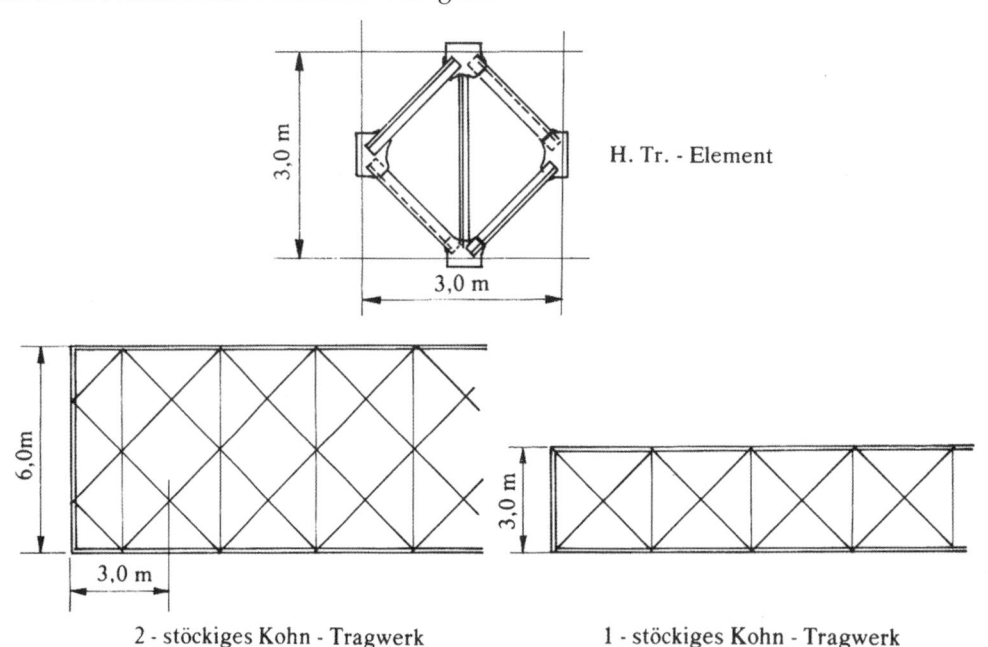

H. Tr. - Element

2 - stöckiges Kohn - Tragwerk   1 - stöckiges Kohn - Tragwerk

Aus: Karl Cserny, Beitrag zur Geschichte der „Eisernen Brückengeräte". In: „100 Jahre Eisenbahn- und Telegraphenregiment Korneuburg 1883 – 1983".

Kohn-Brücke Belluno, Ardo Viadukt. Aus: Walter Schaumann, Die Bahnen zwischen Ortler und Isonzo 1914 – 1918.

Olt dRes Dipl.-Ing. Friedrich Roth

Roth wurde 1878 in Wien geboren. Er absolvierte die Technische Hochschule Wien.
- 1899 Ausmusterung zum 3. Tiroler Kaiserjägerregiment
- 1902 Dienst im Eisenbahn- und Telegraphen-Regiment
- 1904 Leutnant der Reserve
- 1912 Einführung der Roth-Waagner-Brücke bei den Eisenbahnpionieren
- 1914 Oberleutnant der Reserve
- 1916 Baurat im Eisenbahnministerium

Er war nach einem zeitgenössischen Urteil „eine Koryphäe auf dem Gebiete des Eisenbahnbrückenwesens. Das von ihm erfundene Kriegsbrückensystem hat es der Heeresverwaltung ermöglicht, Brückenbauten, die bisher nur als Friedensbauten denkbar waren, mit feldmäßigen Mitteln in kürzester Zeit durchzuführen".

Auszeichnungen:
- Offizierskreuz des Franz-Josephs-Ordens mit dem Band des Militär-Verdienstkreuzes
- Belobigungsdekret des Kriegsministeriums

Roth-Waagner (RW-)-Brücke

Die Roth-Waagner-Brücke (RW-Brücke) wurde als Tragwerk mit besonders großen Stützweiten eingesetzt, so überspannte sie zum Beispiel bei der Wiederherstellung des Salcano-Viadukts über den Isonzo in zweistöckig-dreiwandiger Ausführung 93 m.

Im Zweiten Weltkrieg wurde das von der Deutschen Wehrmacht übernommene RW-Gerät mit dem höherwertigen Stahl St 52 erzeugt. Durch das deutsche Heereswaffenamt und die Firma Krupp-Rheinhausen wurde es zur R-Brücke weiterentwickelt. Fortführung der Entwicklung durch Waagner-Biro zur R1-Brücke für den Straßenverkehr und RE-Brücke für die Eisenbahn. Nach dem Zweiten Weltkrieg dienten diese Geräte als Ersatztragwerke für gesprengte Brücken. Der südliche Teil der Donaubrücke zwischen Krems und Mautern wird heute noch durch eine Roth-Waagner-Brücke gebildet.

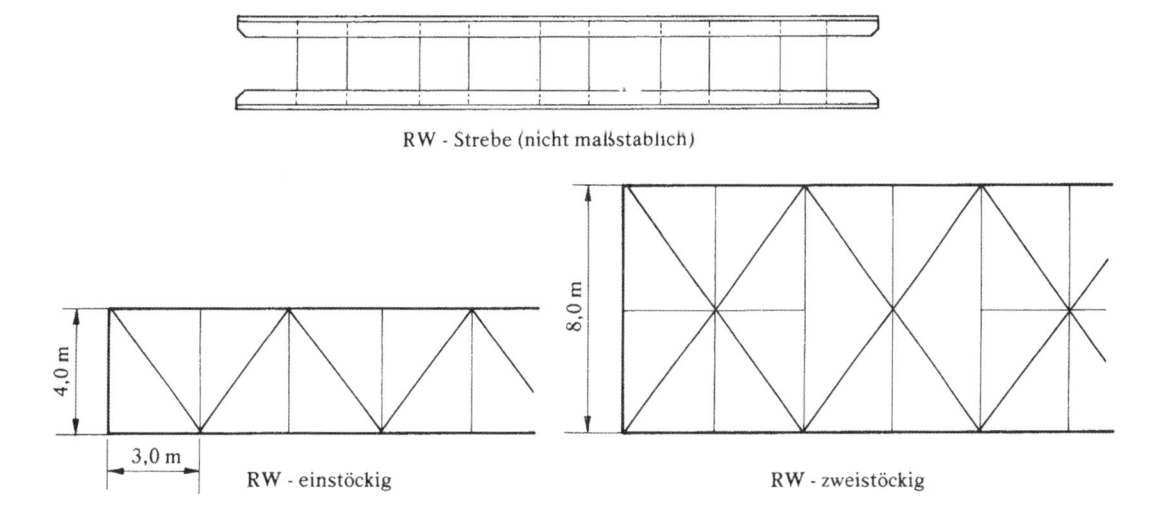

RW-Strebe (nicht maßstäblich) RW - einstöckig, RW – zweistöckig. Aus: Karl Cserny, Beitrag zur Geschichte der „Eisernen Brückengeräte". In: „100 Jahre Eisenbahn- und Telegraphenregiment Korneuburg 1883 – 1983".

Roth-Waagner-Brücke Mautern – Ersatz für die 1945 zu Kriegsende gesprengten zwei Brückenfelder. Der nicht gesprengte Teil der ursprünglichen Brücke ist links erkennbar.

Foto: Archiv Ernst Kalt-Krems

Salzburger Pioniere im Bundesheer der Ersten Republik

Im Jahre 1921 wurde die Technische Kompanie 2/6, später Pionierkompanie 2/6, in der Hofstallkaserne, dem heutigen Festspielhaus, aufgestellt und bald darauf in die Lehener Kaserne direkt neben der Lehener Brücke – heute Christian Doppler Gymnasium – verlegt. Damit war in Salzburg erstmals ein Pionierverband stationiert. Diese Kompanie unterstand dem „Technischen Bataillon Kärnten und Salzburg Nr. 6" in Obere Fellach in Kärnten. Ein Eisenbahntechnischer Zug war in der Nonntalerkaserne untergebracht.

1923 erfolgte die Umbenennung des Bataillons in „Kärntner-Salzburger Pionierbataillon Nr. 6". Gleichzeitig verlegte das Kommando nach Salzburg, wo ihm eine Zeugstelle angegliedert wurde. Es war anfangs in der Klausenkaserne disloziert, wurde aber im folgenden Jahr ebenfalls in die Lehener Kaserne verlegt. Die 1. Kompanie des Bataillons war weiterhin in Obere Fellach in Garnison.

Ab 1932 führte das Bataillon die Bezeichnung „Salzburger-Kärntner Pionierbataillon Nr. 6" (früher Sappeurbataillon 14).

Mit Aufstellung des Kommandos der 8. Brigade in Salzburg am 1. November 1936 wurde der Salzburger Teil des Bataillons in „Salzburger Pionierbataillon Nr. 8" umbenannt und in Kärnten ein eigenes Bataillon aufgestellt.

Der heutige Lehener Park, damals noch Lehener Au, war Gefechts- und Wasserübungsplatz. In Erinnerung daran wurde dort 1964 das Pionierdenkmal errichtet, und der im Jahre 1977 in diesem Bereich gebaute Fußgängerübergang über die Salzach erhielt den Namen „Pioniersteg".

Bataillonskommandanten:
1923 – 1924   Oberst Adolar Schlossarek
1925   Oberst Hubert Gürtler
1926 – 1927   Obstlt Richard Bäumel
1928 – 1930   Obstlt Karl Hirte
1931 – 1932   Obstlt Alfred Schemerl-Streben
1933 – 1934   Obstlt Erwin May
1935 – 1937   Oberst Hugo Lippmann[1]
1937 – 1938   Obstlt Rudolf Richter

Schon in den Anfängen seines Bestehens hatte das Bataillon wiederholt Gelegenheit, sich bei Assistenzen und sonstigen Einsätzen zu bewähren, so 1927 in Lueg bei St. Gilgen und 1928 beim Eisstoß in Hallein.

Bei den innenpolitischen Unruhen des Jahres 1934 musste das Bataillon Detachements zur Waffensuche abstellen und Bereitschafts- und Bahnsicherungsdienst leisten.

Am 26. August 1934 erfolgten die feierliche Weihe und Übergabe eines von den Landesregierungen Salzburgs und Kärntens gewidmeten Ehrensignalhorns an das Bataillon.

Am 9. September 1937 wurde der Verband durch den Pioniertruppeninspektor Generalmajor Kern inspiziert.[2]

---

[1] Mit Übertritt in den Ruhestand am 30. September 1937 wurde Kern vom Bundespräsidenten der Titel Generalmajor verliehen.
[2] Nach Otto Rainer, Salzburger Pioniertradition, Salzburg.

Die Pionierkaserne in Salzburg Lehen

Zillenausbildung auf der Salzach

Brückenschlag vom Pionierübungsplatz Lehen ...

Abb.: Archiv PiB 2

Wegbereiter, Brückenbauer, Helfer in der Not

... in die Elisabeth Vorstadt – etwa dort, wo heute der „Pioniersteg" über die Salzach führt.

Das Ehrensignalhorn wurde dem Kärntner-Salzburger Pionierbataillon Nr. 6 von den Bundesländern Kärnten und Salzburg 1934 gewidmet.

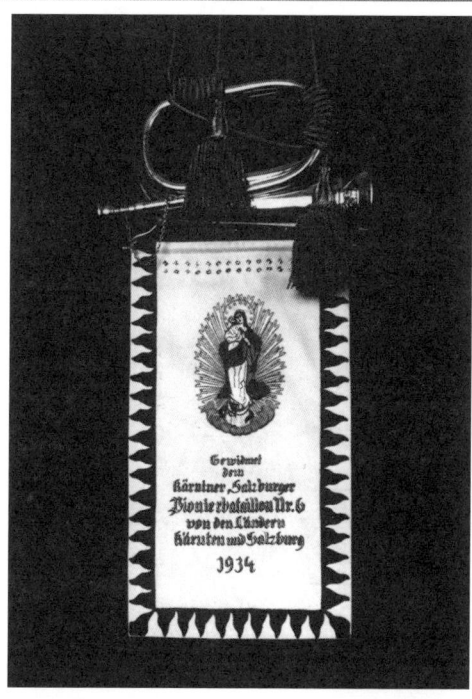

Ehrensignalhornübergabe an das Kärntner-Salzburger Pionierbataillon Nr. 6 am 26. August 1934

Salzburger Pioniere im Bundesheer der Ersten Republik

Beim Anschluss Österreichs an das Deutsche Reich im Jahre 1938 wurde das Bataillon, so wie es war, als „Gebirgs-Pionier-Bataillon 85 (mot)" in die Deutsche Wehrmacht übernommen und als Korpstruppe dem XVIII. Armeekorps unmittelbar unterstellt. Erster Kommandeur war der reaktivierte Hauptmann und spätere Major Hans Fischer.

Bereits 1939 wurde im Süden der Stadt Salzburg zwischen der Alpenstraße und der Salzach mit dem Bau einer eigenen Kaserne – einem Barackenlager – für diesen Verband begonnen. Nach Kriegsende wurde dieses von der amerikanischen Besatzungsmacht als Internierungslager für ehemalige Nationalsozialisten verwendet. Es trug die Bezeichnung „CAMP MARCUS W. ORR", besser bekannt auch als „Lager Glasenbach".

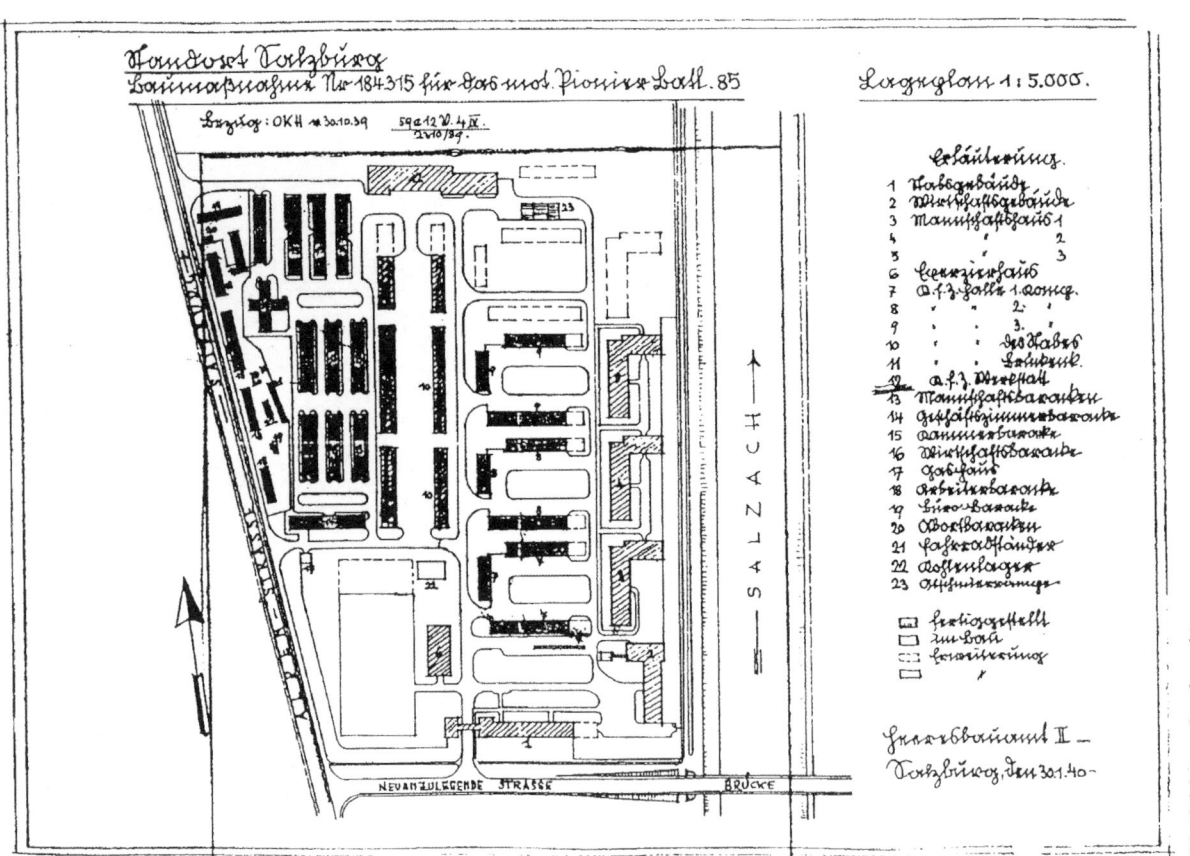

Plan des Heeresbauamts II für die Pionier-Kaserne zwischen Salzach und Alpenstraße

Das Salzburger Pionierbataillon

1956

Im August 1956 wurde die 1./PiB 8 in Melk aufgestellt. Mit der Aufstellung wurde Mjr Franz Schiedek betraut. Das Kaderpersonal ging in der Masse aus der Gendarmerieschule Tirol III hervor, und zwar:

- Hptm Baßista — Kompanieoffizier
- Olt List — Zugskommandant I. Zug
- StWm Koller — Zugskommandant II. Zug (vom Feldjägerbaon 29)
- Wm Geisler — Zugskommandant III. Zug
- Wm Kocher — Zugskommandantstellvertreter (vom Feldjägerbaon 29)
- Wm Nussdorfer — Gruppenkommandant (vom Feldjägerbaon 29)
- Zgf Schlack — Dienstführender Unteroffizier
- Zgf Fleischhacker — Kraftfahrunteroffizier
- Zgf Schadler — Gruppenkommandant
- Kpl Arnold — Wirtschaftsunteroffizier
- Kpl Brugger — Nachschubunteroffizier
- Kpl Schmid — Küchenunteroffizier
- Kpl Greis — Gerätewart
- Kpl Ressel — Kraftfahrer
- Kpl Reiter — Kraftfahrer
- Kpl Huber Josef — Kraftfahrer
- Kpl Huber Johann — Kraftfahrer
- Kpl Graf — Kraftfahrer
- Gfr Krainer — Sanitäter

Mjr Franz Schiedek

Am 9. September verlegte dieses Kaderpersonal nach Salzburg, wo in fieberhafter Eile Unterkünfte, Magazine, Garagen, Bekleidung und Gerät für den ersten Einrückungstermin, den 15. Oktober 1956, vorbereitet wurden.

Im Oktober 1956 rückten die ersten Jungmänner zur Ableistung ihrer Wehrpflicht ein.

```
Pionier Bataillon Nr. 8
1. Kompanie

                                    Siezenheim, am 30. 10. 1956

       KOMPANIE - TAGESBEFEHL Nr. 4

1. Präsenzpflichtig und eingerückt zum ordentlichen Präsenzdienst
   am 15.10.1956

   ABERL Johann              PRENNINGER Johann
   AUER Herbert              PRODINGER Johann
   Achleitner Johann         RINNER Anton
   AUGENEDER August          SAGEDER Otto
   BRÜNDL Leopold            SALCHEGGER Franz
   BUCHINGER Josef           SALZLECHNER Franz
   BAUMGARTNER Franz         SANTER Karl
   BIEGLER Josef             SANTNER Alois
   BRANDL Hermann            SEIFTER Hermann
   BRANDSTETTER Edgar        SPAUN Georg
   BRENNER Wilhelm           SCHIEFER Josef
   DEMMELBAUER Felix         SCHIERLINGER Johann
   DUBOVSKY Wilhelm          SCHWARZ Rudolf
   DUSCHER Alois             SCHWARZER Paul
   ENÖCKL Karl               SCHWEIGER Josef
   ESCHIG Eberhard           SCHWEIBERER Walter
   FEISCHL Horst             UNTERWEGER Karl
   GRUBER Franz              WARTER Rupert
   GUSENBAUER Johann         HIRZ Josef
   HABERSATTER Peter         HAAS Alois
   HAAS Matthias             KAPSAMER Friedrich
   HERRNBERGER Erich         LINECKER Friedrich
   HIRSCHBICHLER Bartolomä   LUGER Hermann
   HOFBAUER Karl             LHOTA Franz
   HOFFINGER Alfred          LINIMEIR Franz
   HOLUB Johann              LEHNER Peter
   HUTTERSEFFGER Vitus       MITTER Hubert
   HOLZER Matthias           NEUHAUSER Rudolf
   HUBMANN Franz             NÖBAUER Josef
   JÄGER Josef               OBERHUMER Franz
   KEINHOFER Johann          POINTNER Johann
   KLABACHER Walter          PREZL Alois
   KÖNIG Leonhard            ZGAVEC Johann
   KRACMAR Friedrich         REISINGER Franz
   KRÖLL Rudolf              REMPELBAUER Franz
   KRULISCH Georg            SCHÜRZ Josef
   LEITNER Robert            SCHINDL Franz
   LOTTERMOSER Johann        SCHEIDBAUER Walter
   MAZETH Walter             SCHMIERER Georg
   MAZETH Otto               SCHMOLMÜLLER Wilhelm
   ZOPF Franz                STEINER Walter
   PÖLZL Martin              STÖGER Friedrich
   MILLINGER Johann          SALIS Franz
   MÜHLMANN Hermann          UNTERHUBER Michael
   NASS Friedrich            WALDHÖR Konrad
   MAYR Josef                WAGNER Richard
   OBERMOSER Walter          WALK Wilfried
   PLUY Johann               WERNER Johann
   WOLDRICH Alexander
   WÖLFLER Hermann           HIRSCH Friedrich
   ZEMSAUER Hermann          eingerückt am 18.10.1956
   ZAGLMAIER Franz
   ZAUNER Helmut

                              Der Kompaniekommandant:
```

Kompanietagesbefehl Nr. 4 der 1./PiB 8 mit den Namen der ersten zum oPD eingerückten Jungmänner

Der I. Ausbildungszug

Bildmitte: Zgf Schlack, Mjr Schiedek, Olt List

Der II. Ausbildungszug

Angelobung der ersten Jungmänner

Fotos: Archiv PiB 2

Das Salzburger Pionierbataillon

Schon bald danach überschattete ein folgenschwerer Unfall die Freude über das in Aufstellung begriffene Bundesheer. In Wals-Himmelreich fuhr ein Autofahrer in den Abendstunden in eine zur Nachtübung ausrückende Marschkolonne der 1./PiB 8. Wm Geissler und die Pioniere Zagelmaier, Habersatter, Eschig und Lottermoser erlagen ihren Verletzungen, zehn weitere wurden schwer verletzt. Ein Marterl in Wals-Himmelreich erinnert noch heute an dieses tragische Ereignis. Als Folge dieses Unfalls wurde generell eine „Nachtmarschausrüstung" mit Leuchtgamaschen, Rückstrahlern und Taschenlampen eingeführt.

Wals-Himmelreich

Dieses Marterl erinnert an die fünf Unfallopfer.

Fotos: Archiv PiB 2

Am 23. Oktober 1956 brach in Ungarn ein Aufstand gegen das Sowjetregime aus, der von der Roten Armee blutig niedergeschlagen wurde. Zahlreiche Ungarn flüchteten nach Österreich.

Ein Teil von ihnen – bis zu 8.500 – wurde auch in der Kaserne Siezenheim untergebracht. Diese mussten u. a. auch von der Küche des Pionierbataillons verpflegt werden.

1957

Katastropheneinsätze:

- 23. – 26.6. Ein Hochwasser im Pinzgau führte zu Überschwemmungen und Vermurungen im Bereich Kaprun und Bruck an der Glocknerstraße. Der Bahnkörper der Pinzgauer Bahn wurde unterspült und schwer in Mitleidenschaft gezogen. Soldaten mehrerer Verbände halfen bei der Beseitigung der Schäden (120 Mann).
- 7. – 9.8. Annaberg, Donnerkogel: Waldbrandbekämpfung (70 Mann)

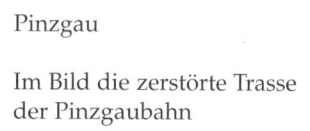

Pinzgau

Im Bild die zerstörte Trasse der Pinzgaubahn

Fotos: Archiv PiB 2

1958

Am 1. September 1958 wurde das Pionierbataillon 8 aufgestellt mit
- Bataillonskommando
- Stabs- und Versorgungszug
- 1. Kompanie
- 2. Kompanie

- Bataillonskommandant Mjr Schiedek
- Adjutant und Kdt StbZug Lt Klock
- Kraftfahroffizier Lt Erdelitsch
- Kdt 1. Kompanie Olt Adolph
- Kdt 2. Kompanie Olt List

Organisatorische Unterstützung:
- Österreichische Bundes-Schimeisterschaften der Exekutive
- Saalfelden: 1. Weltmeisterschaft im Olympischen Biathlon

DER BUNDESMINISTER FÜR LANDESVERTEIDIGUNG
BEEHRT SICH, ANLÄSSLICH DER

BUNDES-SKIMEISTERSCHAFTEN 1958
DER EXEKUTIVE ÖSTERREICHS
IN SAALFELDEN

HERRN   Oblt Robert LIST

ZU DEM GEMEINSAMEN MITTAGESSEN AM 21. FEBRUAR 1958 UM
1300 UHR IN DER WALLNERKASERNE EINZULADEN.

Einladung an Olt List

Abb.: Archiv List

Einladung an Olt List

DER BUNDESMINISTER FÜR LANDESVERTEIDIGUNG
BEEHRT SICH, ANLÄSSLICH DER

I. WELTMEISTERSCHAFT IM OLYMPISCHEN BIATHLON

IN SAALFELDEN

HERRN **Oblt Robert LIST**

ZUM MITTAGESSEN IN DER WALLNERKASERNE
AM 2. MÄRZ 1958 UM 13.30 UHR EINZULADEN

Abb.: Archiv List

Lungötz, TÜPl Aualm

Bau der Zufahrtsstraße zum Truppenübungsplatz. Olt List weist die Caterpillar-Schubraupe D 4 ein.

Abb.: Archiv PiB 2

Das Salzburger Pionierbataillon

Manöver in Tirol

Zweiter von links Zgf Greis,
in der Bildmitte Wm Dax

Wattener Lizum

Alpinausbildung:
Mjr Schiedek, OStv Koller,
Wm Schadler, Wm Schlack

Abb.: Archiv PiB 2

Wegbereiter, Brückenbauer, Helfer in der Not

1959

- 16.6. Lungötz, TÜPl Aualm: Aus Anlass des Besuches des sowjetischen Verteidigungsministers Marschall Rodion Jakowlewitsch Malinowsky – des ersten Staatsbesuches beim neuen Österreichischen Bundesheer – fand eine groß angelegte Schauvorführung statt. Das Pionierbataillon stellte mit 1.500 Sprengladungen das Artillerie- und Granatwerferfeuer dar. Marschall Malinowsky ehrte den Bataillonskommandanten mit einer Auszeichnung.
- 29.6. Einen neuerlichen Auftrag zur Feuerdarstellung erhielt das Bataillon kurz darauf anlässlich einer Hochgebirgsschauübung für die französische Generalstabsakademie „Ecole supérieure militaire".

TÜPl Aualm

Marschall Malinowsky landet mit einem Hubschrauber in Begleitung von Generalmajor Fussenegger auf dem TÜPl Aualm.

OStv Trausnitz im Gefecht, rechts im Bild Olt List

Abb.: Archiv PiB 2

Das Salzburger Pionierbataillon

Im August wurde das Bundesland Salzburg von einem verheerenden Hochwasser heimgesucht. Besonders betroffen waren:

- Stadt Salzburg
- Eben im Pongau
- Filzmoos
- Hüttau
- Wagrain
- Kuchl und
- Hagenau
- Kaltenhausen.

Furchtbarste Katastrophe seit 1920

Notstand in Stadt und Land Salzburg – Nur die Hilfe aller kann die ärgste Not lindern – Pausenloser Hilfseinsatz

SALZBURG. Stadt und Land Salzburg werden von einer Hochwasserkatastrophe heimgesucht, wie wir sie seit Jahrzehnten nicht mehr erleben mußten. Am schwersten betroffen sind die Landeshauptstadt, Stadt und Bezirk Hallein und der Flachgau. Schäden geringeren, aber immer noch gewaltigen Ausmaßes sind im Pongau und in den anderen Salzburger Gauen zu verzeichnen. Viele Straßen und Brücken sind vernichtet bzw. gesperrt, ein Großteil der Ernte ist hinweggespült, Hunderte Familien mußten unter Zurücklassung all ihrer Habe evakuiert werden, die Telephonverbindungen im Selbstwählverkehr sind vielfach unterbrochen. Landeshauptmann Doktor Klaus ruft alle Salzburger auf, angesichts dieser Katastrophe ungeahnten Ausmaßes zu helfen.

Fuhrwerksunternehmer, Bauunternehmer und alle anderen Besitzer von Lastwagen sollen sich in der Meldezentrale Bruderhof, Salzburg, Telephon 72 5 55, mit Lastwagen und Fahrer zur Verfügung stellen. Für die Salzburger Katastrophenhilfe wurden von der Landesregierung, die sofort 500.000 S freigab, drei Kontos eröffnet: Landeshypothekenanstalt Nr. 17.500, Salzburger Sparkasse Nr. 100, Raiffeisenkasse Nr. 5600.

Arbeiterkammer und Gewerkschaftsbund richteten bei der Salzburger Sparkasse das Konto „Hochwasserhilfe Arbeiterkammer Nr. 1000" ein, die Caritas nimmt Spenden in ihrer Zentrale, Salzburg, Universitätsplatz 7, oder auf Konto Nr. 1104 Salzburger Sparkasse entgegen. Die Caritas stellt überdies ihre Objekte an der Plainstraße für Evakuierte zur Verfügung. Auch die ÖVP rief alle ihre Freunde und Mitglieder zur Hilfe auf. Von der Handelskammer wurden die Wirtschaftstreibenden aufgerufen, mit großzügigen Geldspenden zur Linderung der Not beizutragen.

An sämtlichen Brennpunkten stehen die Feuerwehren, das Rote Kreuz, das Bundesheer, Gendarmerie, Polizei und das namenlose Heer der freiwilligen Helfer im Einsatz. Wie hoch der Schaden ist und welche Ausmaße die Katastrophe im Detail hat, läßt sich noch nicht abschätzen. Jedenfalls werden die Schadensziffern gigantische Höhen erreichen.

Suchdienst über Rundfunk

Suchanzeigen sollen von den Evakuierten an den Sender Salzburg, Lokalnachrichtendienst Tel. 23 81 oder 81 7 14 gerichtet werden.

HELLBRUNNER BRÜCKE IM MOMENT DER VERNICHTUNG
Habinger-Photo

Salzburger Nachrichten vom 14. August 1959

18.50 Uhr: Autobahnbrücke geborsten

Um 18.50 Uhr ist die für unbezwingbar gehaltene Autobahnbrücke bei Bergheim ein Opfer der reißenden Fluten geworden. Zu diesem Zeitpunkt war die Brücke schon gesperrt, da man die drohende Gefahr rechtzeitig erkannt hatte. Der Mittelteil der Brücke wurde 20 Minuten später von den Fluten mitgerissen. Etwas später folgte auch der Rest.

Salzburg

Die Unterspülung eines Pfeilers führte zum Einsturz der Autobahnbrücke über die Salzach in der Landeshauptstadt.

Salzburger Nachrichten vom 14. August 1959

Die Phasen des Einsturzes

Fotos: Archiv PiB 2

Das Salzburger Pionierbataillon

Die eingestürzte Autobahnbrücke

Die Brücke wird durch Pioniere zur Sprengung vorbereitet.

Anbringung der Ladungen und elektrischen Zündleitungen

Abb.: Archiv PiB 2

Wegbereiter, Brückenbauer, Helfer in der Not

SPRENGUNG IM MORGENGRAUEN

Eine donnernde Detonation und ein greller Blitz rissen gestern um 6.30 Uhr früh die Bewohner der nördlichen Gebiete der Stadt Salzburg aus dem Schlaf: Im Zuge der Abbruchsarbeiten an der durch das Hochwasser zerstörten Autobahnbrücke in Salzburg-Liefering wurde durch Pioniere des Salzburger Pionierbataillons 8 ein Träger des östlichen Brückenkopfes gesprengt. Die Zehn-Kilogramm-Donarit-Ladung, die elektrisch gezündet wurde, wurde mit Strickleitern von einem vier Mann starken Sprengkommando unter großen Schwierigkeiten angebracht. Im übrigen bot die „Operation Autobahnbrücke" eine überaus instruktive Lehrstunde für die jungen Salzburger Pioniere, die derzeit ihren Chargenkurs absolvieren. Unser Bild zeigt die Brücke nach der Sprengung.

Pointner-Photo

Salzburger Nachrichten vom 3. September 1959

Die vorläufige Bilanz der Hochwasserkatastrophe:

Milliardenschäden und zehn Tote

Land Salzburg ist am schwersten betroffen: Schaden wahrscheinlich 500 Millionen S - Flüsse gehen stark zurück – Bundeskanzler verspricht rascheste Hilfe - Spendenaktion läuft auf Hochtouren

SALZBURG. Die Hochwasserkatastrophe, die weite Teile von Österreich, vor allem aber die Bundesländer Salzburg, Oberösterreich und Niederösterreich seit Donnerstag heimsucht, verursachte nach ersten Berechnungen Schäden, die weit die Milliardengrenze überschreiten, möglicherweise sogar über zwei Milliarden Schilling betragen. Zehn Menschen sind der Katastrophe zum Opfer gefallen, davon allein drei im Lande Salzburg. Seit Freitag ist glücklicherweise, mit Ausnahme des Mühlviertels, in fast allen betroffenen Teilen Österreichs eine Beruhigung der Wetterlage eingetreten, wenn es auch während des Wochenendes stundenweise noch stark regnete. Die Flüsse fallen jedenfalls stark! Seit Freitag früh ist auch die Westbahn-Hauptstrecke wieder befahrbar.

Die furchtbarsten Schäden mußte das Land Salzburg in Kauf nehmen. Man rechnet damit, daß die Schadenshöhe an eine halbe Milliarde Schilling heranreicht. Deshalb wurde auch für Mittwoch, 11.15 Uhr, der Landtag zu einer Sondersitzung einberufen, um Hilfsmaßnahmen beschließen zu können. Landeshauptmann Dr. Klaus appellierte überdies an Bundeskanzler Raab und Innenminister Helmer, dem Land Salzburg größtmögliche Hilfe angedeihen zu lassen. Der Bundeskanzler sagte rascheste Unterstützung zu. Landesrat Leitner wandte sich an Handelsminister Dr. Bock wegen der katastrophalen Schäden an Straßen und Brücken um rascheste Hilfe.

Die Hilfsaktion für die Hochwassergeschädigten läuft auf vollen Touren. Die Landeshypothekenanstalt spendete, nachdem das Land Salzburg schon 500.000 S flüssig gemacht hat, 10.000 S, die Leiterin des US-Konsulats in Salzburg stellte 1500 S zur Verfügung. Die ÖVP brachte dank Spenden ihrer Parteimitglieder innerhalb weniger Stunden 20.000 S auf, für die Hochwasserhilfe der Arbeiterkammer und des Salzburger Gewerkschaftsbundes gingen bisher 100.000 S vom Gewerkschaftsbund, 5000 S von der „Neuen Heimat", 5000 S vom Betriebsrat der Kurhausbetriebe Salzburg und 3333 S von den Bediensteten der Arbeiterkammer Salzburg ein. Nochmals die Kontonummern für Spenden: Konto der Landesregierung: Landes-Hypothekenanstalt Nr. 17.500, Salzburger Sparkasse Nr. 100, Raiffeisenkasse Nr. 5600, Postsparkasse Nr. 8200 (Erlagscheine in allen Postämtern erhältlich); Arbeiterkammer: Salzburger Sparkasse, Konto-Nr. 1000; Rotes Kreuz: Salzburger Sparkasse Nr. 187; außerdem nimmt das RK Sachspenden und Geldspenden in der Zentrale Paris-Lodron-Straße 8a entgegen. Eine weitere Hilfsaktion leitete Landesrat Weißkind als Vorsitzender des Landesverbandes der Gesellschaft „Rettet das Kind" ein: Das Lehrlingsheim in der Stadt Salzburg wurde für die Unterbringung von Säuglingen und Kleinkindern eingerichtet, außerdem werden kinderreiche Familien mit Lebensmitteln versorgt. Weißkind forderte außerdem Hilfe der Internationalen Union für Jugendhilfe in Genf und beim Save the Childrern Found in London an. In ihrem Wirkungsbereich haben überdies die Mitglieder der Salzburger Landesregierung und für die Stadt Salzburg die Bürgermeister und Stadträte für die Durchführung der nötigen Hilfsmaßnahmen gesorgt. Landeshauptmann Dr. Klaus und Bürgermeister Bäck würdigten die hervorragenden, selbstlosen Leistungen aller jener, die sich bei den Hilfseinsätzen besonders bewährt haben: Feuerwehren, Exekutive, Rotes Kreuz, Bundesheer, Beamte und Arbeiter der öffentlichen Dienststellen und viele freiwillige Helfer. Besonders hervorgehoben wurde von Dr. Klaus der Einsatz von Amtsrat Hans Pankner, Leiter der Umsiedlungsstelle des Amtes der Salzburger Landesregierung, und von Bürgermeister Bäck die umsichtige Leitung der städtischen Hilfsaktion durch Baudirektor Dipl.-Ing. Jaich.

Rettung war unmöglich

Zu den sieben schon gemeldeten Opfern der Hochwasserkatastrophe kamen gestern drei weitere Tote. In Abtenau (Salzburg) stürzte der Schüler Peter Eder, 9, in einen Bach und ertrank, und in Kössen (Tirol) fielen die Geschwister Johann, 6, und Ingrid Rast, 5, in die Kössener Ache. Ein Passant mußte, ohne helfen zu können, zusehen, wie die beiden Kinder abgetrieben wurden. Geborgen wurde übrigens inzwischen die Leiche des am Donnerstag in die Fritzbachschlucht gestürzten Kleinbauern Johann Georg Krimpelstätter, 33, aus Pfarrwerfen, der fünf Kinder hinterläßt.

Luftbrücke in das abgeschnittene Filzmoos

Vier Hubschrauber des österreichischen Bundesheeres sind seit Donnerstag vergangener Woche, als die Sintflut über Stadt und Land Salzburg hereinbrach, die einzige Verbindung mit dem Fremdenverkehrsort Filzmoos im salzburgischen Pongau. Seit vier Tagen ist der Ort von der Außenwelt völlig abgeschnitten. Straßen und Wege sind unbrauchbar, Telephonleitungen zerstört und Lichtanlagen außer Betrieb. Mit den Bewohnern des Ortes sind auch 590 Sommergäste, in der Mehrzahl deutsche Urlauber, eingeschlossen. Sie werden von den Hubschraubern versorgt, die seit dem Katastrophentag in der Kaserne Siezenheim beim Salzburger Bundesheer unter Kommando von Major Stangl stationiert sind. Das Bundesheer hat eine Luftbrücke von Eben im Pongau nach Filzmoos hergestellt. Am Freitag wurden 800 kg Lebensmittel in den Fremdenverkehrsort geflogen, am Samstag waren es 4,5 Tonnen Verpflegung, die die Hubschrauber den Eingeschlossenen gebracht haben. Mindestens noch zwei Wochen so wird von der maßgeblichen Stelle erklärt, wird der Ort von der Außenwelt abgeschlossen sein. So lange dauern die Instandsetzungsarbeiten der völlig überschwemmten und vermurten Straße.

Salzburger Nachrichten vom 17. August 1959

*STRASSENARBEITER, HOLZKNECHTE UND PIONIERE
des Bundesheeres* stehen in pausenlosem Einsatz, um die Wegverhältnisse zwischen Eben und Filzmoos so bald als möglich wieder zu normalisieren. Planierraupen unterstützen die menschliche Kraft. Das Bild zeigt den gestrigen Stand der Arbeiten.

ZALHLREICHE ZERSTÖRTE BRÜCKEN
zeigen den Weg, den die tobenden Elemente genommen haben. Unser Bild: Die Ploimühlbrücke in Schattbach, Gemeinde Eben im Pongau, an deren Wiederherstellung schon gearbeitet wird. In Eben, das seit 1899 keine solche Katastrophe mehr erlebt hat, riß der Fritzbach fast alle Brücken und Stege weg bzw. beschädigte sie schwer.
Geringer-Photo

Salzburger Nachrichten vom 18. August 1959

Wegbereiter, Brückenbauer, Helfer in der Not

Pongau. Das Bachbett musste auf einer Länge von 600 m geräumt, gesichert und mit Krainerwänden und gerammten Balkenwänden reguliert werden.

BRÜCKE KALTENHAUSEN
Pointner-Photo

Salzburger Nachrichten vom 17. August 1959

Die Pilotenreste der zerstörten Brücke in Kaltenhausen werden unter Wasser abgesprengt.

Das Salzburger Pionierbataillon

Weitere Arbeitseinsätze:

- 1. – 21.7. St. Gilgen: Aussprengen der Fundamente für die Bergstation des Sesselliftes auf das Zwölferhorn (Kdt StWm Nussdorfer, 20 Mann)
- 13.7. – 30.10. Lungötz, TÜPl Aualm: Errichtung der Barackenfundamente und Bau der Wasserleitung (26 Mann)
- 13. – 25.7. Kammer-Schörfling: Stabilisierung eines „Laufenden Berges" (36 Mann)
- 16. – 28.7. Hinterthal: Straßenbau (25 Mann)
- 20.7. – 7.8. Neumarkt und Sighartstein: Beseitigung von Hochwasserschäden
- 7. – 12.8. und 2. – 21.9. Wals: Instandsetzungsarbeiten am Saalachwehr. Rammen von 129 Eisenbahnschienen und 80 Holzpiloten (10 Mann)
- 21.9. – 9.10. Dürrnberg: Aussprengen der Lifttrasse (15 Mann)
- 21.9. – 2.10. Sonnblick: Bau einer Lawinenschutzmauer (21 Mann)
- 1. – 15.10. MunLager Loferer Hochtal: Mithilfe bei der Errichtung (20 Mann)
- 5. – 23.10. Seekirchen: Bau einer Betonplattenbrücke 20 t (16 Mann)
- 29.10. – 31.11. Gaisberg: Verbreiterung der Schiabfahrt durch Sprengen von Felsen und Wurzelstöcken (14 Mann)
- 16. – 28. 11. Hinterthal: Straßenbau (25 Mann)
- 21.11. Bürmoos: Sprengung eines Schornsteins im Rahmen der Kaderfortbildung

Kammer-Schörfling

Durch Entwässerungsgräben wurden das Wasser abgeleitet und der Rutschhang zum Stehen gebracht.

Kammer-Schörfling

Olt List inspiziert die Arbeiten; rechts daneben OStv Kocher

Bürmoos

Mit dem Cobra-Gesteinsbohrgerät werden die Bohrlöcher im Schornstein angebracht.

Mondsee

Wasserausbildung:
Olt List und sein Hund Lax;
rechts Gfr Schützenberger

Abb.: Archiv PiB 2

1. Einrückungsturnus der 2. PiKp im April 1959
1. Reihe, 3. v. l. sitzend Kpl Huber, 5. v. l. OStv Kocher, anschließend StWm Schmidhuber, Hptm List, Mjr Schiedek, Lt Diller, OStv Trausnitz, Zgf Maier, Zgf Schnitzhofer

Mjr Schiedek mit seinem Adjutanten, Lt Klock

Wegbereiter, Brückenbauer, Helfer in der Not

Olt List mit seiner 2. Kp beim Vorbeimarsch nach der Angelobung 1959

OStv Dax, Lt Erdelitsch, Wm Unterhuber

Weihnachtsfeier 1959: Mjr Krysl (Gruppenkommando III), Olt Adolph, Lt Eckstein, Lt Klock

Abb.: Archiv PiB 2

Das Salzburger Pionierbataillon

1960

Organisatorische Unterstützung:
- Internationale CISM-Schimeisterschaften

Von 1960 bis 1963 wurden immer wieder Truppen zur Mithilfe beim Ausbau der Landesstraße zwischen Dienten und Hinterthal abgestellt. Damit wurde für den Fall einer Blockierung der Salzachtalstraße eine zweite Verbindung auf österreichischem Staatsgebiet in den Pinzgau geschaffen.

Katastropheneinsätze nach Hochwasser:
- 19. – 23.4. Neumarkt und Sighartstein: Ufersicherungs-, Pilotierungs- und Sprengarbeiten (21 Mann)
- 11. – 30.7. Filzmoos: Mühlbachregulierung (2 Rammtrupps)
- 7. – 17.9. Wälder bei Lamprechtshausen: Beseitigung von Sturmschäden (1.330 fm Holz)

Arbeitseinsätze und Hilfeleistungen:
- 7. – 15.6. Neumarkt: Aussprengen von Fundamenten (21 Mann)
- 4. – 16.7. Hinterthal: Wegebau (36 Mann)
- 7.7. – 26.8. Lungötz, TÜPl Aualm: Ausbau des Lagers (31 Mann)
- 12. – 23.12. St. Wolfgang-Ried: Unterstützung beim Sportplatzausbau (4 Mann, 1 Schubraupe)

KÖNIGL. DÄNISCHE GESANDTSCHAFT
WIEN I. FÜRICHGASSE 6
TEL. 527904-5

WIEN, DEN 8. September 1960.
JOURNAL NR. 35.Dan.4/1.
Zl. 2321.

Herrn Hauptmann Robert L i s t,
Siedlung 1o22, Salzburg-Wals.

Sehr geehrter Herr Hauptmann,

    Durch den kgl.dänischen Konsul in Salzburg habe ich in Erfahrung gebracht, dass Sie an einer Aktion beteiligt waren, wodurch ein dänisches Ehepaar, Henrik und Hanne Elwert aus Haderslev, am 23. August d.J. vor dem Ertrinkungstod im Attersee gerettet wurden.

    Gestatten Sie mir, dass ich Ihnen aus diesem Anlass meinen aufrichtigen Dank ausspreche für Ihr mutiges und unerschrockenes Eingreifen zur Rettung meiner Landsleute aus Lebensgefahr. Seien Sie versichert, dass Ihre Rettungstat nicht in Vergessenheit geraten wird.

(Sigvald Kristensen)
kgl.Gesandter.

Am 23. August 1960 rettete Hptm List ein dänisches Ehepaar vor dem Ertrinkungstod im Attersee. Der damalige königliche Gesandte Sigvald Kristensen übermittelte daraufhin ein Dankschreiben.

Vorbeimarsch der 1. Kompanie nach der Angelobung des ET Oktober 1960:
KpKdt Olt Adolph,
ZgKdten Fhr Winzer, Lt Klock, OStv Koller

Stegebau: Lt Klock und Pioniere des ET Oktober 1960, 1. Kp

Pioniere des ET Oktober 1960: Erwin Niedermann (mit Helm) dahinter am Kasten Günther Spielberger und rechts daneben Bernd Schiedek (mit Kappe)

Abb.: Archiv PiB 2

Das Salzburger Pionierbataillon

Marchtrenk

Teilnahme des PiB 8 an den Pionier-Verbandsübungen in Oberösterreich, bei welchen die D-Brücke vorgestellt und erprobt wurde

Die Brückenstelle in Marchtrenk: Dieses Aufsatzjoch wurde durch das PiB 8 gebaut.

Küchenchef Wm Schmid an der Feldküche; Wm Greis (links) ist schon hungrig.

St. Florian

Zgf Schnitzhofer, Wm Mazeth und der Jeepfahrer

Wegbereiter, Brückenbauer, Helfer in der Not

Unteroffiziere der Stabskompanie
in fröhlicher Runde:
StWm Holzgruber, Wm Maschler,
Wm Laimer, Wm Vockner,
Wm Wasenegger, StWm Mitter,
StWm Hammerer, OStv Greis,
OStv Dax, OStv Ressel

OStv Kocher, OStv Koller,
OStv Dax, Rekrut bei der
Weihnachtsfeier

1961

Sprengungen:
- 5. – 22.4. St. Veith: Sprengung eines Felsens, der ein Haus bedrohte (300 m³, 255 Bohrlöcher, 15 Mann)
- 5. – 9.4. Tenneck: Sprengung eines Tunnels (Straßenüberdachung, 135 Bohrlöcher, 15 Mann)
- 21.4. Gelände der Firma Hannak im Stadtbereich von Salzburg: Sprengung eines 38 m hohen Schornsteins im Rahmen der Kaderfortbildung.
- 4. – 5.5. Salzburg: Felssprengung am Kapuzinerberg (17 Mann)
- 16.6. Siezenheim: Sprengung von Betonfundamenten im Sägewerk Sturm (8 Mann)
- 28.8. Saalfelden: Sprengung des Brandlhofs (12 Mann)

Tenneck

An dieser Stelle querte eine Materialseilbahn des Eisenwerks Sulzau die Straße. Dieser Tunnel diente zum Schutz des Verkehrs. Nach Einstellung der Seilbahn …

… wurde der Tunnel, der zum Verkehrshindernis geworden war, beseitigt.

Abb.: Archiv PiB 2

Wegbereiter, Brückenbauer, Helfer in der Not

Tenneck

Unter Aufsicht von Hptm List entfernt eine Planierraupe die Betonreste.

- 25. – 29.9. Sonnblick: Ausbesserungsarbeiten an den Lawinenschutzmauern (10 Mann)
- 9. – 11.10. Flughafen Salzburg: Beseitigung eines Bauernhauses im Bereich der Einflugschneise durch Sprengung (28 Mann)

Hilfeleistungen:
- 7. – 8.10. Werfen: Waldbrandbekämpfung (18 Mann). Die Soldaten schleppten Wasser in Kanistern über die steilen Steige auf das Hochplateau, gruben Brandschneisen und löschten die Glutnester.

Zillen- und Schlauchbootmeisterschaft:
- 24.9. Salzburg: Durchführung der 2. Heeres-Zillen- und Schlauchbootmeisterschaften. Die 2. Kompanie wurde Mannschaftsmeister und belegte im Bewerb Zille zweimännisch den 1., 2. und 7. Platz, im Bewerb Zille einmännisch den 2., 7., 8. und 12. Platz.

Salzburg

Zweimännisch gegenwärtsschieben, abstoßen, übersetzen bis Strommitte, nauwärtsrudern ...

Das Salzburger Pionierbataillon

... und am Schwemmer hakeln

Lt Diller mit der siegreichen Mannschaft

Hptm List mit dem 1. Preis, neben ihm Lt Diller

Abb.: Archiv PiB 2

Wegbereiter, Brückenbauer, Helfer in der Not

Donau/Wachau

Naufahrt der 2. Kp mit Zillen auf der Donau von Aggsbach nach Klosterneuburg

Weihe und Übergabe des Feldzeichens:

- Am Pioniergedenktag am 26. Oktober 1961 übergab die Kameradschaft der Pioniere und Sappeure dem Bataillon ein Ehrensignalhorn, das von Militärvikar DDr. Franz König geweiht wurde.

Weihe des Ehrensignalhorns durch Militärvikar DDr. Franz König, links von ihm Dompfarrer Monsignore Ferdinand Grell

Übergabe des Ehrensignalhorns
durch Obmann Rothmüller an den
Bataillonskommandanten

Das neue Feldzeichen, flankiert
von den Begleitoffizieren
Fhr Stieber (li) und Lt Eckstein
(re); daneben Mjr Schiedek

Alpin- und Schießausbildung:

Fußmarsch der 2. Kp
in die Aualm, an der Spitze
Hptm List

Zeltlager in der Aualm

Über das Tennengebirge (scharfer Steig) geht es wieder zurück nach Salzburg.

ET 1961 2. Kp

Das Salzburger Pionierbataillon

StWm Salzlechner, OStv Dax, OStv Greis, StWm Sammer beim Zeilerbauern in St. Georgen

StWm Bergner, StWm Schmiedhuber, OStv Schlack, OStv Dax in kriegerischer Pose mit Übungsgranaten des 9 cm Panzerabwehrrohres

1962

Katastropheneinsätze:
- 18. – 28.7. Ramingstein: Beseitigung von Hochwasserschäden, Bau von Brücken und Stegen (35 Mann)
- 5.8. Bruck-Fusch: Freilegen der vermurten Gleisanlage der Westbahn (Kdt Lt Koppensteiner, 38 Mann)
- 30.12. Grödig: Beseitigung eines Eisstoßes am zugefrorenen Almkanal (20 Mann)

Hilfeleistungen:
- 15. – 26.1. Bergheim: Rammen von 100 Eisenbahnschienen zur Regulierung der Fischach (10 Mann)
- 25.10. – 4.11. Sonnblick: Verankerung einer Seilbahnstütze in 2.300 m Höhe (4 Mann)

Straßen- und Wegebau:
- 12.4.– 12.5. TÜPl Allentsteig: Panzerstraßenbau (1. Kp)
- 6. – 10.8. Hellbrunn: Ausbau des Steiges zum Monatsschlössl (12 Mann)
- 2.8. – 19.9. Hochfilzen: Straßenbau (4 km) und Planierungsarbeiten im MunLager (teZg)
- 12. – 20.12. Aussprengen eines Zugangssteiges zur LV-Anlage vom Süden her durch das steile Felsgelände (20 Mann)

Aussprengen eines Steiges zur LV-Anlage am Pass Lueg

Das Salzburger Pionierbataillon

Brückenbau:
- 5. – 16.2. Saalfelden: Bau einer 28 m langen 5 t-Behelfsbrücke über die Saalach (12 Mann)
- 2. – 7.7. Hinterthal: Bau einer Behelfsbrücke über die Urslau (12 Mann)
- 17. – 19.12. Golling: Errichtung einer Bailey-Brücke (30 m) als Bauprovisorium im Bereich der alten

Festungsanlage auf dem Pass Lueg für die Dauer der Neutrassierung der Straße (2. Kp)

Zillen- und Schlauchbootmeisterschaft:

Bei den 3. Zillen- und Schlauchbootmeisterschaften in Villach errang das Bataillon
- in der Mannschaftswertung den 2. und 3. Platz
- im Bewerb Zille zweimännisch den 1.,3., 8. und 11. Platz
- im Bewerb Zille einmännisch den 3., 5., 6. und 11. Platz.

Pass Lueg

Bailey-Brücke als Bauprovisorium

Angelobung 1962: Hptm List mit 2. Kompanie.
Feldzeichentrupp: Olt Eckstein, StWm Lackner, Lt Koppensteiner

Obstlt Schiedek führt den anschließenden Vorbeimarsch.

Hochzeit Lt Dillers.
Als Trauzeugen fungieren der Bataillons- und der Kompaniekommandant.

Abb.: Archiv PiB 2

Das Salzburger Pionierbataillon

1963

Mit Jahresbeginn 1963 wurde das PiB 8 aus dem Verband der 8. Gebirgsbrigade herausgelöst, dem Gruppenkommando III direkt unterstellt und in *Pionier-Bataillon 3* umbenannt.

Sprengung von Eisstößen:
- 15. – 16.1. Siezenheim: Mühlbach (15 Pioniere)
- 17. – 18.1. Salzburg Almkanal (15 Pioniere)
- 19.1. Fuschler Ache (1 km lang, 103 Ladungen, 19 Pioniere)

Rammarbeiten:
- 23. – 24.8., 26. – 29.8. Lengfelden: Rammen von 85 Eisenbahnschienen zur Sicherung der Fischachbrücke (37 Mann)
- 16.10. Wallersee: Rammen von Piloten zur Ufersicherung für Ruderclub „Möwe" (10 Mann)

Weitere Hilfeleistungen:
- 17.7. – 23.8. Kolm-Saigurn: Sprengarbeiten für die Fundamente der Bergstation der Seilbahn und zur Verbreiterung eines Steiges (12 Mann)
- 24.6. – 6.7. Hinterthal: Ausbau der Landesstraße nach Dienten (1 Pionierzug)
- 8. – 27.7. TÜPl Allentsteig: Errichtung eines 4 km langen Zaunes um das Munitionslager Edelbach

Bei den 4. **Zillen- und Schlauchboot-Meisterschaften** in Korneuburg errang das Bataillon den 1. Platz im Bewerb „Zille zweimännisch".

Die Benzinramme 100 am Ufer des Wallersees

Lt Diller beaufsichtigt den Zaunbau in Edelbach

Der Dienstführende Unteroffizier der 1. Kp, OStv Schlack, und die Abrüster 1963

Hochzeit von Lt Stieber. Die Unteroffiziere haben die Braut entführt.

Ein fröhlicher Abend: Hptm List mit der Teufelsgeige

OStv Schmid mit der Gitarre

Das Salzburger Pionierbataillon

1964

Die Salzburger Landesregierung übergab dem PiB 3 im Jänner 1964 die erste D-Brücken-Einheit (109 m), ausreichend für eine Brücke über die Salzach. Damit begann eine überaus erfolgreiche Zusammenarbeit zwischen dem Land Salzburg und dem Österreichischen Bundesheer zum Wohl und Nutzen der Bevölkerung.

Nach dem damals abgeschlossenen Vertrag ging das Gerät in den Bestand des Bundesheeres über, das Heer verpflichtete sich im Gegenzug, die Brücke nach Anforderung der Landesregierung jederzeit kostenlos einzubauen, wo sie benötigt würde.

Diese Regelung brachte für beide Seiten Vorteile. Das PiB verfügte damit über ausreichend Brückengerät für die Ausbildung der Pioniere. Vor allem schuf diese Regelung aber auch die Möglichkeit zum praktischen Brückenbau unter realen Bedingungen. Und der Landesregierung stand jederzeit eine leistungsfähige Brücke für Katastrophenfälle und als Ersatzbrücke bei Brückenneubauten zur Verfügung. Ein weiterer Vorteil sollte sich erst später herausstellen. Im Laufe der Jahre wurde es aufgrund des wirtschaftlichen Drucks immer schwieriger, die erforderliche Zustimmung der Kammer der Gewerblichen Wirtschaft und der Gewerkschaft zu derartigen praktischen Einsätzen zu bekommen. Brückenbauten nach obigem Vertrag bedürfen aber keiner o. a. Zustimmung und sind daher auch ohne derartige bürokratische Hürden durchführbar.

Nachdem sich diese Regelung gut bewährt hatte und der Bedarf gestiegen war, wurden durch die Brückenbauabteilung der Salzburger Landesregierung im Jahre 1974 noch eine zweite Brückeneinheit und 1976 auch Alu-Brückengerät beschafft. Auch die Stadtgemeinde Salzburg hat 30 m D-Brückengerät angekauft und dem PiB zu den gleichen Bedingungen übergeben. Abgenutzte Teile wie zum Beispiel Fahrbahnplatten wurden im Laufe der Zeit immer wieder erneuert, ebenso der Korrosionsschutz.

Unter Landeshauptmann Dr. Wilfried Haslauer wurde die bewährte Zusammenarbeit zwischen Landesregierung und Militär auch auf den Bereich des Katastrophenschutzes ausgeweitet und verschiedenes Gerät für Hilfeleistungen bei Elementarereignissen, das im militärischen Bestand nicht oder nicht in ausreichender Menge vorhanden war, unter anderem ein Deko-Fahrzeug, angekauft. Zur dezentralen, einsatznahen Lagerung dieses Gerätes wurden überdies aus Mitteln des Landes Hallen in Salzburg, St. Johann, Saalfelden und Tamsweg errichtet.

Abschreiten der Front;
v. l. Obstlt Schiedek,
Obst Mössler, GM Paumgartten,
Landeshauptmann DDr. Lechner

Meldung Obstlt Schiedeks
an GM Paumgartten

Landeshauptmann DDr. Lechner
bei seiner Ansprache zur
Übergabe des D-Brückengeräts
an das PiB 3

Vorführung des Geräts

Abb.: Archiv PiB 2

Das Salzburger Pionierbataillon

Katastropheneinsätze:
- 2. – 3.2. Antiesenhofen: Sprengung eines Eisstoßes in der Mattig (Kdt Lt Koppensteiner, 15 Mann)
- 21. – 31.7. Krimml: Sprengung von Vermurungen, Errichten eines Fahrweges (29 Mann)

Brückenbau:
- 28. – 29.1. D-Brücke St. Georgen im Attergau (Kdt Olt Klock, 1. Kp)
- 4.2. D-Brücke Obertraun (Kdt Olt Klock, 1. Kp)
- 27.4. D-Brücke Salzburg, Baron-Schwarz-Park (Kdt Olt Klock, 1. Kp)
- 26.4. Eindecken des großen Beckens im Salzburger Paracelsusbad zur Durchführung der Sportartikelmesse mit Alu-Brückengerät (Kdt Mjr List, 2. Kp)
- 28. – 30.4. Lofer: Erneuerung der Exenbachbrücke (1. Kp)
- 28. – 30.4. Fillmannsbach (OÖ): Bau einer Behelfsbrücke. Die alte Betonbrücke wurde anschließend durch Sprengung beseitigt (Kdt Mjr List, 2. Kp)

Salzburg

Statt der geplanten drei Monate musste die Brücke über die Eisenbahn im Bereich des Baron-Schwarz-Parks fünf Jahre den Verkehr aufnehmen.

Ötztal

Transport des Tragseiles (100 t) für die Gletscherbahn über die eigens dafür gebaute D-Brücke

• 21.9. – 1.10. D-Brücke Habichen im Ötztal: Die Brücke war für den Transport des Tragseils der Gletscherbahn in Sölden erforderlich und war bei einer Länge von 40 m auf eine erforderliche Tragkraft von 100 t ausgelegt. Ursprünglich sollte die Brücke unmittelbar nach Durchführung des Transportes wieder abgebaut werden. Die Gemeinde erreichte aber, dass die Brücke stehen blieb und erst nach einigen Jahren abgebaut wurde. (Kdt Mjr List, 141 Mann 2. Kp)

Fillmannsbach

Die alte Betonbrücke rechts im Bild musste erneuert werden. Als Bauprovisorium wurde eine Behelfsbrücke errichtet.

Trotz ihrer Altersschwäche widersetzte sich die Brücke der Sprengung.
Mit dem Schremmhammer musste schließlich nachgeholfen werden.
Dabei stürzte die Brücke dann überraschend ab.
Der Kompaniekommandant zog sich dabei eine Verletzung zu.

Abb.: Archiv PiB 2

Das Salzburger Pionierbataillon

Salzburg

Durch die „Überbrückung" des Schwimmbeckens wird das Paracelsusbad in eine Messehalle umfunktioniert.

Hilfeleistungen:
- 3. – 8.8. Auswechslung des Antriebsaggregats für die Materialseilbahn auf dem Rauriser Sonnblick (Kdt OStv Trausnitz, 1 PiGruppe der 2. Kp)
- 18. – 24.8. Lungötz, TÜPl Aualm: Brücken- und Wegebau (1. Kp)
- Für den Film „Sound of Music" stellten Angehörige des Pionierbataillons die auf dem Residenzplatz in Salzburg einmarschierenden Truppen der Deutschen Wehrmacht dar.

Sonnblick

Über eigens eingebohrte Ankerhaken …

... wird das Aggregat bei Nebel und Schneefall mit Greifzügen auf den steilen Gipfel transportiert. Links OStv Trausnitz (mit Regenschutz).

Salzburg

Statisten in deutschen Uniformen; v. l. Graf, Schmidhuber, Ressel, Dax, Schmid, Huber Johann, Sammer, Greis

Der Einmarsch der „Deutschen" am Residenzplatz

Das Salzburger Pionierbataillon

1965

Katastropheneinsätze:
- 8.3. Radstätter Tauernpass: Lawinensprengung (Kdt Mjr List)
- 22. – 29.6. Rauris: Beseitigung von Vermurungen, Bau von zwei Brücken, Sprengungen (Kdt Olt Klock, 1. Kp)
- 22. – 29.6. Krimmler Achental: Eine Mure hat das Bett der Ache verlegt und den Talboden in einen Stausee verwandelt. Durch eine Sprengung wurde der Abfluss wieder geöffnet. (Kdt OStv Trausnitz, 25 Mann 2. Kp)

Rauris

Ausräumen eines vermurten Kellers

Neubau einer vom Hochwasser zerstörten Brücke über die Rauriser Ache
(1. Kp, KpKdt Olt Klock)

Wegbereiter, Brückenbauer, Helfer in der Not

Krimmler Achental

Wegen der starken Strömung müssen die Pioniere beim Einbringen der Sprengladung angeseilt werden.

OStv Trausnitz leitet den Einsatz.

Durch die Sprengung wird der Abfluss der Krimmler Ache wieder freigelegt.

Abb.: Archiv PiB 2

Das Salzburger Pionierbataillon

- 12. – 31.7. Thomatal-Bundschuh: Bau von fünf Brücken, Krainerwänden und Straßeninstandsetzung (1. Kp)
- 2. – 8.9. Bad Gastein: Beseitigung von Vermurungen, Bau eines Schutzdammes, Pilotierungsarbeiten (20 Mann 1. Kp)
- 2. – 28.9. Verlegung des gesamten PiB 3 ins Kärntner Mölltal zum Katastropheneinsatz. Ein gewaltiges Unwetter hatte einen Großteil der Brücken zerstört und enorme Schäden an Häusern und Fluren angerichtet. Betroffen waren die Ortschaften Oberwitschdorf, Rangersdorf, Stall, Außerfragant, Flattach, Wollingen, Kolbnitz, und Obervellach.

Mölltal

Da die Brücken zerstört sind, wird die Bevölkerung – hier in Rangersdorf – vorerst mit Schlauchbooten übersetzt. Im Bild Wm Steinkogler.

Soldaten helfen einer alten Frau beim Aussteigen aus dem Schlauchboot.

Mölltal

Eine Laderaupe bahnt sich
den Weg durch den Morast.
Mjr List gibt Anweisungen.

Provisorischer Behelfssteg

Pilotierungsarbeiten in Stall
(Kdt Lt Mahrle) …

Abb.: Archiv PiB 2

Das Salzburger Pionierbataillon

… und in Außerfragant
(Kdt Lt Koppensteiner)

Mölltal

Eine weitere Brücke im Bau

Auch zivile Pontons wurden als Rammfähre verwendet, da das eigene Gerät nicht ausreichte.

Wegbereiter, Brückenbauer, Helfer in der Not

Mölltal

Die fertige Brücke in Mörtschach

Eröffnung der Brücke in Rangersdorf am 27. September durch Mjr List und die Honoratioren

Osttirol

Das überflutete Iseltal

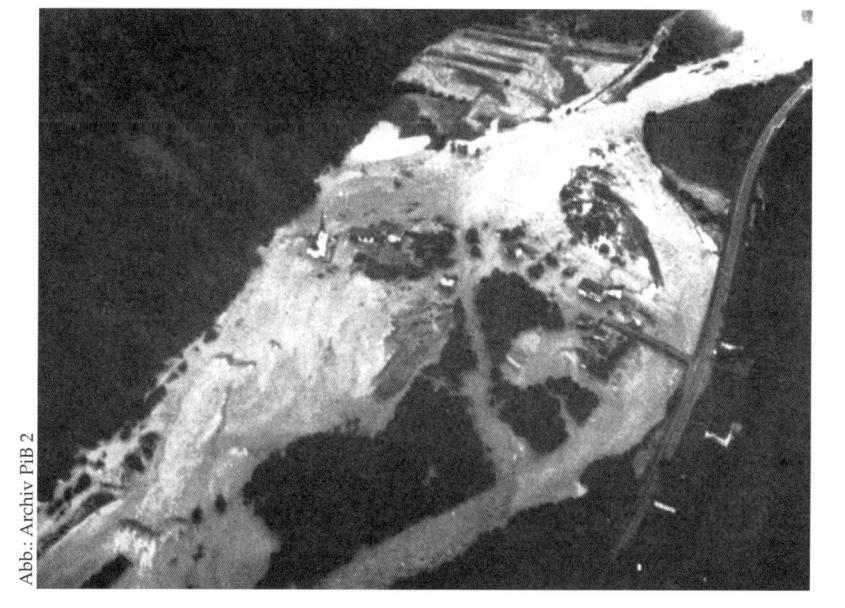

Abb.: Archiv PiB 2

Das Salzburger Pionierbataillon

- Nachdem auch ganz Osttirol von einer schweren Hochwasserkatastrophe heimgesucht worden war, waren mehrere Salzburger Verbände unter dem Kommando vom I./AR 3 im Einsatz – darunter auch ein Zug des PiB 3.

Dezember 1965 / Sondernummer — Osttiroler Heimatblätter

Das Bundesheer – Retter in der Not

Soldaten leisteten 846.000 Arbeitsstunden

129 Brücken und Stege neu errichtet — 14.856 cbm Erde bewegt, 6000 fm Holz geborgen, 11 km Fluß- und Bachbette geräumt

Wie wäre Osttirol während und nach der Hochwasserkatastrophe ohne die Hilfe des Bundesheeres dagestanden? Diese Frage können wir nur mit Bangen stellen und so beantworten: Hätte Osttirol nicht rasche und uneingeschränkte Hilfe von seiten des Bundesheeres bekommen, so wären die Verwüstungen noch furchtbarer und wahrscheinlich auch die Verluste an Menschenleben größer gewesen. Nach den Schreckenstagen wäre alles weit langsamer wieder in normalen Gang gekommen, und vieles, allzuviele wäre wahrscheinlich bis heute ungetan geblieben: die Wiederherstellung von Brücken, Straßen und Wegen, die Rückführung entfesselter Wasserläufe in die alten Gerinne, die Räumung von Stein- und Schlammuren, die Sprengung von Verklausungen und sonstige Aufräumungs- und Sicherungsarbeiten an vielen Schadenstellen.

Die erste und wichtigste Hilfe kam durch die Hubschrauber. Ihre Piloten haben in zahlreichen und nicht selten auch gefährlichen Einsätzen von den Wassern eingeschlossene Menschen aus ihrer bedrohlichen Lage befreit. Sie haben eine sehr große Zahl von Feriengästen aus den abgeschlossenen Tälern ausgeflogen. Mehrere Orte wurden durch längere Zeit mit den verschiedensten lebenswichtigen Gütern, unter anderem auch mit den Sachspenden des Roten Kreuzes und des Jugendrotkreuzes, versorgt.

Der Höchststand von eingesetzten Männern betrug rund 2500. Es mußten Truppenteile fast aus dem gesamten Bundesgebiet herangezogen werden; dies betraf insbesondere die 1400 Pioniere.

An Hubschraubern waren von der Type „Bell 204" fünf, „Alouette II" neun und „Bell 47" vier eingesetzt. Sie absolvierten 577 Flugstunden, beförderten 3310 Personen und 183 t Versorgungsgüter.

47 Tragtiere waren in unwegsamem Gelände zur Lieferung von etwa 57 t Bedarfsgütern eingesetzt.

252 Kraft- und Sonderfahrzeuge legten vom 2. September bis Mitte November nahezu 500.000 Fahrtkilometer zurück.

9 Raupenfahrzeuge, 12 Rammen und 9 Kompressoren und Aggregate standen in Verwendung. Unter den leichten Pi-Maschinen scheinen 44 Ein-Mann-Sägen, 12 Zwei-Mann-Sägen, 22 Greifzüge und 2 Hundert-Kilo-Rammen auf; weiter 27 „Cobras" 15 Winden, 2 Pinazza, 2 Pressen.

An Brückengerät kamen 1 D-Brücke, 2 Alu-Brücken und 1 Baflea-Brücke zum Einsatz.

An Wasserfahrzeugen: 9 Sturmboote, 2 Zillen, 45 Schlauchboote, 26 „Aubos" und 6 Fähren.

Dazu kommt noch eine große Zahl von Tel-Geräten.

Das Kommando des gesamten Katastropheneinsatzes hatte Generalmajor Bach, den unmittelbaren Einsatz leitete Oberst Ing. Müller-Elblein, die Pioniere befehligte Oberstleutnant Schreibmayer, die Hubschrauber unterstanden dem Kommando von Oberst Hauck. Die Zusammenarbeit zwischen den Kommandos des Bundesheeres und den Zivilbehörden war ausgezeichnet.

Bei der Verabschiedungsfeier in Spittal gaben General Bach und Oberst Ing. Müller-Elblein einen statistischen Bericht über den Assistenzeinsatz des Bundesheeres in Osttirol und Kärnten:

Durch raschen Einsatz der in Kärnten und Osttirol stationierten Truppen (480 Mann) wurden aus vom Hochwasser abgeschnittenen Häusern Menschen gerettet, wichtigster Hausrat geborgen und Verbindung mit der Außenwelt abgeschnittenen Ortschaften hergestellt. Gleichzeitig wurden im übrigen Bundesgebiet Pionier-Einheiten alarmiert. Im Zuge der laufenden Zuführung von Pionier-Einheiten in das Katastrophengebiet ergab sich die Notwendigkeit, diese Truppen zum Zwecke der Einsatzkoordinierung und zentralgelenkten Durchführung aller Hilfsmaßnahmen, sowie der Material- bzw. Gerätebeschaffung einer einheitlichen Führung zu unterstellen. Aus diesem Grunde wurde am 12. September im Pionierstab unter dem Kommando des Pionierinspektors Oberst Ing. Müller-Elblein mit der Bezeichnung „Höherer PiSTAB/ME" mit vorläufigem Sitz in Lienz, Jägerkaserne, aufgestellt. Ihm waren zuletzt sämtliche im Raum Kärnten und Osttirol eingesetzten Assistenzeinheiten in einer Stärke von 2.487 Soldaten unterstellt.

Der Einsatz gliederte sich in 3 Abschnitte, und zwar:

Im ersten Abschnitt vom 2. 9. bis 23. 9. wurden 245.829 Arbeitsstunden geleistet, 34 Brücken mit einer Länge von 618 m wiedererrichtet und befahrbar gemacht, davon 14 Brücken in Kärnten und 20 in Osttirol. Bei 15 Brücken mit einer Gesamtlänge von 708 m war die Wiederherstellung angelaufen. Mit 252 Kfz wurden 131.092 km gefahren, 30 schwere Pi-Maschinen leisteten 1.902 Arbeitsstunden. In den Tälern wurden 884 m³ Erde und Geröll von den Straßen und Wegen beseitigt, 750 m Bach- und Flußbetträumungen durchgeführt, in Kärnten 1.391 Personen durch Fährbetrieb übergesetzt, aus den Flüssen 1.440 fm Blockholz geborgen, 28.714 m Wege und Straßen instandgesetzt, davon in Osttirol 24.512 und in Kärnten 4.202 m.

Der Einsatz des Telegrafenbaons 2 erstreckte sich zunächst auf die Herstellung und den Betrieb von Fernsprech- u. Funkverbindungen zu den eingesetzten Einheiten und die Schaltung und Verlängerung von Postleitungen in das abgeschnittene Defereggen- und Villgratental mit einer Länge von 46 km.

Besondere Anerkennung muß aber den Hubschraubern gezollt werden, welche bis zum 23. 9. 562 Flugstunden, 2.215 Landungen aufweisen konnten, wobei 3.186 Personen aus dem Defereggental aus- und 169 t Versorgungsgüter eingeflogen wurden.

Nach Abschluß der ersten dringenden Arbeiten und Herauslösung von Assistenzeinheiten wurde im Herbstmanöver der Pionierstab in die Obere Fellach bei Villach verlegt und leitete von hier aus den weiteren Einsatz der verbliebenen Pionier-Einheiten und Pionierkompanien in der Stärke von 850 Mann.

In der Zeit von 24. 9. – 17. 10. wurden 27 Brücken mit einer Gesamtlänge von 846 m fertiggestellt und an 11 Brücken mit einer Länge von 553 m die Arbeiten aufgenommen. In diesem Zeitraum wurden 170.373 Arbeitsstunden geleistet, 10.860 m Wege und Straßen instandgesetzt, 135 m³ Dammschüttungen vorgenommen, 2 Muren mit 56 m³ Erdreich beseitigt, 2.539 fm Blockholz aus den Flüssen geborgen, 1.379 m³ sonstige Erdbewegungen durchgeführt und in Kärnten 2.737 Personen mit Sturm- und Schlauchbooten an Stellen, wo die Brücken noch nicht vorhanden waren, übergesetzt. 47 schwere Pi-Maschinen leisteten 1.298 Stunden, die Kfz. fuhren insgesamt 102.972 km.

Nach den Herbstmanövern wurde vom Bundesminister für Landesverteidigung Dr. Prader auf Antrag des Kommandanten des Höheren Pi-Stabes/Me mit 18. Oktober weitere 11 Einheiten, darunter 6 Pi-Kompanien, in das Katastrophengebiet beordert.

Neben den bisherigen Aufträgen, und zwar Bau von Brücken, Wiederherstellung von Straßen und Wegen, Arbeiten an zerstörten Uferverbauungen, wurden auf Weisung des Ministers die Aufträge wie folgt erweitert: Hangabsicherungsarbeiten, Freimachung der Kulturlandes von Muren und Geröllmassen, Treibholzbergungen, Flußbetträumungen, Wildbachsäuberungen in den Seitentälern des Mölltales, Dammschutzbauten, Flußbettverlegungen, Bergung abgeschwemmter Brückenteile, Wasserleitungsbau.

Der Einsatz der Pioniertruppe konzentrierte sich in diesem Zeitabschnitt ausschließlich auf die Wiederherstellung bzw. Instandsetzung der zerstörten Brücken, während die übrigen Einheiten für alle anderen Arbeiten angesetzt wurden. In diesem Zeitraum vom 18. Oktober bis 15. November wurden 68 Brücken mit einer Gesamtlänge von 1.595,8 m errichtet, 4.995 m Wege und Straßen instandgesetzt, 5.350 m³ Dammschüttungen vorgenommen, 1.045 m Dammkronen erneuert, gefährdete Hänge abgesichert – dabei 865 Pflöcke geschlagen, 1.170 m³ Erde bewegt und 550 m Flechtwerk angelegt, – 2.410 fm Treibholz geborgen, 10.546 m Wildbach- und Flußbette geräumt, 6.032 m³ Erde per Lkw abtransportiert, 9.760 m² Flurschäden behoben, 977 Personen mit Sturm- und Schlauchbooten übergesetzt, 760 m Wasserleitungsrohre verlegt. Diese Leistungen wurden in 430.569 Arbeitsstunden erbracht mit einer Gesamtstärke von 1.794 Mann.

Einige Summen

Die Gesamtzahl der Arbeitsstunden betrug 846.771, davon 422.365 in Osttirol.

Von den 129 neu errichteten Brücken und Stegen stehen 75 in Osttirol mit 1094 m, Gesamtlänge 3059 m. 127 Joche mußten eingezogen, 831 Piloten gerammt werden. 146 neue Widerlager waren in Osttirol zu errichten. Insgesamt wurden an den Brücken und Stegen 6.128 fm Holz verbaut. 44.569 m Wege und Straßen, 35.497 m in Osttirol, wurden instandgesetzt.

Die Treibholzbergung erbrachte 6461 fm, davon 3807 fm in Osttirol, 11.296 m Fluß- und Wildbachbette, zur Hauptsache in Kärnten, wurden geräumt, bei Dammschüttungen, Ausbesserungen der Dammkronen und Murenbeseitigung bewegten die Soldaten 6635 m³, die sonstigen Erdbewegungen umfaßten in Osttirol 4393 m³, im gesamten 8221 m³, in der Behebung von Flurschäden räumten die Einsatzkräfte in Osttirol 9760 m².

Osttiroler Heimatblätter, Dezember 1965

Brückenbau:
- 10. – 14-5. Wels: Fußgängerübergang über die Traun zum Messegelände (Kdt Hptm Klock, 1. Kp)
- 10. – 14-5. Reichraming: temporärer Ersatz für die zu erneuernde Brücke (Fortbildung für Pionierkader aus allen Pionier-Verbänden)

Wels

D-Brücke als Besucherzugang zur Welser Messe

Reichraming

Unmittelbar neben der alten Brücke wird die D-Brücke errichtet.

Abb.: Archiv PiB 2

Reichraming

Errichtung einer
Behelfsunterstützung
für den Vorbau

Die beengten Platzverhältnisse
ließen den Anbau des
erforderlichen Ballasts nicht zu.
Daher wurde die Brücke zum
Vorschub nach oben abgespannt.

Wegbereiter, Brückenbauer, Helfer in der Not

Pionier-Denkmal im Lehener Park:

Im Lehener Park, dem ehemaligen Pionierübungsgelände, wurde zur Erinnerung an alle Pionierkameraden, die in Ausübung ihres Dienstes ihr Leben gelassen hatten, das Pionier-Denkmal errichtet und anlässlich des Pionier-Gedenktages am 17. Oktober 1965 feierlich eingeweiht. Stifter war die Kameradschaft der Pioniere und Sappeure, für die Planung verantwortlich war Prof. Anton Schmiedbauer. Bauleiter war Wm Streb.

Übungen:
- 3. – 9.10. Teilnahme des Bataillons am Herbstmanöver des Bundesheeres „Bärentatze I" im niederösterreichischen Alpenvorland

Salzburg

Das Pionier-Denkmal im Lehener Park

Abb.: Archiv PiB 2

Kommandoübergabe:

Am 25. Oktober 1965 wurde Obstlt Schiedek als Kommandant zum Versorgungsregiment 3 versetzt und übergab das Bataillon an Mjr List.

Neue Offiziersstellenbesetzung:

BKdt	Mjr List
Kdt StbKp/S4	Hptm Klock
Kdt 1. Kp	Hptm Eckstein
Kdt 2. Kp	Olt Diller
KO	Hptm Erdelitsch
WiO	Olt Bukovc
Adjutant	Lt Greindl
TelO	Lt Koppensteiner

Das Salzburger Pionierbataillon

Als Zeichen der Kommandoübergabe übergab Obstlt Schiedek das Ehrensignalhorn an Mjr List

Der neue Kommandant unter dem Schutz der heiligen Barbara

1966

Katastropheneinsätze:

Das Jahr 1966 war erneut von Unwetterkatastrophen und entsprechenden Einsätzen gekennzeichnet:
- 10. – 12.6. Zell am See: Aufräumungsarbeiten, Beseitigung von Verklausungen
- 5. – 6.7., 18.10. – 4.11. Strobl (2 x) (Kdt Mjr List, 1.+ 2. Kp):
- Bau von Alu-Grabenbrücken zu abgeschnittenen Ortsteilen
- Schließung eines Dammbruchs
- Bau von vier Brücken und Steinkästen
- 23. – 24.7. Hallein: Sicherungsarbeiten an der D-Brücke
- 18. – 19.8. Mittersill (25 Mann 1. Kp):
    - Sicherungsarbeiten
    - Bau einer Behelfsbrücke und eines Fußgängersteges

Diese Gemeinde war wiederholt von schweren Hochwasserkatastrophen betroffen, so 1878, 1899, 1903, 1916, 1931, 1965.

Gerhard Steininger berichtet über die Hochwasserkatastrophe im Land Salzburg:

Mittersill: Ärgstes Hochwasser seit Menschengedenken

Zentren sind der Oberpinzgau, das Gasteiner Tal, das Pongauer Salzachtal und der Lungau + Hauptverkehrsadern verlegt oder vermurt
Ein Todesopfer + Stege in der Stadt Salzburg gesperrt + Aus Lungauer Tälern wurden Seen + Muhr abgeschnitten

Aus der Hochwassergefahr, die — wie berichtet — Mittwoch schon gebannt schien, ist unversehens eine Hochwasserkatastrophe geworden. In den Abendstunden des Mittwoch setzten neuerlich heftige Regenfälle ein, die Temperaturen stiegen an, die Hiobsbotschaften überschlugen sich. Zentren der Katastrophe sind Mittersill und Teile des Oberpinzgaues, das Gasteiner Tal, der Lungau und einzelne Orte im Pongauer Salzachtal. Die Hauptverkehrsadern Salzburgs wurden verlegt oder vermurt. Wasser, Geröll, Autos, Hilfsmannschaften und Betroffene: Ein Knoten, den zu lösen es Tage brauchen wird. Menschenleben blieben nicht unverschont: Der 44jährige Gärtner Franz Tannenberger stürzte in Bischofshofen beim Holzfischen in die Salzach.

Prognosen getraute sich Donnerstag abend niemand zu stellen. In Salzburg war die Salzach ab 14 Uhr relativ konstant bei 4,85 Meter geblieben; vorsorglich waren um 9 Uhr die Stege gesperrt worden. In Mittersill maß die Salzach lediglich 4,35 Meter; genug, um vom ärgsten Hochwasser seit Menschengedenken zu sprechen. In dem Oberpinzgauer Ort pflegen Hochwässer bei 3,75 Meter genügend Schaden anzurichten. 4,35 Meter waren seit 70 Jahren (seit damals wird registriert) niemals gemeldet worden.

Salzach, der Felberbach und der Bürgerkanal traten im Markt bis zu 1,20 Meter hoch aus. Mittwoch abend war es kritisch geworden; die Salzach überschwemmte die Lokalbahntrasse und die Gerlos-Bundesstraße.

In Burk war vorsichtshalber eine Brücke abgetragen worden, um den Wassermassen Raum zu geben. Der Felberbach nahm sich die Brücke selber mit. Um ein Uhr früh wurde es katastrophal: Der Felberbach trat aus den Ufern, aus den Ufern wurden Trümmer gerissen. Alle Feuerwehren der Umgebung versuchten Widerstand. Später wurde das Bundesheer — es kamen 104 Soldaten — gerufen, vor die Geschäfte baute man Wehren aus 5000 Sandsäcken, die auch nichts trocken halten konnten, vier Häuser wurden von 20 Menschen geräumt. Die fünf Austrittsstellen der Salzach und die des Felberbaches wurden mit wechselndem Erfolg eingedämmt. Dazwischen immer wieder Regen.

Im Gasteiner Tal folgte ein Schlag dem anderen: Das Hochwasser hatte ein katastrophaleres Ausmaß als im Vorjahr; der Autostrom der Urlauber erinnerte an einen Flüchtlingstreck. Mittwoch um 18 Uhr wurde die Bundesstraße gesperrt, wenig später mußte die Autoschleuse den Betrieb einstellen.

Kurzfristig konnte die Straße geräumt werden und 500 Fahrzeuge konnten das Tal verlassen. Die anderen festsitzenden Urlauber suchten Zimmer, Essen, Parkplätze, wo sie dann im Auto schliefen. Donnerstag ging es Schlag auf Schlag. An drei Stellen wurde die Bundesstraße unterbrochen: Vor dem Klammpaß wurde eine Hälfte der Fahrbahn auf einer Länge von über zehn Meter weggerissen, bei Hofgastein war sie überflutet und auf der Auffahrt nach Badgastein von Felsstürzen bedroht. Die Bundesbahn schleuste im Laufe des Tages rund 700 Kraftfahrzeuge von Böckstein bis Schwarzach; auf dem Rückweg nahmen die Züge Urlauber mit, die ins Gasteiner Tal wollten. Man hofft, die Straße bis heute, Freitag, in den Abendstunden wieder befahrbar zu machen. Die hochwasserführenden Bäche und Flüsse können allerdings alle Pläne hinwegschwemmen.

Straße und Bahn südlich des Passes Lueg unter Wasser

Unpassierbar ist auch die Salzachtal-Bundesstraße. Südlich des Passes Lueg hat sich ein riesiger Stausee gebildet; **Straße und Westbahn stehen unter Wasser.**

Einen Teil des Tages war auch die Verbindung über den Tauernpaß und den Katschberg, die einzig heil gebliebene Verbindung über den Alpenhauptkamm — auch die Glocknerstraße war durch Überflutungen unpassierbar — nicht befahrbar. Später konnte sie für den Verkehr in Richtung Norden freigegeben werden. Der Verkehr in den Süden wurde mehr schlecht als recht über die Seetalerstraße nach Kärnten geleitet.

Die Situation im Lungau ist katastrophal: Muhr ist seit Dienstag von der Außenwelt abgeschnitten, nur mit dem Postamt besteht noch Telephonverbindung. Straßen und Häuser stehen bis zu einem Meter unter Wasser, 20 Häuser mußten geräumt werden. Die Behörden sind nicht sicher, ob nicht Versorgungsflüge nach Muhr notwendig sein werden.

Tennengau traten im Bereich der Torrener Brücke in Golling, Kuchl und Hallein Überschwemmungen auf. Die Stege in Hallein wurden gesperrt.

Überflutungen wurden auch aus Niedersill und Uttendorf gemeldet. Im Pinzgau ist die Lage im gesamten Salzachtal kritisch. In Zell am See wurden die Mittelpinzgauer Bundesstraße und die Westbahnstrecke verlegt. Die Bahn konnte nach Stunden wieder eingleisig für den Verkehr freigegeben werden. Dutzende Häuser stehen unter Wasser, laut APA vor allem Villen, die von Ausländern unter Mißachtung der Vorschriften errichtet wurden.

Auch in Kaprun Vermurungen, in Fusch Überschwemmungen, vier Brücken von der Ache weggerissen, durch Blitzschläge Schäden an Stromleitungen. In Taxenbach wurde Mittwoch abend die Westbahn für einige Stunden gesperrt, in Lend Vermurungen auf der Westbahn und der Straße, der nördliche Ortsteil überflutet.

im pausenlosen Einsatz. Vom Bundesheer stehen 54 Mann in Badgastein, 102 in St. Johann, 44 in Zell am See, 104 in Mittersill und in Hallein 23 Mann, insgesamt also 327 Soldaten, im Einsatz.

Salzburger Nachrichten vom 19. August 1966

- 20.8. – 30.9. Rauris (Kdt Hptm Klock, 1. Kp):
    - Bau von 16 Behelfsbrücken (205 m) und
    - Krainerwänden (330 m)
- 5. – 25.11. Großarl (2. Kp):
    - Ufersicherungsarbeiten
    - Bau einer Behelfsbrücke

Rauris

Die Widerlager für die Schütterbrücke werden als Steinkästen ausgeführt. StWm Wieger verfolgt die Arbeiten mit kritischem Blick.

Salzburger Nachrichten vom 20. August 1966

ORTSVERKEHR IN MITTERSILL NUR MIT SCHLAUCHBOOTEN MÖGLICH
Das Bundesheer stand pausenlos im Einsatz, um der vom größten Hochwasser seit 70 Jahren betroffenen Bevölkerung Mittersills zu helfen.

Abb.: Archiv PiB 2

Wegbereiter, Brückenbauer, Helfer in der Not

- 20.8. – 30.9. Am schwersten vom Hochwasser betroffen war der Lungau, wo das gesamte PiB 3 sechs Wochen im Einsatz war und außer Aufräumungsarbeiten 30 Brücken über die Mur mit einer Gesamtlänge von ca. 500 m und etwa 700 m Krainerwände als Uferschutzbauten errichtete.
- 5. – 25.11. Lungau: Ein neuerliches Unwetter erforderte erneut einen dreiwöchigen Einsatz von Pionieren. Betroffen waren die Orte Muhr, St. Michael, St. Andrä, Lessach, Göriach, Tamsweg, Unternberg und Ramingstein. (2. Kp, 70 Mann + teZg)

Im Zuge eines Erkundungsfluges stürzte ein Hubschrauber auf dem Sportplatz in Tamsweg aus geringer Höhe ab, da die als Landemarkierung ausgelegten Tücher hoch gerissen wurden und den Rotor blockierten. Brigadier Koiner, Obstlt Schiedek, Mjr Harzer und der Bordtechniker, die im Hubschrauber mitgeflogen waren, erlitten Verletzungen unterschiedlichen Grades. Der Pilot blieb unverletzt.

Der abgestürzte Hubschrauber in Tamsweg

Lungau

Wegen der starken Strömung der Mur mussten die Pioniere gesichert werden.

Abb.: Archiv PiB 2

Das Salzburger Pionierbataillon

Lungau

Mit Krainerwänden wird der Fluss in sein Bett zurückgedrängt und der vom Hochwasser zerstörte Straßenkörper wieder hergestellt. Hier ein Bild aus Hintermuhr

Rammarbeiten mit der Benzinramme 100 in der Nähe von Tamsweg …

… mit der Dieselramme 300 …

… und der Dieselramme 500

Wegbereiter, Brückenbauer, Helfer in der Not

Ramingstein

Bahnhofsbrücke im Bau …

… und knapp vor der
Fertigstellung

Ramingstein

Mölhartlbrücke

Abb.: Archiv PiB 2

Das Salzburger Pionierbataillon

Lungau

Kendlbruck

Über diese Brücke in Tamsweg verläuft der Gleisanschluss zum Isospanwerk. Sie musste daher für die Belastung durch Güterwaggons ausgelegt werden.

Für vom Hochwasser betroffene Familien …
Im Bild Mjr List, OStv Dax, OStv Grois, Wm Walk, Wm Mandl

... wurde eine Kinder-Weihnachtsaktion gestartet. Im Bild Wm Mandl

Sprengeinsatz:
- 18.1. Mauerkirchen (OÖ): Sprengung eines Ziegelofens mit Schornstein im Rahmen der Kaderfortbildung

Einbringen der Ladungen in die Bohrlöcher

Der gesprengte Schornstein

Das Salzburger Pionierbataillon

Brückenbau:
- 27. – 29.4. Seeham: Bau eines Bootssteges (50 m, 2. Kp)
- 2. – 7.5. Hallein: Bau einer D-Brücke als Ersatz während des Neubaus der Stadtbrücke (Kdt Hptm Eckstein, 1. Kp)
- 23.7. Während des sommerlichen Hochwassers wurde das Joch in Flussmitte ausgespült und musste in weiterer Folge erneuert werden.
- 19. – 29.7. Salzburg, Aigner Park: Instandsetzung der Wege, Bau von fünf Brücken (Kdt OStv Stöbich, 15 Mann TeZg)
- 8.10. Salzburg, Liefering: Bau einer Schlauchboot-Brücke über die Salzach (91 m) im Bereich des Saalachspitzes für die Staatsmeisterschaft der Ländlichen Reiter. Die 1. Kp baute vom linken, die 2. Kp vom rechten Ufer aus. Bauzeit: 36 Minuten.

Hallein

Die Brücke verbindet die Altstadt Halleins mit dem Stadtteil Burgfried. Das Joch wurde kurz nach der Fertigstellung der Brücke durch ein Hochwasser weggerissen.

Mit Hilfe eines Hilfsjochs und mit Winden wird die Brücke gehoben und ein neues Joch aus Stahlpiloten eingebaut.

Salzburg

Erneuerte Brücke im Naturpark Aigen

Salzburg-Liefering

Die Brücke wurde von beiden Ufern aus gebaut und steht unmittelbar vor dem Schließen.

Die ersten Pferde mussten an der Hand über die schwankende Brücke geführt werden …

Abb.: Archiv PiB 2

Das Salzburger Pionierbataillon

... die nachfolgenden Pferde schafften den Übergang bereits ohne Führung.

Hilfeleistungen:
- Mai – September: Schwarzenbergkaserne: Bau des Campanile neben der Kirche (Bauleiter Wm Streb, 2. Kp)
- 12. – 16.9. Salzburg: Zur Freilegung und Erforschung der Grundmauern der Vorgängerbauten des Salzburger Doms wurden auf dem Domplatz archäologische Grabungen durchgeführt. Um den Zugang zum Dom auch während der Bauarbeiten sicherzustellen, wurde die Grabungsstelle mit Alu-Brückengerät eingedeckt. (2. Kp)
- 17. – 27.10. Lofer: Rammen von 43 Piloten zum Bau einer Wehranlage

Salzburg

Einbringen der Hauptträger, rechts Wm Nobis

Salzburg

Abdecken der Grabungsstelle unmittelbar vor dem Dom mit Fahrbahnplatten

Chor der Salzburger Pioniere:

8.4. Gründung des Chors der Salzburger Pioniere – Hauptzweck des Vereins ist die Pflege des militärischen Liedgutes.

Ehrenpräsident: Mjr List

Chorobmann: OStv Ignaz Pöckl, Obmannstv: OStv Johann Schmid

Chorleiter: Lt Stephan Mahrle

Mit seinen Gesangsdarbietungen trägt der Chor zur Gestaltung der Weihnachtsfeier bei.

Abb.: Archiv PiB 2

Das Salzburger Pionierbataillon

1967

Katastropheneinsätze:
- 8. – 20.5. (1. Kp); 8. – 22.9. (2. Kp) Muhr: Beseitigung von Vermurungen, Bau von Brücken, Dämmen, Steinmauern und Krainerwänden (31 Mann)
- 14. – 27.6. Altenmarkt-Zauchensee: Verbreiterung der Zufahrtsstraße zum neu erschlossenen Schigebiet (Kdt Hptm Michler, 35 Mann 2. Kp)
- 19. – 30.6. Bramberg: Beseitigung von Hochwasserschäden und Räumen eines Felssturzes (35 Mann)
- 29.8. – 2.9. Leogang: Bau einer Krainerwand (78 m) (15 Mann)

Sprengarbeiten:
- 23.7. – 1.12. Kitzsteinhorn: Um der österreichischen Schi-National-Mannschaft auch im Sommer günstige Trainingsbedingungen zu verschaffen und den leistungsmäßigen Rückstand zu den zu jener Zeit dominierenden Franzosen aufzuholen, entschloss sich das Unterrichtsministerium zum Bau eines Bundessportheims auf dem Kitzsteinhorn. Das Österreichische Bundesheer unterstützte dieses Vorhaben durch Aussprengen des Fundaments für das Gebäude und den Sportplatz. Es wurden über 3.000 Bohrlöcher gebohrt und 2.500 m^3 Fels gesprengt. (40 Mann)

Weiters wurde der Transport der erforderlichen Baumaterialien übernommen. Bis zur Salzburger Hütte wurde das Material mit einer bereits bestehenden Materialseilbahn transportiert. Dort wurde es auf eine vom Bundesheer eigens errichtete Seilbahnanlage umgeladen, mit welcher die Güter bis zur Baustelle gebracht wurden. Beide Bahnen wurden während der gesamten Bauzeit von Soldaten verschiedener

Bramberg

Die Felsblöcke, die den Weg blockieren, werden mit Bohrlöchern versehen und gesprengt.

Kitzsteinhorn

Mit Sprengstoff sowie Krampen und Schaufel wurde das felsige Gelände für das Bundessportheim eingeebnet.

Die zivile Seilbahn wird beladen.

An dieser „Umladestation" muss das transportierte Material von der zivilen auf die militärische Seilbahn umgeladen werden.

Das Salzburger Pionierbataillon

Materialtransport mit der militärischen Seilbahn.
Sonderkonstruktion eines Seilreiters, damit das Zugseil
hochgehalten wird und nicht auf dem Boden streift.

Wartungsarbeiten in luftiger Höhe

Das Bundessportheim im Rohbau

Wegbereiter, Brückenbauer, Helfer in der Not

Verleihung einer Standarte:
- 26.4. Eine Standarte für das Pionierbataillon: Die Gemeinden des Lungaus stifteten dem PiB 3 als Dank für den Katastropheneinsatz im Jahre 1966 eine Standarte. Standartenpatin ist Frau Antonia Ehrenberger, die Gattin des Bezirkshauptmanns.

Der Chores der Salzburger Pioniere:
- 26.6. – 1.7. Der Chor der Salzburger Pioniere nahm an einem internationalen Chorfestival in Scheveningen bei Den Haag teil und errang in der Gruppe der Militärchöre den dritten Platz.
- 27.5. Der Chor gratulierte Prof. Franz Ledwinka, dem Lehrer Karajans, zu seinem 84. Geburtstag.

Feldzeichentrupp, Lt Michler, Wm Nobis, Lt Kloss

v. l. Bürgermeister Hagenauer, Mjr List, Frau Ehrenberger, Olt Koppensteiner, Hptm Klock

Abb.: Archiv PiB 2

Das Salzburger Pionierbataillon

Lt Mahrle leitet den Chor der Salzburger Pioniere

Ankunft in Scheveningen und Empfang durch den holländischen Begleitoffizier (ganz rechts); v. l. Mjr Köchl (BMLV), Olt Koppensteiner, Mjr List, Lt Mahrle, Obst Bystricky (BMLV, Delegationsleiter)

Gratulation an Prof. Franz Ledwinka. v. l. Mjr List (verdeckt), StWm Laimer, OStv Pöckl, OStv Ressel, Lt Mahrle, Lt Michler, OStv Trausnitz, Prof. Franz Ledwinka, Olt Koppensteiner, Frau Ledwinka

Wegbereiter, Brückenbauer, Helfer in der Not

1968

Katastropheneinsatz:
- 28. – 30.5. Bramberg: Spreng- und Aufräumungsarbeiten nach Hochwasser (16 Mann)

Jedes Jahr verlegte das Pionierbataillon zur Wasserausbildung an die Donau.
Das auf der Konstruktion Biragos basierende Brückengerät M36/56 hatte 1968 ausgedient und wurde durch das Alu-Brückengerät auf Kunststoff-Pontons ersetzt.

- 7. – 15.11. Teilnahme des PiB 3 an der Herbstübung des Bundesheeres „Bärentatze II" in Niederösterreich zwischen Traisen und Enns

Donau

Fährbetrieb mit M36/56 Gerät und Schlauchbootfähre

Schlauchbootfähre beim Übersetzen von Jeeps

Abb.: Archiv PiB 2

Das Salzburger Pionierbataillon

Ausbildung am neuen
Alu-Brückengerät mit
Kunststoffpontons

Ein LKW überquert die
neue Pontonbrücke

50 t-Fähre

Abb.: Archiv PiB 2

Wegbereiter, Brückenbauer, Helfer in der Not

Besuch des Pionierinspektors;
v. l. Olt Koppensteiner,
Obst Müller-Elblein, Obst Krysl,
Obst Weilhartner

Hptm Diller gratuliert dem
Brautpaar Unterhuber zur
Hochzeit, rechts Lt Michler.

StWm Hinterreithner und Olt Haslauer

ROA Wm Kail, Wm Schober

Das Salzburger Pionierbataillon

1969

Katastropheneinsatz:
- 17.5. Golling: Beseitigung einer Verklausung vor der Brücke (1. Kp)

Bau/Abbau von Brücken:
- 3. – 7.11. Golling: Errichtung der Joche (2. Kp); Bau der D-Brücke (91 m) für die Dauer des Neubaus der Salzachbrücke (1. Kp)
- 1. – 3.12. Salzburg, Baron-Schwarz-Park: Abbau der D-Brücke über die Bahn (2. Kp, Kdt Hptm Diller)
- 1. – 3.12. Salzburg, Kendlersiedlung: Bau der D-Brücke über die Glan (21 m) als Dauerprovisorium (1. Kp, Kdt Hptm Koppensteiner)

Golling

Abbinden des Jochs. StWm Schöndorfer unterstützt den Pionier, der, gesichert durch das Pfahlseil, die Bohrungen für die Verschraubungen durchführt.

Einbau des Obergurts

Golling

Landeshauptmann Lechner, Militärkommandant und Bürgermeister Fischerleitner besichtigen den Brückenbau, Einweisung durch Olt Mahrle und Hptm Koppensteiner.

Vorschub auf das erste Joch, „Einfädeln" des Vorbauschnabels bei den Rollenkästen

Die alte Brücke und die D-Brücke stehen noch friedlich nebeneinander.

Abb.: Archiv PiB 2

Das Salzburger Pionierbataillon

Salzburg

Vizebürgermeister Weilhartner (2. v. r.) besucht den D-Brückenbau über die Glan in der Kendlersiedlung, rechts BKdt Obstlt List

Der Bataillonskommandant besichtigt die Baustelle.

Um Ballast zu sparen, unterstützt OStv Pannagger mit dem Kran den Vorschub der Brücke; Wm Rassi beim Absenken der Brücke.

Wegbereiter, Brückenbauer, Helfer in der Not

Sprengarbeiten:

- 7.3. Hallein: Sprengung eines 45 m hohen Schornsteins im Bereich der Saline auf der Pernerinsel (Leitender: Olt Koppensteiner)

Hallein

Der Schornstein fällt planmäßig in den schmalen freien Raum …

… zwischen Sudhaus und der Produktionsstätte der Schibobfirma Brenter.

Abb.: Archiv PiB 2

1970

Organisatorische Unterstützung:
- Silberkrugrennen in Bad Gastein

Katastropheneinsätze und Sprengarbeiten:
- 2. – 4.4. Unken: Sprengarbeiten zur Beseitigung eines Felssturzes (Kdt Hptm Diller, OStv Essl, 20 Mann 2. Kp)
- 29.6. – 4.7. Rauris-Bucheben: Aufräumungs- und Sprengarbeiten nach Lawinenabgang (15 Mann 1. Kp)
- Oberpinzgau:
    - 10. – 29.8. Bramberg: Beseitigung von Hochwasserschäden (2. Kp)
    - 10. – 29.8. Niedernsill: Ausbau eines Behelfsweges zu den Almen im Mühlbachtal (Kdt Hptm Koppensteiner, 1. Kp)
- 10. – 29.8. Uttendorf: Einsatz des gesamten PiB 3. Das ÖBB-Kraftwerk Schneiderau wurde bis zur halben Fensterhöhe mit feinstem Schlick vermurt, der aus Luftschächten und Kabelgängen in mühevoller Handarbeit mit Schaufeln, Kübeln und Schiebetruhen entfernt werden musste. Auch eine vom Hochwasser zerstörte Brücke wurde erneuert und Hangsicherungsarbeiten durchgeführt.
- 31.8. – 25.9. Sprengarbeiten zur Errichtung einer 1,8 km langen Wasserleitung für die Ostpreußenhütte am Hochkönig (Kdt OStv Essl, 10 Mann 2. Kp)

Diese Brücke im Stubachtal steht bereits unter Wasser (im Bild Olt Mahrle).

Uttendorf

Das vermurte ÖBB-Kraftwerk Schneiderau

Über Eimerketten wurden die engen Kabelgänge des Kraftwerks gesäubert und der feine Schlamm ins Freie gebracht.

Auch in die Maschinenräume war der Schlamm eingedrungen.

Uttendorf

In der Generatorenhalle des Kraftwerks ist an den Wänden die Höhe der Vermurung erkennbar. Mit Kübeln wird der Schlamm aus den Lüftungsschächten herausgehoben und mit Schiebetruhen abtransportiert.

Als Widerlager für die zerstörte Brücke des Kraftwerks wird eine Krainerwand gebaut.

Die Hauptträger („Ensen") werden aufgebracht

Wegbereiter, Brückenbauer, Helfer in der Not

Brückenbau:
- 16. – 19. 11. Golling: Abbau der D-Brücke, Entfernen der Joche. Die Piloten werden durch die Taucher unter Wasser abgesprengt.

Stützpunkt Hoferalm:

Die durch Obstlt List gepachtete Hoferalm im Postalmgebiet bot dem Kaderpersonal nicht nur eine Urlaubsmöglichkeit, sondern bildete auch einen Stützpunkt für interessante Übungen.

Hoferalm

Übung mit Unterstützung durch Tragtiere

Ein Haflinger wird mit dem Stromaggregat beladen.

Abb.: Archiv PiB 2

Das Salzburger Pionierbataillon

Hoferalm

StWm Kern, OStv Wieger,
StWm Laimer, Wm Rassi
vor der Hütte

Biwak auf der Postalm;
StWm Kern mit seinen
Pionieren vor dem Iglu

Abb.: Archiv PiB 2

Roland Kadir,
Urenkel des letzten türkischen
Sultans, diente 1969/70 beim
Pionierbataillon. Sein Urgroßvater,
Sultan Mechmet VI., wurde 1922
von Kemal Atatürk abgesetzt.

Abb.: Archiv Kadir

Wegbereiter, Brückenbauer, Helfer in der Not

1971

Organisatorische Unterstützung:
- 4. – 8.1. FIS A-Schirennen in Bad Gastein

Katastropheneinsatz:
- 30.7. – 22.8. Niedernsill: Ein Unwetter im Mühlbachgraben richtete erneut schwere Verwüstungen an und vermurte den Ort sowie das Angelände. Außerdem wurde der Güterweg zu den Almen auf großer Länge weggerissen. Um den Abtransport der Milch von den Almen zu ermöglichen, wurde durch die Pioniere ein bestehender Fußsteig mit Hilfe von Brücken, Knüppeldämmen und Krainerwänden zu einem Karrenweg ausgebaut. (Kdt Hptm Koppensteiner, 1. Kp)

Niedernsill

Felsblöcke dieser Größe wurden vom Hochwasser mittransportiert. Sie wurden durch Olt Mahrle gesprengt, wobei auf die in unmittelbarer Nähe vorbeiführende Hochspannungsleitung geachtet werden musste.

v. l. Militärkommandant ObstdG Ehm, Bürgermeister Erwin Brennsteiner und der Einsatzleiter, Hptm Koppensteiner, bei der Besichtigung der Vermurung in Niedernsill

Abb.: Archiv PiB 2

Das Salzburger Pionierbataillon

Niedernsill

Mit Hilfe von Krainerwänden, …

… Knüppeldämmen
– hier Wm Saria bei der Arbeit –
und …

… sechs Brücken wurde der alte Weg in das Mühlbachtal wieder befahrbar gemacht.

Abb.: Archiv PiB 2

Wegbereiter, Brückenbauer, Helfer in der Not

Niedernsill

Ein labil gelagerter Felsen, der über der Brückenstelle hing, musste vorher abgesprengt werden …

… dann konnte der Brückenbau fortgesetzt werden.

Das Salzburger Pionierbataillon

Niedernsill

Einzelne Felsen mussten durch Sprengen beseitigt werden wie hier durch OStv Zandt.

Wm Rassi auf seiner fertigen Brücke

Der ausgebaute Karrenweg heißt heute noch „Pionierweg".

Wegbereiter, Brückenbauer, Helfer in der Not

Rammarbeiten:
- 8. – 19.2. Kuchl: Rammen von 140 Piloten als Lehrgerüst für die Autobahnbrücke über die Salzach (Bauvorhaben der Fa. Svata) (Kdt Obstlt List, 1. + 2. Kp)
- 26.5. Seeham: Errichtung eines Bootsanlegesteges (Kdt OStv Essl, 34 Mann 2. Kp)

Kuchl

Um die Arbeit rasch voranzutreiben, wurde in zwei Schichten (06.00 bis 22.00 Uhr) gearbeitet.

Ein Teil der Piloten ist bereits gerammt.

Kuchl

Anbringen der Zangen und Verschwertungen

Wintereinbruch zum Abschluss der Arbeiten (Februar)

Abb.: Archiv PiB 2

Brückenbau:
- 1. – 5.2. Hintersee: Erneuerung der Ebner-Brücke (28 m) (29 Mann 1. Kp)
- 8./9.6. Taxenbach: Bau einer Alu-Grabenbrücke (52 m) (2. Kp)
- 13./14.12. Steyrermühl: Abbau einer D-Brücke (Kdt Hptm Koppensteiner, 1. Kp)

Nur zwei Tage benötigte die 1. Kompanie des Pionierbataillons 3 zum Abbau einer 76 Meter langen Notbrücke über die Traun in Steyrermühl. Am 13. und 14. Dezember wurde die Brücke unter Leitung von Hauptmann Koppensteiner von den Pionieren abgebaut, die zuvor von der oberösterreichischen Landesregierung angefordert worden waren. Die Dreiecksträgerbrücke war im Februar 1971 von Pionieren aus Ebelsberg gebaut worden. Sie hatte zehn Monate lang dem Straßenverkehr gedient, bis die neue Betonbrücke über die Traun fertiggestellt war.

Salzburger Volksblatt vom 18. Dezember 1971

Wegbereiter, Brückenbauer, Helfer in der Not

Sprengarbeiten:

- 28.6. – 2.7. Dorfgastein: Bau eines Hubschrauberlandeplatzes auf dem Luxkogel für eine Funkrelaisstation der Gendarmerie (Kdt OStv Trausnitz, 1. Kp)
- 26.7. – 4.8. Untersberg: Einbau von 125 Wildgittern (12 Mann 1. Kp)
- 6. – 18.9. Hallein-Zinkenkogel: Aussprengen der Schitrasse (Kdt OStv Essl, 14 Mann 2. Kp)
- 20.9. – 11.10. Neukirchen am Großvenediger: Aussprengen des Steiges zur Kürsingerhütte (Kdt OStv Essl, 11 Mann 2. Kp)

Neukirchen

In der Steilwand wird ein Steig zur Kürsingerhütte herausgesprengt.

Obstlt List besichtigt den von OStv Essl aus der Felswand herausgesprengten Steig.

Das Salzburger Pionierbataillon

1972

Kader der Stabskompanie

Kader der 1. Kompanie

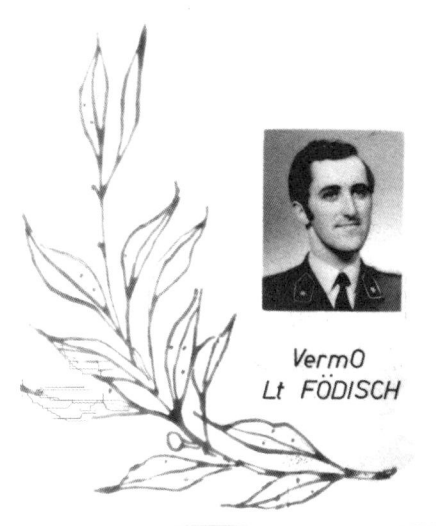

KpKdt
Hptm KOPPENSTEINER

VermO
Lt FÖDISCH

Kdt I.Zug
Lt PANUSCHKA

Df UO
Vzlt WIEGER

Geräte UO
OStv TRAUSNITZ

KUO
OStv HUBER

Wi UO
OStv LAIMER

NUO
OStv ZANDT

Kdt II.Zug
OStv BREITENAUER

Kdt Stv I.Zug
OStv KERN

Kdt Stv II.Zug
OStv LINHART

Kdt III.Zug
ObWm RASSI

Kdt Stv III.Zug
Wm SARIA

Grp Kdt III.Zug
Zgf VIECHTBAUER

Grp Kdt I.Zug
Kpl FUCHS

Das Salzburger Pionierbataillon

Kader der 2. Kompanie

KpKdt
Oblt Michler

Kdt I. Zug
Lt Janota

VermO
Lt Geiswinkler

WiUO
Vzlt Unterhuber

DfUO
Vzlt Pöckl

Pi Ger UO
StWm Schöndorfer

KUO
OStv Schützenberger

Kdt II. Zug
OStv Streb

Kdt III. Zug
OStv Nobis

NUO
OStv Ecker

Im Rahmen des Raumverteidigungskonzeptes wurden durch den Technischen Zug des PiB 3 ab 1972 in den vorgesehenen Schlüsselräumen Panzertürme in die Festen Anlagen eingebaut. Anfangs wurden russische T-34 Panzer verwendet, später Charioteer-, Centurion- und M47-Türme.

Mit sLKW werden die Panzertürme antransportiert und mit Hilfe eines Krans …

… auf den betonierten Kampfstand aufgesetzt.

Abb.: Archiv PiB 2

Das Salzburger Pionierbataillon

Schipistenpräparierung:
- 4. – 15.1. Bad Gastein-Graukogel (20 Mann 1. Kp)
- 6. – 10.1. Hofgastein-Schloßalm (Kdt Hptm Koppensteiner, 33 Mann 1. Kp)

Fähreneinsatz:
- 20. – 28.1. und 1. – 3.2. Wels: Gestellung einer Fähre zum Auswechseln eines Wehrfeldantriebs im Traunkraftwerk (22 Mann 1. Kp)

Brückenbau:
- 31.1. – 3.2. Linz, Frankstraße: Abbau von zwei D-Brücken (Kdt Hptm Koppensteiner, 1. Kp)
- 7. – 10.2. bei Steyr zwischen Sierning und Aschach: Bau einer D-Brücke (100 m) über die Steyr (Kdt Hptm Koppensteiner, 1. Kp)

Auch ein Pionier-Offizier der britischen Armee (Capt Hilary Nash, 48. Engineer Rgt), der im Rahmen eines Au-pair-Austausches das Pionierbataillon zwei Wochen besuchte, nahm am Brückenschlag teil.
- 6. – 10.11. Lungötz: Bau von Behelfsbrücken (39 Mann 1. Kp)

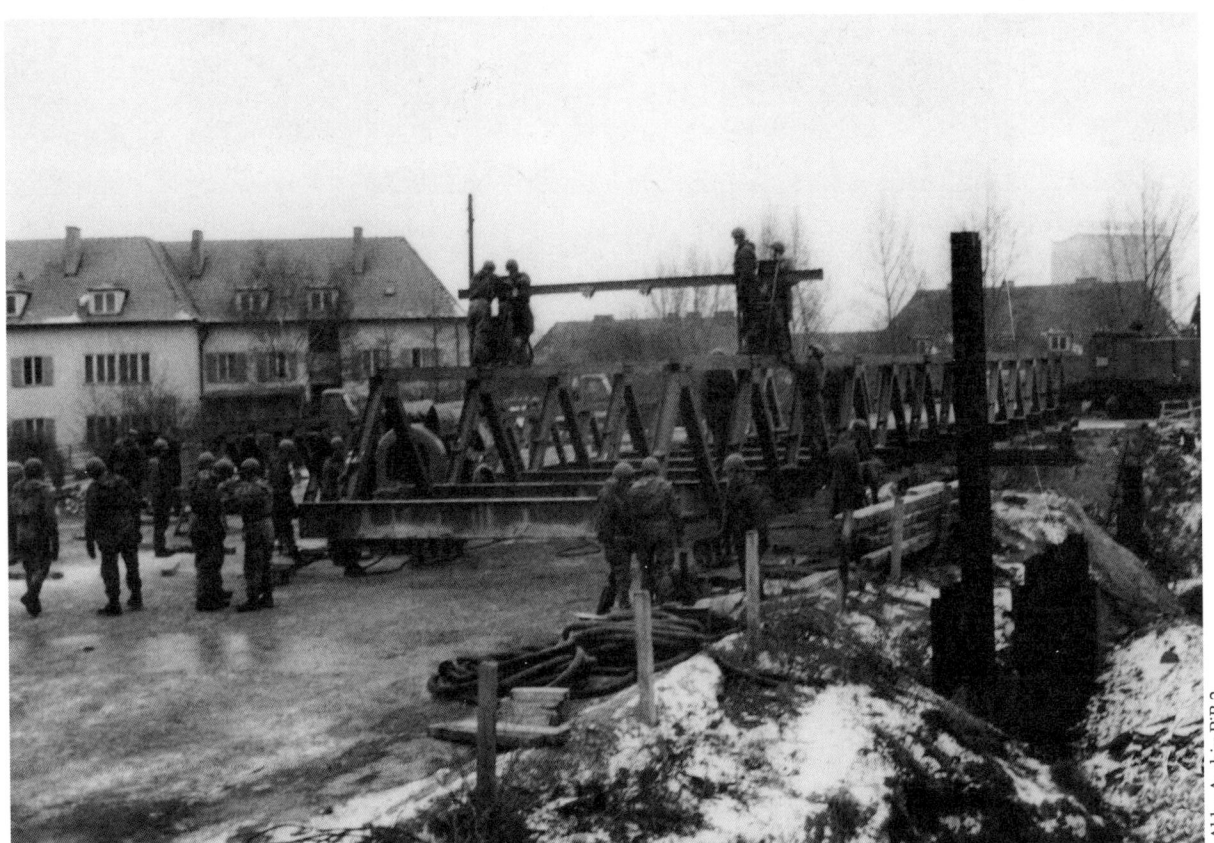

Linz. Mit dem Montagewagen werden die Fahrbahnplatten herausgehoben …

… und als Ballast für den
Rückschub der Brücke aufgelegt.

Der Schraubtrupp in luftiger Höhe

D-Brücke auf zwei Scheibenjochen
über die Steyr bei Sierning in
Oberösterreich

Sierning

v. l. Olt Mahrle, Capt Nash und Obstlt List

Lungötz

Krainerwand als Brückenwiderlager

Besuch bei der britischen Armee:

16. – 30.7. Besuch von zwei Pionier-Regimentern (36 Engineer Regiment in Maidstone und 22 Engineer Regiment in Tidworth) in England (Au-pair-Austausch) und Teilnahme an zwei Übungen durch Hptm Koppensteiner:

• Pipeline-Bau-Übung „Polex 72": Die US-Air-Base Woodbridge wurde von Tankern aus, die vor der Küste vor Anker lagen, mit Treibstoff versorgt.

• Luftlande-Übung „Sky Warrior": Ein verstärktes Infanteriebataillon wurde mit 70 Hubschraubern auf den Truppenübungsplatz Otterburn eingeflogen.

Sprengarbeiten:
- 24.4. – 5.5. Salzburg: Beseitigen eines Schotterwerksgebäudes (16 Mann 1. Kp)
- 29.6. – 5.7. Neukirchen am Großvenediger, Kürsingerhütte: Verbreiterung des Weges (Kdt OStv Essl, 8 Mann 2. Kp)
- 26.7. – 4.8. Salzburg, Untersberg: Ausbau des Weges vom Geiereck zum Salzburger Hochthron (Kdt StWm Kern, 1. Kp)

Hilfeleistungen:
- 24.10. Bürmoos: Kabelverlegung für die SAFE (150 Mann 1. Kp)
- 22.10. – 7.12. St. Wolfgang: Rammarbeiten (22 Mann 2. Kp)

Salzburg-Untersberg

Mit tragbaren Cobra-Gesteinsbohrgeräten werden die Bohrlöcher gebohrt und der Felsen gesprengt.

1973

Brückenbau:
- 29.1. – 1.2. Sierning: Abbau der D-Brücke (2. Kp)
- 12. – 23.3. Schwarzach:Bau zweier paralleler D-Brücken über die Salzach (je 40 m) als Provisorium für die Dauer des Neubaues der alten Brücke (Kdt Hptm Michler, 2. Kp)
- 26. – 28.3. Werfen: Bau einer D-Brücke über die Salzach als Zufahrt zur Autobahnbaustelle, da die alte Holzbrücke für den Schwerverkehr zu schwach war (Kdt Hptm Michler, 2. Kp)
- 1. – 3.10. Vöcklabruck: Bau einer D-Brücke (30 m) über die Vöckla (2. Kp)

Werfen

Die D-Brücke wird über einen Betonpfeiler in Strommitte vorgeschoben. Im Hintergrund ist die alte Holzbrücke erkennbar.

Vöcklabruck

D-Brücke über die Vöckla

Schwarzach

Einbau von Hilfsjochen an beiden Ufern für den Vorschub der Brücken

Der Kran unterstützt beim Vorschub der Brücke.

Obstlt List und Hptm Michler auf der Baustelle

Schwarzach

Zwei parallele D-Brücken über die Salzach als Bauprovisorium; links daneben die alte Brücke

Rammarbeiten:
- 8. – 10.1. Bruck an der Glocknerstraße (17 Mann 2. Kp)
- 9. – 13.7. Neukirchen am Großvenediger, Kürsingerhütte: Aussprengen eines Wegstollens zur Kürsinger Hütte (Kdt OStv Essl, 7 Mann StbKp)
- 17. – 20.9. Großglockner: Verankerung einer Wetterstation (Kdt OStv Bilger, 7 Mann StbKp)
- 23. – 27.9. Hochgurgl: Aufstellung weiterer Wetterstationen für die Universität Innsbruck (Kdt OStv Essl, 5 Mann StbKp)

Bruck an der Glocknerstraße

Betonpiloten werden als Brückenwiderlager und Uferschutz gerammt.

1974

Katastropheneinsätze:
- 26. – 30.8. Hüttau: Beseitigung von Hochwasserschäden, Bau von Sperren und Stützwänden (83 Mann 1. Kp)

Fähreneinsätze:
- 10. – 17.5. Wolfgangsee: Rammarbeiten (22 Mann 2. Kp)
- 8./9.10. Zinkenbach, Wolfgangsee: Verlegen eines Unterwasserkabels (13 Mann StbKp)
- 14. – 16.2. Zell am See: Bergung eines im See eingebrochenen UNIMOG (Kdt Lt Ebner, Vzlt Kern, 20 Mann StbKp)
- 21./22.8., 2./3.9., 16./17.10. Muhr, Rotgüldensee: Beistellung einer 10 t-Fähre zum Transport einer Baumaschine über den See (Kdt Obstlt List, 9 Mann StbKp/teZg)

Brückenbau:
- 9. – 13.12. Schwarzach: Abbau der D-Brücken (2. Kp)

Sprengarbeiten:
- 8. – 10.4. Fusch an der Glocknerstraße: Beseitigung eines Bergsturzes (13 Mann StbKp)
- 5. – 6.8. Uttendorf, Mallitzgraben: Sprengung einer Verklausung (13 Mann 2. Kp)
- 19. – 20.3. Molln: Sprengung der alten Polterauerbrücke, einer aufgeständerten Beton-Bogenbrücke über die Steyr, im Rahmen einer Verbandsübung, zu der auch das Reserve-Kader des Bataillons einberufen war (BTÜ)

Hüttau

Zur Stabilisierung des steilen Grabens werden Krainerwände als Sperren eingebaut.

Das Salzburger Pionierbataillon

Zell am See

Eine 10 t-Fähre wird zur Einbruchstelle des Fahrzeuges geschoben.

Mit Bergeseilen, die Taucher am versunkenen Fahrzeug befestigen, wird der UNIMOG gehoben.

Muhr/Rotgüldensee

Wegen der geringen Tragkraft der Brücke …

Abb.: Archiv PiB 2

Wegbereiter, Brückenbauer, Helfer in der Not

… und der engen Kurven wurden die Pontons auf UNIMOG der SAFE verladen, …

… zum Rotgüldensee transportiert und dort zu Wasser gebracht.

Molln

Die Polterauerbrücke wird zur Sprengung vorbereitet; links bereits die neue Brücke.

Abb.: Archiv PiB 2

Das Salzburger Pionierbataillon

Molln

Obst Penninger, der für die Übung eingeteilte Bataillonskommandant, überwacht die Vorbereitungsarbeiten.

Die Sprengung ist gelungen.

Wegbereiter, Brückenbauer, Helfer in der Not

1975

Organisatorische Unterstützung
- 15.5. Salzburg, Urstein: Ruderregatta des Ruderclubs „Möwe" (1. Kp)

Katastropheneinsätze:
- 14. – 19.4. Ramingstein: Sanierungsarbeiten nach Erdrutsch (15 Mann StbKp)
- 21. – 30.4. St. Michael im Lungau: Absicherung einer Hangrutschung (8 Mann 2. Kp)
- 21. – 23.5. Sauerfeld bei Tamsweg: Bau von Hangsperren und Krainerwänden (Kdt Vzlt Kern, 10 Mann 1. Kp.)
- 31.8. – 5.9. Maria Alm: Säuberung des Bachbetts, Bau von Brücken und Krainerwänden (70 Mann, 2./AusbR 8)

Brückenbau:
- 17. – 23.4. Weißbach bei Lofer, Rohrmoserbrücke: Der Brückenbau über die Saalach wurde im Rahmen einer ATÜ (Allgemeinen Truppenübung) durchgeführt, also mit Soldaten der Reserve, die in der Masse über keine Pionierausbildung verfügten. Es wurde im Schichtbetrieb gearbeitet. (Kdt Hptm Koppensteiner, 1. Kp)
- 1.5. Salzburg, Guggenmoosstraße: Der Fußgängersteg über die Glan wurde in der Kaserne vorgefertigt und während einer Nacht aufgestellt. Am nächsten Morgen konnten die überraschten Passanten den Steg bereits benutzen. (Kdt OStv Rassi, III. Zug 1. Kp)

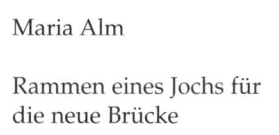

Maria Alm

Rammen eines Jochs für die neue Brücke

Maria Alm
Einbringen des Schwerbodens für eine Krainerwand in morastigem Boden

Das Widerlager einer Brücke ist fertig

Weißbach bei Lofer

Auf einer Arbeitsbühne aus Alu-Brücken-Gerät werden mit zwei Rammen die Piloten geschlagen.

Stolz präsentieren sich die ATÜ-Teilnehmer auf „ihrer" Brücke. Aus Gründen der Hochwassersicherheit wurde die Brücke über das Niveau des Angeländes gehoben.

Wegbereiter, Brückenbauer, Helfer in der Not

Salzburg

Aufbringen des Belags auf dem Fußgängersteg Guggenmoosstraße

Der Militärkommandant ObstdG Ehm besichtigt den Brückenbau.

Salzburger Pioniere schlugen eine Bruck'n
Nachtübung im Dienste der Allgemeinheit

Salzburger Nachrichten
vom 2. Mai 1975

Pioniere des Bundesheeres beim Brückenschlag. Bild: Spann

Salzburg. In der Nacht von Dienstag auf Mittwoch ist der seit langem im Gespräch stehende Steg mit zwei Jochen und drei Feldern über den Glanfluß in Maxglan im Bereiche der Einmündung der Guggenmoosstraße in die Kleßheimer Allee aufgebracht worden. 23 Jungmänner, überwiegend vom 3. Zug des Pionierbaons 3 (Schwarzenbergkaserne) und fast durchwegs unmittelbar vor der Abrüstung stehende Maturanten — nur Zugsführer Offiziersstellvertreter Johann Rassi ist als gelernter Tischler vom Bau — werkten von 18 Uhr bis knapp nach Mitternacht im Lichte von zwei Scheinwerfern mit Sappel, Hacke und Hammer, schlugen 60er und 70er Nägel ein, prüften mit der Wasserwaage, ob die hölzernen Brückengeländer und die elf Verstrebungen sowie die beiden VOEST-Stahlträger (je 20 m lang), auf denen der Holzaufbau

HERR KAISER
berichtet über einen Brückenschlag

„ruht", richtig ins Lot gebracht worden sind. Die ganze Aktion lief als Nachtübung und wurde von Hauptmann Bruno Koppensteiner mit Umsicht geleitet. Autos hielten an. Fußgänger blieben stehen und sparten nicht mit Lob für Umsicht und Eifer der jungen Soldaten.

Die Brücke ist auf einen Druck von 400 Kilogramm pro Quadratmeter ausgerichtet. Da sie 20 m lang und vier Meter breit ist, kann sie einem Druck von 1,6 Tonnen standhalten. Um die Passage von Kinderwagen zu ermöglichen, wird die Brücke stufenlos gehalten.

Abb.: Archiv PiB 2

Das Salzburger Pionierbataillon

- 19./20.3. Egg (V): Bau einer Bailey-Brücke als Provisorium, nachdem zuvor die alte Tuppenbrücke gesprengt worden war (2. Kp)
- 2. – 4.7. Tamsweg, Prebersee: Bau einer D-Brücke (21 m) (Kdt Hptm Diller, 13 Mann StbKp, zivile Kräfte)
- 4. – 6.9. Salzburg, Mönchsberg: Bau einer D-Brücke (27 m) als Umfahrung der Monikapforte für die Zufahrt von Baufahrzeugen zur Baustelle Cafe Winkler. Die Schwierigkeit bestand im großen Höhenunterschied von 9 m = Gefälle von 33 %. (Kdt Hptm Kloss, 2. Kp)
- 14./15.9. Egg (V): Abbau der Bailey-Brücke (1. Kp)
- 4. – 6.11. Tamsweg, Prebersee: Abbau der D-Brücke (54 Mann 2. Kp)

Salzburg-Mönchsberg

Wegen des starken Gefälles musste die Brücke mit Bodenankern und Greifzügen gesichert werden.

Belastungsprobe. Hier ist das Gefälle gut erkennbar.

Abb.: Archiv PiB 2

Wegbereiter, Brückenbauer, Helfer in der Not

Sprengarbeiten:
- 3. – 6.3. Abtenau: Sprengung eines Bergrutsches (Kdt OStv Rassi, 16 Mann 1. Kp)
- 18./19.3. Egg (V): Sprengung der Tuppenbrücke, einer aufgeständerten Betonbogenbrücke mit 85 m Länge (1. Kp). Problematisch war die unmittelbare Nähe der Bregenzerwaldbahn auf der einen Seite und eines Kleinkraftwerkes, dessen Druckrohrleitung unter der Brücke durchführte, auf der anderen Seite. Es musste daher äußerst vorsichtig gesprengt werden.
- 30.6. – 9.7. Niedernsill: Aufsprengen von Lawinenkegeln (Kdt Hptm Michler, 12 Mann 2. Kp)
- 17. – 26.9. Elsbethen-Glasenbachklamm: Absprengen von harten Deckschichten zur Bergung eines Ichtyosaurier-Skeletts (4 Mann 1. Kp)

Vorarlberger Tageszeitung vom 13. März 1975

neue Vorarlberger Tageszeitung — DONNERSTAG, 13. MÄRZ 1975

Bundesheerübung „Bregenzerwald" in Vorbereitung:
Pioniere sprengen alte Tuppenbrücke
Ausbau der B 200 erfordert Behelfsbrücke über die Bregenzerach

Egg. – **Pioniere des Pionierbataillons 3** und Soldaten des Jägerbataillons 23 üben kommende Woche im Raume Egg. Während für die Vorarlberger Jäger diese Übung den Abschluß ihrer infanteristischen Grundausbildung bedeutet, fällt den Pionieren im Rahmen ihrer Ausbildung die Aufgabe zu, im Zuge des Ausbaues der Bregenzerwald-Bundesstraße B 200, die alte Tuppenbrücke beim E-Werk Egg zu sprengen und anschließend, unter kriegsmäßigen Bedingungen, eine Behelfsbrücke über die Bregenzer Ache zu bauen.

Diese Behelfsbrücke ist ein Bailey-Kriegsbrückengerät, das von der Kärntner Landesregierung zur Verfügung gestellt wurde. Für die nächsten 10 Monate, bis zur Fertigstellung der neuen Tuppenbrücke muß der gesamte Kraftfahrzeugverkehr über die einspurige Behelfsbrücke abgewickelt werden. Die Planung und Vorbereitung des Vorhabens „Tuppenbrücke" erfolgte in enger Zusammenarbeit zwischen dem Landesstraßenbauamt, der Arbeitsgemeinschaft Jäger-Ast, der Bezirkshauptmannschaft Bregenz, der ÖBB-Streckenleitung Bludenz und dem Militärkommando.

Die alte Tuppenbrücke, eine Stahlbetonbrücke aus dem Jahre 1933, wird am 19. März, um 9 Uhr, gesprengt werden. Für die umliegenden Objekte, insbesondere für die Anlagen des E-Werkes Egg werden entsprechende Sicherheitsmaßnahmen getroffen. Der Verkehr auf der B 200 wird am 19. und 20. März gesperrt und über das Bödele bzw. das Lingenauer Tobel umgeleitet werden. Die Behelfsbrücke soll im Laufe des 20. März fertiggestellt werden.

Das Pionierbataillon 3 trifft am 17. März im Eisenbahntransport aus Salzburg kommend am Bahnhof Bregenz ein und verlegt anschließend im Mot-Marsch nach Egg. Die Unterbringung der Pioniere, die bis 21. März in Vorarlberg bleiben, erfolgt durch die Gemeinde Egg.

Den Übungen des Bundesheeres, sowohl dem Brückenschlag der Pioniere, als auch der Gefechtsübung des Jägerbataillons 23, werden als Gäste des Bundesheeres rund 80 Schweizer Offiziere beiwohnen.

Die alte Tuppenbrücke in Egg und die Bregenzerwald-Bahn

Abb.: Archiv PiB 2

Egg

Die Sprengung

Die gesprengte Brücke.
Das Gebäude rechts oben
ist ein Kraftwerk, dessen
Druckrohrleitung offen unter
der Brücke durchführte und
daher entsprechend geschützt
werden musste.

Die Bailey-Brücke als Provisorium
über die Bregenzer Ache

Wegbereiter, Brückenbauer, Helfer in der Not

Elsbethen-Glasenbachklamm

Die Saurier-Fundstelle in der Glasenbachklamm
(Bildmitte OStv Linhart)

Die harten Deckschichten werden gebohrt und ganz vorsichtig gesprengt.
AR Jancik vom Haus der Natur untersucht das anfallende Gestein nach Saurierskelettteilen.

Olt Panuschka beaufsichtigt die Bohrarbeiten.

Abb.: Archiv PiB 2

Das Salzburger Pionierbataillon

- 22.12. Weihnachtsfeier mit Bundespräsident Dr. Rudolf Kirchschläger

Bundespräsident Dr. Kirchschläger trägt sich ins Gästebuch ein ...
(BKdt Obstlt List; stehend: Adj Hptm Michler)

... und plaudert mit dem Kader;
v. l. Vzlt Huber Josef, OStv Essl, Vzlt Greis, Vzlt Graf

Wegbereiter, Brückenbauer, Helfer in der Not

1976

Organisatorische Unterstützung:
- 13.5. Salzburg, Urstein: Ruderregatta des Ruderclubs „Möwe" (1. Kp)
- 21.6. – 9.7. Bundesturnfest des ÖTB (10 Mann 1. Kp)

Katastropheneinsätze:
- 2. – 5.8. Golling: Waldbrandbekämpfung auf der Kastenspitze
- 13. – 15.8. Hallein: Beseitigung von Vermurungen, Regulierung des Kothbachbettes, Instandsetzung eines Güterweges, Bau einer Stützmauer (12 Mann StbKp)

Rammarbeiten:
- 12. – 29.1. Mondsee, Schwarzindien: Rammen von 160 Holzpiloten für einen Bootshafen des Segel-Clubs (Kdt Mjr Koppensteiner, 30 Mann 1. Kp)
- 21. – 28.1. Mondsee, Scharfling: Ziehen von 60 Altpfählen und Rammen von 8 Beton- und 15 Holzpiloten für einen Bootssteg (Kdt Mjr Koppensteiner, 15 Mann 1. Kp)

Mondsee, Scharfling

Bei kühlen Jännertemperaturen werden am Mondsee die Piloten für den Bootssteg mit zwei Rammen gerammt.

Mondsee, Scharfling

Regen und Kälte im Jänner (Mjr Koppensteiner, Vzlt Trausnitz, OStv Rassi, Vzlt Linhart).

Brückenbau:
- 24.11.– 7.12. Wien, Reichsbrücke: D-Brücke in Sonderbauweise (120 m, 180 t, zweispurig). Die Brücke bestand aus drei Teilstücken in unterschiedlicher Ausführung:
    - Teil I und Teil III: 24,4 m (8 Felder), einstöckig-einwandig mit Gurtbeilegern
    - Teil II: 70,15 m (9+14 Felder), einstöckig-zweiwandig mit drittem Gurt.

Speziell angefertigte längere Querträger ermöglichten eine Fahrbahnbreite von 7 m. (Kdt Hptm Kloss, 100 Mann 1. Kp)
- 27. – 30.12. Salzburg, Kendlersiedlung: Abbau der D-Brücke über die Glan, Sanierung der Widerlager, neuerlicher Aufbau (Kdt Hptm Kloss, 2. Kp)

Wien

Diese D-Brücke bildet die Auffahrt vom Mexikoplatz zu der von zivilen Firmen errichteten Straßenersatzbrücke über die Donau und überbrückt Handelskai und Donau-Ufer-Bahn.

- 21. – 28.9. Pass Gschütt, Tannergrabenbrücke: Zuerst wurde die D-Brücke über der noch bestehenden Brücke errichtet, dann wurde die alte Betonbogenbrücke darunter weggesprengt – 96 Ladungen zu je 1/2 Bohrpatrone Gelatine Donarit I (4 x 10 Bohrlöcher in den Pfeilern, 4 x 14 Bohrlöcher im Bogen) = 7,2 kg Sprengstoff. (Leitender Olt Panuschka)

Noch stehen sie vereint da, die alte Betonbogenbrücke und die D-Brücke.

Die D-Brücke hat die Sprengung der alten Brücke wohlbehalten überstanden.

Weitere Sprengarbeiten:
- 29.3. – 2.4. Hallein: Beseitigen des alten Schwimmschulgebäudes im ehemaligen Strandbad (Kdt Vzlt Kern 12 Mann 1. Kp)
- 16. – 20.8. Hallein, Dürrnberg: Aussprengen eines Weges zu zwei Bauernhöfen, deren Zufahrt durch ein Hochwasser weggerissen worden war (Kdt OStv Rassi, 13 Mann 1. Kp)
- 27.10. – 3.11. Hallein, Zinkenkogel: Schlägerungs- und Sprengarbeiten zur Verbreiterung der Lifttrasse

Fähreneinsatz:
- 2. – 19.2. Vigaun: Uferschüttung an der Salzach (Kdt OStv Linhart, 15 Mann 1. Kp)

Verabschiedung:
Vzlt Wieger, ZgKdt, KzlUO und schließlich Dienstführender Unteroffizier, verließ die 1. Kp und wurde Kanzleileiter im Kommando.

Hallein

Das alte Schwimmschulgebäude

Laden der Bohrlöcher

Vigaun

Mit einer Fähre wird ein Ladegerät mit Flussbausteinen zur Sicherung des ausgekolkten linken Ufers über die Salzach transportiert.

Wegbereiter, Brückenbauer, Helfer in der Not

Als gebürtiger Burgenländer …

… hat Vzlt Wieger auch einen guten Tropfen zu schätzen gewusst.

Abschiedsabend des Kaders der 1. Kp für Vzlt Wieger;
v. l. Vzlt Breitenauer, Vzlt Kern, Vzlt Laimer, Vzlt Linhart, OStv Rassi, Vzlt Wieger, Mjr Koppensteiner, Vzlt Zandt

Kommandoübergabe:

Am 1. April übergab Obstlt Robert List das Kommando an Obstlt Ernst Klock.

Bei strömendem Regen schreiten der Chef des Stabes des KpsKdo, ObstdG Riedel, und der scheidende Bataillonskommandant die Front ab.

Als Zeichen der Kommandoübergabe übergibt Obstlt List die Standarte an Obstlt Klock.

Obstlt Klock, Obstlt Schwarz (ArmeePiO), Obstlt List, Obst Schiedek

Urkunde für den scheidenden Kommandanten, verfasst und erstellt durch Obst Dr. Ernst Penninger

Das Salzburger Pionierbataillon

Text der Urkunde für Obstlt List
aus Anlass seiner Versetzung vom Pionierbataillon zum Korpskommando

Wir sametliche Stabsofficier, Oberofficier und Lieutenant des Bataillon numero 3 vom ersamben und gloreichen Corps der Pioniere, geben offentlich mit disem Brief und thun kundt allen denen, die ihn ansehent oder hörent lesen, daß unser Commandant und Obrist Lieutenant der hochwolgeboren, wolweise und gestreng Herr, Herr Robert List, kraft obrigkheitlichen Befehls den 1. Mayus anno 1976 zu hecherer Commandogewalt sub Generalissimus transferieret wird. Darumben haben wir Obgenannten mit wolbedachten Mueth, zeitigen Rath, rechten Wissen und gueter Betrachtung in der allerbeständigsten und besten Weis, für anirzo und zukünftiger ewger Zeiten – liberum arbitrium – disen Brief von Archivarius setzen lassen, in welichen wir auffzeigen wellen:

Erstlichen: Obrist Lieutenant List hat das väterliche Haus den 9. Martii anno 1923 in Vorau Landts Steyrmarkh zu erfreuen angefangen und ist auf die Namben – Robertus Josephus – getauffet worden. Von sein Eltern, auff den Weg aller wolständigen Tugenden gelait, studierete er an der hocheren Schuel in Graetz.

Zum Anderten: Post studium et Examina kam Obbemelter List wegen anhaltender blutrinstigen Kriegs-Gewitter und verderblichen Unheil anno 1942 zum See-Kriegs-Volkh. Wegen seiner gezeigten getreuesten und tapferen Dienste avancierte er zu Cadett, Fähndrich und Lieutenant zue See. Genuegsamb täte Er, List getreulich seynem Eyde streiten, stürmen und kämpfen in Gefechten und Bataillen zu Wasser und zue Landt. Ehr und Clainod ward Ihme decorieret. Nachdem der Feindte zu viel, und durch Hinwegnehmung der Schiffungen großen Schaden gethan, ginge List nach Stillstand der Waffen, gentzlich an Landt und in sein Orth.

Zum Dritten: Weilen er militant, der Scharmützel nicht muede, liese er sich assentieren, ginge anno 1955 zuer Gensdarmerie und anno 56 zum Militaer und täte fürderhin Dienst beim ruhmreichen Corps der Pioniere.
Als Unter-Commandant tat Er sich alt löblich Herkhommen als treulicher Soldat zeigen. Anno 58 wurdet daß Pionierbataillon auffgericht, wo Er sodenn eine Compagnie befehlet. Anno 65 übernahm Er, dieweilen Major gewordn, als Commandant, dises treffliche Bataillon.

Zum Vierten: Darüber, daß das stets ungebrochen bleib, geben wir diß zur wahren urkundt, was sodan der edl vest. anirzo Obrist Lieutenant zu Nutz und Frum des Pionierbataillons gnädigst anbefohlen sein lassen und zu fortbringung und beförderung desselbigen aufgewendt, darneben allerley löbliche Anordnungen gemacht, damit soliches Bataillon erweitert und zum ersten Flor gebracht wurdent. Wie Er den auch zu unterschiedlichen malen, die Abschaffung viler angegebner Mängel, Wiederaufrichtung etlicher alter Gewohnheiten und große Hülff geschehen, Unrecht gedämpft und jedermäniglichen, so sich der Pioniere gebraucht, gebührenden Schutz und Gerechtigkeit erstattet wurde. Zudeme, da durch Wassergüssen, Sturm, Brunst oder anderen Unfall - so der Allmächtige fernerhin mit Gnaden verhüten welle - Bruckhen, Weg und allerley Wasser-Gebäu, Häuser etc. etc. dermaßen zerüssen werden, daß zu Erhaltung solchen Schadens und Erbauung der zerstörten Werkh allewege der Pioniere geruefen wurdet.

Fünftens volget:
ein Verzeichnis des Obristen Lieutenants und Bruckhmeisters Commando-Aegide, involvieret - Subordination, Intention et Intension - seiner Stabsofficier, Oberofficier, Lieutenant und Fähndrich wie den auch der Unterofficier und Pionier. Zunächst die Orth, wo bey Wassernoth, Feurio, allerley andern Katastrophen die Pionier lißen Hülfe angedeihen, Bruckhen legeten und Weg- und Wassergebäu errichtet:
Anno 1957 ze Bruck, Kaprun und auff dem Donnerkogel
item ao 59 ze Kammer, Schörfling, groß Hochwasser in der
Hauptstadt, ze Hagenau, Kuchel, Abtenau, Hüttau, Eben, Filzmoos
item ao 60 ze Neumarkt-Sieghartstein wiederumben, Lamprechtshausen
item ao 61 ze St. Veit im Pongau, Werfen
item ao 62 ze Rammingstein
item ao 64 ze Krimml
item ao 65 ze Bad Gastein, im Krimmler Achental, ze Rauris, Thomatal-Bundschuh,
in guet Nachbarschaft in Osttirol 8 Bruckhen gebauet
item ao 66 ze Zell am See, Strobl, Hallein, Mittersill, im Lungau 30 Bruckhen und 2000 Fuß Krainerwand, in der Rauris 16 Bruckhen und 1000 Fuß Krainerwand, in der Großarl 3 Bruckhen, im Lungau wiederumb 7 Bruckhen, in Osttirol wieder 4 Bruckhen, in Strobl-Weißbach 4 Bruckhen
item ao 67 wiederumb vielerley geholfen bei Muhren und Wassergüß im gantzen Landt,

item Hülff beym Seilbahnbau Kitzsteinhorn
Item ao 70 5 Bruckhen und Hülff in Niedernsill
Item ao 74 ze Hüttau
Zew mehreren Lob Gottes des Allmächtigen Vatters, baueten die Pionier anno 66 ein
Campanile bey der Khürchen im festen Lager nach Fürsten Schwarzenberg benannt.
Folgends, wasmaßen unter Commando, Obrist Lieutenat, ansunsten Bruckhen irdoch mit Pioniergerät gebauet, damit man mit groß Bagage passieren konnt:
anno 62 beym Paß Lueg
item ao 64 bey Sankt Georgen und Habichen im Oetztal
item ao 66 iber den Salzafluß bey Hallein und bey Liefering iber die Salach
item ao 69 bey Golling iber die Salza
item ao 72 bey Aschach iber die Steyr
item ao 73 iber die Salza bey Schwarzach und Werfen
item ao 75 bey der alt Fortifikation der Monikapfort in Mülln
item ao 74 et 75 wurdeten mit vil Akkuratesse zwey alt Bruckhen – bey Molln die Polterau-bruckhen und in Egg, Landts Vor dem Arlberg die Tuppenbruckhen gesprenget und statt letztern ein new Fahrbruckhen gelegt.

Sechstens sey angedeut, wasmaßen under Ihme geschehen an Tradition und Freundtschaft, Kumpaney und Militär:
ze Ehr und Gedechtnus des Corps – ein Traditionsraum, allwo Kundschafft gethan von Schlacht und Arbeit der Pionier, Sappeur und Pontioneur
ze Lob der heiligen Patrona Barbara – ein alljährlich Feyer
ze Aufenthalt und Kurtzweil – ein Almhütten im Gebirg gericht
ze guet Ueb von Aug und Hand – für Pionier und Gäst – ein Schießen mit dem neuchen Feuerrohren
ze Mehrung der Disziplin und Freundtschaft – für all wie vor, ein Zill-Marschieren gemenget mit kurzweyligen Ueben
ze Kumpaney – mit Frawen und sonderley Gäst – ein Kränzel
ze Erbauung und Wolgefallen – ein beachtlich Sanges-Chor von viell guet Stimm
ze guet pausieren und Gästempfang – ein Casino von neicher Art
ze Nachricht und Information – ein richtig Zeitung ‚der Pionier'
item ist besunders gesagt – die guet Kameradschaft zu Officier, Unterofficier und Mann welle nach treulichen aktiven Militär anirzo in Reserve stehen.

Siebentens was Rechten wegen Obrist Lieutenant, in Ansehung getreuesten Diensten, Mueth und anderer Ursachen halber, Er an mehrer Kreuz und Medaillen verlichen erhalten:
für groß Hülff bey Katastrophen – die Medaille des Landts Saltzburg et Spange darzue weiter
ein Medaill des Landts Tirol und Kärnten
für tapfere Hülff bey Lebensgefahr – die silbern Medaill am roten Band
für lang Zeit großer Disziplin – die Dienstkreuze 2. und 3. Classe et Spange zue Letzterer
Siebentens was Rechten wegen Obrist Lieutenant, in Ansehung getreuesten Diensten, Mueth und anderer Ursachen halber, Er an mehrer Kreuz und Medaillen verlichen erhalten:
für groß Hülff bey Katastrophen – die Medaille des Landts Saltzburg et Spange darzue weiter ein Medaill des Landts Tirol und Kärnten
für tapfere Hülff bey Lebensgefahr – die silbern Medaill am roten Band
für lang Zeit großer Disziplin – die Dienstkreuze 2. und 3. Classe et Spange zue Letzterer
für guet Nachbarschaft und Bemühungen umb das Rote Kreuz – die silbern und gülden Verdienstmedaillen
für seyn Einsatz zue Mehrung Lob Gottes – laut päpstlicher Breve, das Ritterkreitz des Hl. Silvester
letztlich zehechst vom Bundespräsident – das Silbern Ehrenzeichen für Verdienste um die Republik Oesterreich. Vivat!

Achtens die Wuensch, Verlöbnis und Adieu von unserm ehrnvesten Commandanten: Und wasnun des Obristen Lieutenants ferners betreff, so wuenschen wir allesambt, daß Er ehe befördert werde zum Obrist, und Er in seinem neichen Befehl guet Herrschafft und Regiment führen wolle und sol. Kein Rumor und Händel dulden. Abzessarien uebersehen, Affronts und Affären aber irderzeit abstellen. Er Bemeldter wolle sein seinem Adlatus so Er einen hätte, ein gerechter Herr und den Auditores ein weiser Berather. Adversarien möge Er, sovil als wenig, im hochen neichen Amt finden und das Abecedarium seye im leicht.
Auch ist ze melden und ze merchen, wie wol der Obrist Lieutenant List, fürderhin nicht mehr Commandant des unsrigen Bataillons wäre, hat Er gewinnet sovil Achtung und Recht, daz Er immerdar sein sol und wolle der Unserige. Wen also auch, der Oftbemeldte oder seyn Hausfrau und Ehewirtin unserer Hülff bedarf, die solen Sie suechen und

es sol Ihnen geholfen werden getreulich und einheliglich, in allen ehrlichen und redlichen Geschäften und Sachen, in Schimpf und Ernst, es seye zum Streiten, in Stürmen, Schlachten und Kämpfen, in Feldzuegen und Panieren. Wo immer Pionier an allen Enden und Orthen ihr Gezelte oder Lager täten aufschlagen, sol und wolle Er kommen, ze Rath und Freundschaft, ze Spiel und guet Wein, immerdar.

Gantz letzlich sagen wir Sametliche, unserm Obrist Lieutenant Adieu, Er möge sich mit vil Krafft und gueten Mueths – á la suite generalissimus – accomodieren, Ihme und Unns ze großen Ehr.

Daz sämtlich vorstehend Abschriften theils aus wahrbeglaubigten Originalen und theils andern bey diesortigen Archiven verwahrten Urkunden gezogen, bezeuget mit eigner Handtunterschrift: des löblichen Raths Archivarius Dr. E. Penninger Und, daz das also von Unns und unsern Nachfahrn im Commando und bey den Commandanten der Compagnien stets und unzerbrochen bleib, darüber geben wir dise Urkundt versiegelt mit unserm anhangendten Pionierzeichen, und in Ermanglung eigner Siegl, mit unsern Wappeninitialen und eigener Handtunterschriften allesambt die Stabsofficier, Oberofficier und Lieutenant.

Daz gegeben ist, in der Hauptstadt Salzburg, aus dem Lager Schwarzemberg am Freytag, den 30. Aprilis, als man zehlt nach Christi Geburth anno neunzehnhundert in dem sechsundsiebenzigsten jahr danach.

Obstlt Klock,
der neue Kommandant,
bei seiner Ansprache.

Neue Offiziersstellenbesetzung:

BKdt	Obstlt Ernst Klock
S 4/BKdtStv	Mjr Josef Meindl
Adjutant	Hptm Klaus Michler
Kraftfahroffizier	Hptm Karl Krapitek
Wirtschaftsoffizier	Hptm Walter Weber
Kdt StbKp	Mjr Bruno Koppensteiner
VermO StbKp	Olt Rolf Födisch
Kdt 1. Kp	Hptm Karl Kloss
VermO 1. Kp	Olt Peter Panuschka
Kdt 2. Kp	Hptm Stephan Mahrle
VermO 2. Kp	Lt Xaver Hagspiel

Wegbereiter, Brückenbauer, Helfer in der Not

1977

Katastropheneinsatz:

- 10./11.8. Salzburg, Alterbach: Ufersicherung durch Einhängen von Rauhbäumen (77 Mann 2. Kp)

Untersuchung der Brückenpfeiler durch Pioniertaucher:

Bereits 1966 absolvierten vier Angehörige des Pionierbataillons (Hptm Mahrle, Vzlt Salzlechner, Vzlt Essl, Vzlt Nobis) auf Initiative von Obstlt List einen zivilen Tauchkurs bei der österreichischen Wasserrettung. Sie kamen in der Folge immer wieder zum Einsatz, wenn es darum ging, Ausrüstungsgegenstände, die z. B. beim Brückenbau ins Wasser gefallen waren, zu bergen oder Unterwassersprengungen durchzuführen. Auch für die Stadtgemeinde Salzburg wurden immer wieder diverse Arbeiten übernommen. Zur Durchführung dieser Aufgaben wurde dem Bataillon je eine Tauchausrüstung von der österreichischen Wasserrettung und von der Stadtgemeinde Salzburg, vertreten durch Vizebürgermeister ObstltdRes Sepp Weilhartner, zur Verfügung gestellt.

Vizebürgermeister ObstltdRes Weilhartner übergibt das Tauchgerät ...

... und trägt sich anschließend ins Gästebuch ein.

Das Salzburger Pionierbataillon

Der Einsturz der Reichsbrücke im August 1976 veranlasste die zuständigen Politiker in Salzburg, die Brücken im Stadtgebiet einer genauen Inspektion zu unterziehen. Zur Überprüfung des Zustandes der Brückenpfeiler unter Wasser wurden die Taucher des PiB 3 angefordert (Hptm Mahrle, Vzlt Salzlechner, Vzlt Essl).

Dabei stellte sich heraus, dass einzelne Pfeiler bereits in einem bedenklichen Zustand waren. Betonmanschetten im Bereich des Wasserspiegels hatten eine trügerische Sicherheit vorgetäuscht, doch darunter zeigten sich massive Auskolkungen. Zur Sanierung wurden mit Hilfe einer Pionier-Fähre Steinschüttungen vorgenommen. Die Überprüfung der Unterwassersituation der Brücken wurde in den nächsten Jahren fortgesetzt.

Im Jahre 1977 trat auch die Gemeinde Bischofshofen mit der Bitte, die fünf Holzjoche der Salzachbrücke zu untersuchen, an das PiB heran. Es zeigte sich, dass die Piloten unter Wasser zwar in gutem Zustand waren, an der „Tag- und Nachtgrenze" jedoch starke Vermorschung aufwiesen. Aufgrund dieses Untersuchungsergebnisses entschloss sich die Gemeinde zur Neuprojektierung der Mooshamer-Brücke über die Salzach. Während des Neubaues kam eine D-Brücke zum Einsatz, die im Frühjahr 1978 gebaut wurde.

Fähreneinsätze:

- 7. – 10.3. Salzburg: Schüttung von 86 t Steinmaterial am linken Pfeiler des Müllnerstegs (Kdt Hptm Mahrle, 27 Mann 2. Kp)
- 13./14.4. Werfenweng, Imlau: Verlegung eines Kabels unter der Salzachbrücke (20 Mann 2. Kp)
- 18. – 25.10. Obertrumersee, Mattsee: Verlegen von sechs Unterwasserkabeln (82 Mann 1. Kp)
- Hallstatt: Errichtung einer schwimmenden Plattform für die Bergknappenkapelle bei der Fronleichnamsprozession auf dem Hallstätter See (Kdt Hptm Mahrle, 2. Kp)

Salzburg

Mit einer Rampe wird der Seichtwasserbereich überbrückt. Ein Ladegerät übergibt einem anderen auf der Fähre die Wasserbausteine.

Wegbereiter, Brückenbauer, Helfer in der Not

Salzburg

Die Fähre transportiert den Lader zum Brückenpfeiler, wo die Steine ins Wasser gekippt werden.

Hallstatt

Die Bergknappenkapelle auf der festlich geschmückten Fähre

Brückenbau:
- 15. – 17.6. Salzburg, Monikapforte: Abbau der D-Brücke (Kdt Hptm Kloss, 63 Mann 1. Kp)
- 8. – 13.8. Filzmoos: Der freie Vorbau der 17 Felder langen D-Brücke (51,85 m) bewegte sich im Grenzbereich des Möglichen. (Kdt Hptm Kloss, 153 Mann 1. Kp)

- 6.8. Einweihung des neuen Fußgängersteges zwischen Lehen und Itzling im Rahmen des Pionier-Gedenktages. Er erhielt den Namen „Pioniersteg" in Anbetracht der Tatsache, dass der heutige Lehener Park in der Ersten Republik Pionierübungsplatz war. Die Brücke verbindet die Elisabeth-Vorstadt mit dem Stadtteil Lehen.
- 26.10. Salzburg, vor dem Schloss Mirabell: Truppenparade aus Anlass des Nationalfeiertages, an der auch Teile des PiB teilnahmen.
- 26.10. Salzburg, Residenzplatz: feierliche Angelobung der Jungmänner am Abend. Landeshauptmann Dr. Haslauer lud die Pioniere, nach dem Abbau des Podiums, zum Empfang in der Residenz ein.

Filzmoos-Hachau

Die Straße wurde durch ein Unwetter in einer Kurve weggerissen.

Abb.: Archiv PiB 2

Das Salzburger Pionierbataillon

Salzburg/Lehen-Itzling

Einweihung des Pioniersteges mit einem „Wasserballett" der Pi-Boot-Staffel.

Salzburg/Schloss Mirabell

Vorbeimarsch, auf der Ehrentribüne Landeshauptmann Dr. Haslauer, GM Wohlgemuth, Bürgermeister Salfenauer

Salzburg/Residenzplatz

Obstlt Klock im Gespräch mit Landeshauptmann Dr. Haslauer, umringt von den Pionieren; ganz links Bundesrat HptmdRes Dipl.-Kfm. Dr. Hans Heger, rechts sitzend Mjr Adolf Stieber (BMLV).

Vorschlag für ein Pionier-Gruppenfahrzeug:
Obstlt Klock legte einen Vorschlag für ein Pionier-Gruppenfahrzeug vor, bei dem die fünf Geräte-Kisten des Pi-Ausrüstungssatzes-Gruppe in einem Rahmen aus Gleitschienen zwischen Führerhaus und Ladefläche des Steyr-Diesel 680 untergebracht waren. Er wollte damit das Problem lösen, das sich dadurch ergab, dass Mannschaft und Gerät gleichzeitig auf dem Fahrzeug zu transportieren waren. Das bedeutete nicht nur eine erhebliche platzmäßige Einengung für die Mannschaft, sondern auch eine Gefährdung durch ungesichertes Gerät.
Klocks Vorschlag wurde nicht aufgegriffen, er wurde vielmehr durch das Amt für Wehrtechnik belehrt, dass Veränderungen am Fahrzeug durch die Truppe verboten seien.

1978

Organisatorische Unterstützung:
- 18.5. Salzburg, Urstein: Ruderregatta des Ruderclubs „Möwe"

Brückenbau:
- 29.5. – 1.6. Filzmoos: Abbau der D-Brücke (77 Mann 1. Kp)
- 18. – 28.9. Bischofshofen: Bau einer D-Brücke über die Salzach (Mooshamerbrücke) (73 m) (Kdt Hptm Mahrle, 33 Mann 2. Kp)
- 4./5.10. Werfen-Kalchau: Abbau der D-Brücke über die Salzach (76 m) (98 Mann 1. Kp)
- 2./3.10. Werfen-Kalchau: Gleichzeitig mit dem Abbau der D-Brücke wurde die alte Holzbrücke provisorisch saniert, um sie für PKW befahrbar zu machen (50 Mann 1. Kp)
- 20./21.11. Klesheim: Bau einer D-Brücke (12 m) (Kdt Hptm Kloss, 63 Mann 1. Kp)
- 28. – 30.11. St. Johann, Urreiting: Bau einer Behelfsbrücke (13 Mann 1. Kp)

Fähreneinsätze:
- 9. – 13.10. Zell am See: Verlegung eines Unterwasserkabels mit 2.234 m Länge für die ÖPT im See. Transport und Schüttung von 220 t Schotter. Abdeckung des Kabels mit 220 fugenlos verlegten Zementsäcken durch Heerestaucher und Kontrolle der Kabellage auf dem Grund des im Trassenbereich bis zu 60 m tiefen Zeller Sees (43 Mann 2. Kp)
- Hallstatt: Stellung einer Fähre in Sonderbauweise für den Transport der Bergknappenkapelle für die traditionelle Fronleichnamsprozession auf dem See (Kdt Hptm Mahrle, 2. Kp)
- 24.7. – 26.8. Gestellung von Pionierbooten für das Fest in Hellbrunn

Bischofshofen

Rammen des Pfahljochs für die D-Brücke

Abb.: Archiv PiB 2

Das Salzburger Pionierbataillon

Bischofshofen

Die Brücke hat bereits das Joch erreicht.

Brückeneröffnung durch den Bürgermeister von Bischofshofen, flankiert vom Militärkommandanten, Divr Riedl, und Landesrat Baumgartner

Werfen-Kalchau: Die D-Brücke hat ihren Zweck als Zubringer für den Autobahnbau erfüllt und kann wieder abgebaut werden.

Wegbereiter, Brückenbauer, Helfer in der Not

Werfen-Kalchau

Die desolate alte Holzbrücke wurde mit einer neuen Behelfsbrücke überbaut.

Auftrag zur Sprengung eines Gletscherturms:

19.9. Mooserboden in Kaprun: Ein Gletscherturm drohte in den Stausee zu stürzen. Unter Hinweis auf die Katastrophen in Longarone und Frejus, wo durch Dammbruch bzw. Überschwappen der Wassermassen die darunter liegenden Siedlungen zerstört worden waren, heizten gewisse Medien die Stimmung auf, sodass die zuständigen Behörden Handlungsbedarf hatten. Ein Lawinensprengbefugter des Bundesheeres sollte die Gefahr durch Abwurf einer Sprengladung aus einem Hubschrauber beseitigen. Am vorgesehenen Einsatztag lag die Wolkendecke aber so tief, dass ein Hubschraubereinsatz nicht möglich war. Vor Eintritt einer Wetterbesserung „kalbte" der Gletscher aber, ohne dass die befürchteten Auswirkungen eintraten. (Kdt Mjr Koppensteiner, 4 Mann 1. Kp)

Kaprun

Der absturzgefährdete Gletscherturm

Gletschersprengung mit Bomben aus Helikopter

Kaprun: Sprengung für heute geplant ★ Einmalig in Österreich

KAPRUN. (C. R.) Heute mittag werden die abbrechenden Gletscher oberhalb des Tauernkraftwerke-Stausees Mooserboden gesprengt. Mit dem Sonder-Kommando wurde der 40jährige Bundesheer-Major Bruno Koppensteiner aus Salzburg beauftragt. Seit 15 Jahren jagt der Sprengstoff-Experte Brücken, Straßen, Häuser in die Luft. Wenn er aber heute mittag vom Hubschrauber aus die mit 20 Kilogramm TNT gefüllten Trichterladungen auf die ewigen Eismassen in 2500 Meter Seehöhe abwirft, kann Koppensteiner nur ahnen, was passiert: Denn mit der Sprengung von riesigen Gletscher-Massen hat man in Österreich noch keine Erfahrung. „Wir arbeiten mit Zeitzündern. Da die ganze Gegend abgesperrt wird, besteht keine Gefahr. Wenn der Gletscherturm beim ersten Versuch nicht abbricht, werden wir die Ladungen stufenweise erhöhen", erklärte der Major dem SV in einem Gespräch. Bei Schlechtwetter wird die Sprengung verschoben.

Salzburger Volksblatt vom 21. September 1978

Das Sprengkommando (Mitte: Pioniermajor Bruno Koppensteiner) mit der Bombe und Pilot Gerhard Lienhart, 27, aus Aigen im Ennstal. *Bilder: Heinz Hosch*

Gekalbt wird erst bei schönem Wetter

Vermutlich bis Dienstag müssen Bombe und Hubschrauberpilot auf den brisanten Einsatz am Klockerinkees über dem Kapruner Stausee warten. Wie berichtet, hatte ein Schneesturm den Abwurf jener Trichterladungen verhindert, die rund 400.000 Kubikmeter Eis über dem Speicher Mooserboden in Bewegung bringen sollen. Die Sprengladungen werden in die aufgebrochenen Spalten geworfen und ferngezündet. Bis zum Kalben des Gletschers bleibt die Gegend um den Mooserboden weiterhin gesperrt.

Kurier vom 23. September 1978

Vzlt Linhart, OStv Rassi und ein Kraftfahrer bei der Vorbereitung der Ladungen. Wegen der tief hängenden Wolkendecke, die den Gletscherturm bedeckte, musste die Sprengung verschoben werden. Am Tag darauf stürzten die Eismassen selbstständig herunter, ohne Schaden anzurichten.

Abb.: Archiv PiB 2

Wegbereiter, Brückenbauer, Helfer in der Not

1979

Brückenbau:
- 7./8.2. Salzburg-Sam: Bau einer D-Brücke (12 m) (34 Mann 2. Kp)
- 15.7. und 13.8. Bramberg: Bau einer Alu-Brücke (40 m) über eine abgerutschte Straße in steiler Hanglage (19 Mann 2. Kp)
- 21.8. – 17.9. Wagrain-Kleinarl wurde von einem Unwetter schwer getroffen und in Wagrain die Brücke über die Wagrainer Ache, die einzige Zufahrt nach Kleinarl, zerstört. Sie wurde provisorisch durch eine Alu-Brücke ersetzt. (Kdt Mjr Koppensteiner, 43 Mann 1. Kp)
- 15. – 18.10. Bischofshofen: Abbau der D-Brücke (80 Mann 1. Kp)
- 7. – 12.11. Elsbethen-Glasenbach: Bau einer Alu-Brücke (36 Mann 2. Kp)

Fähreneinsätze:
- Mai/Juni: Urstein und Gries im Pinzgau: Gestellung einer 25 t-Fähre für Bohrarbeiten der SAFE in den Stauräumen
- Juni: Gestellung einer Fähre in Sonderbauweise zum Transport der Musikkapelle bei der traditionellen Fronleichnamsprozession auf dem Hallstätter See
- 12. – 18.12. Hintersee: Heben und Bergen einer gesunkenen zivilen schwimmenden Arbeitsplattform (Kdt Hptm Kloss, 45 Mann 1. Kp)

Hilfeleistungen:
- 3. – 20.9. Oberburgau: Planierarbeiten (2 Mann StbKp)
- 25./26.9. Bergheim-Voggenberg: Sprengung einer Betonbrücke (Leitender Mjr Koppensteiner, 12 Mann StbKp)

Kleinarl

Von allen Seiten ergossen sich gewaltige Massen an Wasser und Schotter auf Kleinarl.

Kleinarl

Vzlt Stöbich überwacht die Beseitigung der Mure auf der Zufahrtsstraße nach Kleinarl.

Einsatzbesprechung;
v. l. HR Kobler,
Mjr Koppensteiner, der stv. Bezirkshauptmann vom Pongau und der Bezirksingenieur der Bezirkshauptmannschaft
St. Johann

Durch Unterspülung des Widerlagers ist die Brücke auf der Straße Wagrain-Kleinarl eingestürzt. Ein Bagger entfernt die Brückenteile.

Kleinarl

Mit einer Alu-Brücke wurde nach dem Hochwasser die einzige Zufahrt nach Kleinarl wiederhergestellt.

Vzlt Trausnitz und Vzlt Kern bohren und sprengen Felsblöcke, die das Wasser mitgebracht hat.

Im Bett der Wagrainer Ache werden heruntergestürzte Felsen, die eine Verklausung bilden, gesprengt.

Das Salzburger Pionierbataillon

Bergheim/Voggenberg

Vorbereitung der Brücke zur Sprengung

4.8. Angelobung in Hüttau und Übergabe eines Standartenbandes durch die Gemeinde an das Pionierbataillon

Übergabe des Standartenbandes und Befestigung an der Standarte durch den Bataillonskommandanten Obstlt Klock gemeinsam mit Patin Frau Grasmugg. Feldzeichentrupp: Lt Fischbacher, Vzlt Laimer, Vzlt Schwarzenberger, Lt Vuray.

Ein plötzlich aufkommendes Unwetter beeinträchtigt den Ablauf des Festes erheblich.

Auch Obst Penninger und Obst List haben Schutz unter einem Schirm gesucht.

Abb.: Archiv PiB 2

Das Salzburger Pionierbataillon

1980

Organisatorische Unterstützung:
- 11.8. Fest in Hellbrunn (10 Mann, 10 Pi-Boote 1. Kp)

Brückenbau:
- 14. – 16.7. Salzburg/Schließelberger Straße: Bau einer D-Brücke (30,5 m) über die Glan (Kdt Hptm Kloss, 69 Mann 1. Kp)
- 12.12.1979 – 15.2. Hallein: Bau einer D-Brücke (64 m) über die Salzach, als Zugang zur Keltenausstellung (Kdt Hptm Kloss, 78 Mann 1. Kp)

Salzburg

Emsiges Treiben auf der Baustelle, jeder Pionier kennt seine Aufgabe, jeder Handgriff sitzt.

Hallein

Pfahljoch mit Eisbrecher als Mittelunterstützung für die D-Brücke über die Alm

Wegbereiter, Brückenbauer, Helfer in der Not

Taucheinsätze:
- 12.12.1979 – 15.2. Hallein: Taucharbeiten/einsätze im Rahmen des Baues der D-Brücke
- 18./19.2. Salzburg: Pfeileruntersuchung an den Stadtbrücken (8 Mann 1. Kp)
- 4. – 10.4. Salzburg, Josefiau: Sicherungsmaßnahmen. Durch ein Hochwasser wurde das Lehrgerüst des im Bau befindlichen Josefiausteges unterspült. Dadurch sackte die gesamte Konstruktion ca. 60 cm ein und war akut einsturzgefährdet. Eine Inspizierung durch Pioniertaucher (Vzlt Salzlechner, StWm Hirner) bestätigte die dringende Notwendigkeit von Sicherungsmaßnahmen durch eine Schüttung mit Wasserbausteinen. Während der Osterfeiertage und danach wurde die Auskolkung mit ca. 900 t Gestein aufgefüllt und damit die Behelfsunterstützung stabilisiert. (Kdt Hptm Kloss, 30 Mann 1. Kp)
- 6. – 8.5. bzw. 29.9. – 14.10. Ziehen der Spundwände (18 Mann 1. Kp und 34 Mann 1. Kp)

Hallein

Erforderliche Arbeiten unter Wasser wurden durch die Taucher erledigt.

Die Tauchgruppe –
StWm Hirner, Wm Reschreiter,
Vzlt Salzlechner …

Abb.: Archiv PiB 2

Das Salzburger Pionierbataillon

... bzw. Wm Reschreiter, Vzlt Essl, Vzlt Salzlechner, musste einmal monatlich den Zustand des Joches unter Wasser überprüfen.

Salzburg-Josefiau

Durch eine Steinschüttung wird die unterspülte Behelfsunterstützung, die bereits eine Schrägstellung aufweist, stabilisiert. Der linke Ponton der Fähre ist durch die einseitige Belastung durch den Lader komplett unter Wasser gedrückt. An der Brückenoberkante erkennt man, dass die gesamte Konstruktion eingeknickt ist.

Die Fähre musste auf engstem Raum zwischen den Unterstützungen manövrieren.

Ing. Alois Aspöck

Siebenstädterstraße 24
5o2o Salzburg

An Herrn
Oberstleutnant Ernst Glock

Kommandeur des Pionierbattalion 3
Schwarzenbergkaserne
5o2o Salzburg
-------------------------------- Salzburg, den 11. 4. 198o

Betrifft: Pioniereinsatz - Salzachsteg

          Sehr geehrter Herr Oberstleutnant!

Während der Osterfeiertage hatte ich mehrmals Gelegenheit Ihrer Truppe bei den Sicherungsarbeiten des einsturzgefährdeten Leergerüstes des neu zur Errichtung gelangenden Salzachsteges auf Höhe der Überfuhrstraße zu beobachten.

Ich war vom Können und der Präzision der Maßnahmen, die man beobachten konnte, derart fasziniert, daß ich, so wie viele andere stundenlang zu-sah.

Es war ein besonderer Genuß, wenn ich mich so ausdrücken darf, den Sturmbootführern zuzusehen, mit welcher Umsicht, Genauigkeit und Elan sie die Fähre manövrierten. Die reinste Musik für meine Ohren, wenn man den Motor der Sturmboote aufheulen hörte, ein Fortissimo auf der Salzach, dem ein richtig dosiertes Piano folgte, um die Fähre, jeweils in die richtige Lage zu manövrieren.

Was Herbert von Karajan im Konzertsaal ist, sind Ihre Männer auf der Salzach.

Bewundernswert, mit welcher Selbstverständlichkeit, Geschicklichkeit, Leichtigkeit und Sicherheit diese Bootsführer mit der Fähre auf der Salzach einem Wasserballett ähnlich, ihre schwere Fracht an der richtigen Stelle entluden.

Trotz der miserablen Witterung und der Osterfeiertage waren die Soldaten guter Laune. Ich beobachtete einen Soldaten, der an der Hand (Finger) eine Hautabschürfung, die er durch das Stahlseil erlitten hatte, von einem Sanitäter ärztlich versorgt wurde, und dabei noch ein Lächeln auf den Lippen hatte, oder wie andere Soldaten bis zum Gesäß vollkommen naß, es mit Humor hinnahmen, einen nassen "Hintern" zu haben.

Diese beiden Begebenheiten am Rande des Geschehens beobachtet, zeigt den guten Humor der Truppe, den sie trotz schweren Einsatzes hat.

Als ehemaliger Soldat und Offizier des 2. Weltkrieges und zeitweiser Angehöriger einer Sturmpioniereinheit sei es mir gestattet, dieses Urteil abzugeben.

Mit dem Wunsche, daß unserem Bundesheer der zivile Einsatz vorbehalten bleibt, und den besten Empfehlungen an Sie, sehr geehrter Herr Oberstleutnant, Ihren Herrn Offizieren, Unteroffizieren und Mannschaften, wenn auch unbekannt

                                  ergebenst

                                  Alois Aspöck

Der Einsatz der Soldaten fand auch bei der Bevölkerung volle Anerkennung, wie aus diesem Brief eines Zuschauers hervorgeht.

Fähreneinsatz:
- 30.6. Grabensee: Über Ersuchen der Salzburger Landesregierung, Unterabteilung für Umwelt- und Naturschutz, wurden im Naturschutzgebiet Grabensee zur Abgrenzung des Strandbades Bojen gesetzt. (Kdt OStv Jonach, 10 Mann 2. Kp)

Brückenbau:
- 15. – 25.7. Salzburg, Aigner Park: Erneuerung aller Stege, Instandsetzung der Wege, Errichtung einer Steinmauer (Kdt Vzlt Rassi, 30 Mann 1. Kp)
- 18. – 22.8. Bruck-Fusch: Beseitigung von Hochwasserschäden, Bau einer Behelfsbrücke (163 Mann 1. Kp)

Bruck-Fusch

Die Brücke ist fertig, die Rampen müssen noch geschüttet werden.

Die 1./PiB 3 „verewigt" sich im Geländer.

Bruck-Fusch

Beseitigung des Schlamms in einem vermurten Keller

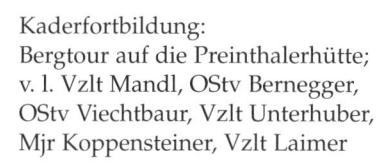

Kaderfortbildung:
Bergtour auf die Preinthalerhütte;
v. l. Vzlt Mandl, OStv Bernegger, OStv Viechtbaur, Vzlt Unterhuber, Mjr Koppensteiner, Vzlt Laimer

Das Salzburger Pionierbataillon

1981

Organisatorische Unterstützung:
- 24.7. und 10.8. Fest in Hellbrunn: Beistellung einer Pionierboot-Fähre (9 Mann 1. Kp)

Hilfeleistungen:
- 11.2. Mittersill: Auf Anforderung der Sicherheitsdirektion in Zusammenhang mit einem Mordfall wurde mit einem Minensuchgerät nach Projektilen und Patronenhülsen gesucht. (Kdt Vzlt Ecker, 4 Mann 2. Kp)
- 18. – 22.5. Zell am See: Durchforstungsarbeiten im Rahmen der Pi-Maschinen-Ausbildung

Brückenbau:
- 16. – 19.2. Attnang-Puchheim/Regau: Bau einer D-Brücke (48 m) über die Aurach (Kdt Olt Galler, 102 Mann 2. Kp)

Regau

Vorschub der D-Brücke über die Aurach, dahinter die zu ersetzende alte Stahl-Fachwerk-Brücke

Der Militärkommandant von Oberösterreich, Divr Dr. Schöller, besucht die Kompanie. Olt Galler (re) und Lt Schneider erklären den Brückenschlag.

- 23. – 26.2. Bramberg: Bau einer D-Brücke (30,5 m) über die Salzach (66 Mann 2. Kp)
- 29.6. – 3.7. Saalfelden: Bau einer Behelfsbrücke (26 m) über die Saalach beim Stoissengut, Rammen von zwölf Piloten, Bau von Krainerwänden als Brückenwiderlager (Kdt Lt Vuray, 41 Mann 1. Kp)
- 30.6. Bramberg: Heben der D-Brücke wegen Hochwassergefahr (20 Mann 1. Kp)
- 20. – 22.7. Bramberg: Abbau der D-Brücke (90 Mann 1. Kp)
- 31.7. Niedernsill: Bau einer Pontonbrücke (34 m) über die Salzach als Vorführung anlässlich der Angelobung. Bauzeit: 45 Minuten vom Eintreffen des Brückengeräts an der Baustelle bis zur Fertigstellung der Brücke (1. Kp)

Saalfelden

Wegen der unmittelbaren Nähe einer Hochspannungsleitung musste bei den Rammarbeiten besondere Vorsicht walten.

Niedernsill

Die präzise Arbeit der Pioniere wird von der Bevölkerung mit Interesse verfolgt …

Abb.: Archiv PiB 2

... und die fertige Brücke sofort eifrig benutzt.

Als Dank für geleistete Katastrophenhilfe widmete die Gemeinde Niedernsill dem PiB 3 ein Standartenband.

Die Standartenbandpatin Frau Waltraud Krupica heftet das von Bürgermeister Erwin Brennsteiner übergebene Band an die Standarte.

Wegbereiter, Brückenbauer, Helfer in der Not

Kommandoübergabe:

Nachdem Obst Klock am 1. März als Korps-Pionieroffizier zum Korps-Kommando II versetzt worden war, übergab er am 9. Juli offiziell das Bataillon an Obstlt Bruno Koppensteiner.

Feierliche Übergabe der Standarte von Obst Klock an seinen Nachfolger Obstlt Koppensteiner

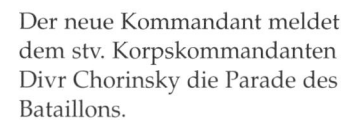

Der neue Kommandant meldet dem stv. Korpskommandanten Divr Chorinsky die Parade des Bataillons.

Das Salzburger Pionierbataillon

Direktion "**Salzburger Pioniere**" Musik: Sepp Kufner
Arr.: Alfred Hofbauer

Zum Abschied widmeten die Unteroffiziere des Bataillons dem scheidenden Kommandanten den von Sepp Kuffner komponierten Marsch „Salzburger Pioniere". Partitur des Marsches „Salzburger Pioniere"

Wegbereiter, Brückenbauer, Helfer in der Not

Partitur des Marsches „Salzburger Pioniere"

Das Salzburger Pionierbataillon

Die früheren Kommandanten des Pionierbataillons: Obst iR Schiedek, Obst Klock, Obst iR List sowie der neu bestellte Obstlt Koppensteiner; ganz links Hptm Kloss

Katastropheneinsätze:
- Flachau
- Hüttau
- Altenmarkt
- Radstadt

Landeshauptmann Dr. Haslauer bedankt sich beim Bataillonskommandanten Obstlt Koppensteiner für den Einsatz der Soldaten.

Fähreneinsatz:

- 22./23.6. und 26./27.6. Rothgüldensee: 25 t-Fähre für die SAFE (Kdt Olt Schneider, 78 Mann 2. Kp)

Sprengeinsatz:

- 12. – 16.10. Spreng- und Schremmarbeiten zur Straßenverbreiterung in Muhr-Jedl (Leitender Olt Schneider)

Muhr-Jedl

Zur Verbreiterung der Straße in einer unübersichtlichen Kurve im Ortsteil Jedl in Muhr wird der Felsen weggesprengt. Wegen der unmittelbaren Nähe eines Bauernhauses musste besonders vorsichtig geladen werden.

Die Stabskompanie 1981. In der zweiten Reihe v. l. Vzlt Breitenauer, Zgf Mader, Vzlt Sammer, StWm Fuchs, OStv Viechtbaur, Olt Geiblinger, Olt Vuray, Obstlt Koppensteiner, Mjr Kloss, Lt Absmann, Vzlt Hofer, Vzlt Graf, Vzlt Huber, Vzlt Leitner, OStv Wasenegger

Im Oktober fand im Raum Mauthausen die größte Übersetzübung des Bundesheeres „Donau 81" statt. Das PiB 3 übersetzte mit zwei 50 t-Fähren Teile der 4. PzGrenBrig, FM- und FlA-Einheiten und einen Landwehrverband über die Donau.

50 t-Fähre mit zwei sLKW

50 t-Fähre mit Kampfpanzer M60

1982

Katastropheneinsätze:

- 14./15.1. Salzburg: Nach heftigen Schneefällen und anschließender Frostperiode wurden Soldaten zur Schneeräumung in Salzburg (Alpenstraße) angefordert. 3 km Gehsteige mussten von Schnee und Eis befreit werden. (Kdt Lt Schnöll, 83 Mann 2. Kp)
- 16. – 26.3. Bad Goisern: Ein riesiger Hang war in Bewegung geraten – 70 ha Grund mit etwa drei Millionen m³ Erdreich und schwerem Baumbestand „floss" in den Stambachgraben. Die Mure hat eine 1 km lange und bis zu 100 m breite Schneise in den Wald gerissen. Ein permanenter Beobachtungs-, Warn- und Sicherungsdienst wurde eingerichtet. (Kdt Hptm Hofer, 49 Mann 2. Kp)
- 22. – 27.7. St. Johann-Urreiting Murenbeseitigung (Kdt Olt Fischbacher, 54 Mann 1. Kp)

Oberösterreichische Nachrichten vom 16. März 1982

Verzweiflungskampf gegen Mure Bundesheer zu Hilfe gerufen

BAD GOISERN (OÖN-we). Unverändert kritisch ist die Situation in der Ortschaft Riedln in Bad Goisern, die von einem gewaltigen Erdrutsch bedroht wird. Zwar hielten auch gestern die Stambachsteine dem Druck der Mure noch stand, Schlamm, Baumstämme und Felsblöcke wurden aber weiter talwärts getrieben. Nun sollen eine Einheit von Bundesheerpionieren und ein Sprengtrupp eingesetzt werden.

Sie sollen vor allem die Feuerwehrmänner ablösen, die seit Sonntag rund um die Uhr alle Gefahrenstellen beobachten, damit im Katastrophenfall rasch reagiert werden kann.

Wie berichtet, war die Mure vor dem vergangenen Wochenende fast zum Stillstand gekommen. Die Schneefälle am Samstag und Sonntag hatten jedoch die Erdmassen wieder in Bewegung geraten lassen. Zwar hielten die Stambachsteine, eine natürliche Felsformation 500 Meter oberhalb der Ortschaft, die Mure noch zurück, durch das Bachbett floß aber ein Schlammstrom talwärts, der tischgroße Felsblöcke und meterlange Baumstämme mitzog.

In Bad Goisern entschloß man sich daraufhin, zwei Wohnhäuser der Ortschaft zu evakuieren. Denn knapp oberhalb der Objekte war Sonntag und auch gestern immer wieder die Gefahr gegeben, daß sich Bäume und Felsblöcke zu einer Bachsperre auftürmen könnten.

In diesem Fall wäre es notwendig, die erst vor wenigen Jahren neu gebaute Brücke des Wurmstein-Güterwegs zu sprengen. Die Gefahrenstelle wurde seit Sonntag nicht mehr unbeaufsichtigt gelassen.

Bad Goisern

Riesige Mengen an Steinen, Schlamm und Holz wälzten sich zu Tal.

Bad Goisern

Landeshauptmann Dr. Ratzenböck macht sich vor Ort ein Bild von der Katastrophe. In der Bildmitte Hptm Hofer

Riesige Mure wälzte sich zu Tal
Millionenschaden nach Unwetter im Pongau — Geröll zerstörte Häuser, Fluren und Autos

Salzburger Nachrichten vom 23. Juli 1982

WASSER, SCHLAMM, GERÖLL UND BAUMSTÄMME DONNERTEN DURCH DEN ROHNBERGGRABEN
Eine riesige Mure durchzog Mittwoch abend nach einem Gewitterregen den Rohnberggraben bei St. Johann-Urreiting. Zwei Anwesen wurden stark in Mitleidenschaft gezogen.   Bilder: Hoffmann

St. Johann-Urreiting

Ein von der Mure betroffenes Bauernhaus

Brückenbau:
- 18.3. Salzburg-Sam: Bau einer D-Brücke (12 m) (Kdt Lt Schnöll, 45 Mann 2. Kp)
- 5. – 9.7. Zillergründl: Bau einer D-Brücke (30 m, Tragkraft 100 t, überbreite Fahrbahn) im Zuge des Baues eines Speicherkraftwerkes (Kdt Bgdr Dipl.-Ing. Bauer, AWT sowie 132 Mann 1. Kp und TeZg/StbKp unter Olt Schneider).

Es handelte sich hier um eine Sonderkonstruktion, die von der Erzeugerfirma Krupp selbst berechnet wurde. Es war die bisher extremste D-Brücken-Baustelle in einer Höhe von 2.000 m, in einer Steilwand 200 m über Grund.

Zillergründl

Die D-Brücke Zillergründl wurde in der schwersten Bauweise (zweiwandig mit drittem Gurt und Gurtbeilegern) mit langem Querträger und oben liegender Fahrbahn gebaut.

Der einwandige Teil der Brücke diente nur dem Vorschub und wurde auf der anderen Seite wieder abgebaut. Die endgültige Brücke (zweiwandig mit drittem Gurt und Gurtbeilegern) ist rechts erkennbar.

Abb.: Archiv PiB 2

Das Salzburger Pionierbataillon

Zillergründl

Blick von oben auf die Baustelle des Kraftwerkes Zillergründl. Die D-Brücke überbrückt die Ausnehmung für die Aufnahme der zukünftigen Staumauer.

Hoher Besuch beim Brückenbau: der stv. Pionierinspektor Obst Hartmann und der stv. Armeepionieroffizier Obst Wessely

Bgdr Bauer (Mitte) vom Amt für Wehrtechnik hat die Leitung des Brückenbaues persönlich übernommen; links Obstlt Koppensteiner, rechts Obst Wessely

Wegbereiter, Brückenbauer, Helfer in der Not

Brückensprengung:

- 23. – 30.6. Salzburg, Gaisberg: Eine interessante Herausforderung wurde an das PiB 3 herangetragen, nämlich die Sprengung der so genannten „Bahnbrücke" auf der Gaisbergstraße. Diese Betonbrücke, welche die Trasse der ehemals auf die Gaisbergspitze führenden Zahnradbahn überbrückte, zeigte bereits schwere Mängel und Alterserscheinungen und musste daher entfernt werden. Um einen einfachen Abtransport des anfallenden Materials zu gewährleisten, sollte das Haufwerk möglichst klein ausfallen. Das bedeutete, dass die Sprengung mit einer möglichst großen Anzahl von Ladungen erfolgte. Tatsächlich wurde die Brücke mit über 1.250 Ladungen gesprengt, was ebenso viele Bohrlöcher und die sehr aufwändige Zündanlage einer Serienparallelschaltung erforderte. (Leitender Olt Schneider, 1. Kp)

Salzburg/Gaisberg

Die Bahnbrücke auf dem Gaisberg wird zur Sprengung vorbereitet.

Letzter Blick auf die Brücke

Abb.: Archiv PiB 2

Das Salzburger Pionierbataillon

Salzburg/Gaisberg

Die Zündung ist erfolgt.
Die 1.250 Bohrladungen
setzen um.

Die Sprengung war erfolgreich.

Abb.: Archiv PiB 2

Hilfeleistungen:
- 19.1. Bruck an der Glocknerstraße: Auf Anforderung der Sicherheitsdirektion wurde in Zusammenhang mit einem Mordfall mit einem Minensuchgerät nach der Mordwaffe gesucht. (3 Mann 2. Kp)
- 9. – 18.8. Großgmain: Bau von drei Holzstegen im Freilichtmuseum (Kdt Vzlt Walk, 10 Mann 2. Kp)
- 27.9. – 1.10. und 4.11. Salzburg, Aigner Park: Instandsetzungsarbeiten an den Steigen, Säuberung des Bachbetts (25 Mann 1. Kp)

Die erste Kompanie des Pionierbattaillons 3 unter dem Kommando von Oberleutnant Andreas Fischbacher mit 65 Mann baute in kurzer Zeit eine Notbrücke über die Fischach. Zum Einsatz gelangte ein Aluminiumbrückengerät, das vom Bundesland Salzburg angeschafft und dem Österreichischen Bundesheer für Katastropheneinsätze zur Verfügung gestellt wurde. Es gab insoferne eine Premiere, als erstmals eine Brücke mit einer Spannweite von 24 Metern mit diesem Gerät gebaut wurde. Bisher waren mit dem Gerät ausschließlich Brücken mit einer maximalen Spannweite von 20 Metern errichtet worden.

16./17.9. Teilnahme an einer ULV-Übung des Bundeskanzleramtes und der Salzburger Landesregierung in Lengfelden: Bau einer Alu-Brücke über die Fischach. Salzburger Landeszeitung Nr. 21/82

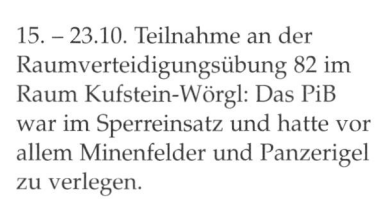

15. – 23.10. Teilnahme an der Raumverteidigungsübung 82 im Raum Kufstein-Wörgl: Das PiB war im Sperreinsatz und hatte vor allem Minenfelder und Panzerigel zu verlegen.

Verlegung von Panzerigel-Paketen mit Kran

1983

Brückenbau:
- 24. – 26.1. St. Andrä im Lungau: Bau einer D-Brücke (27 m) über die Lessach (Kdt Olt Schneider, 72 Mann 2. Kp)
- 16. – 25.5. Großgmain: Bau einer Behelfsbrücke als Zufahrt zur Plainburg über den Burggraben (Kdt Lt Schnöll, 13 Mann 2. Kp)
- 3. – 6.10. Niedernsill: Bau einer D-Brücke als Ersatz für die Mühlbachbrücke (24,5 m) (55 Mann 1. Kp)

St. Andrä im Lungau

Lt Eisl und Wm Hofer leisten beim Einhängen der Kranflasche Schwerarbeit.

Bei einer Temperatur von minus 27 Grad wurde diese Brücke errichtet. Die Pioniere mussten grundsätzlich mit Handschuhen arbeiten, weil sie sonst mit den Händen an den kalten Stahlteilen kleben geblieben wären.

Abb.: Archiv PiB 2

Pioniere schlugen wieder eine Brücke

Hervorragende Zusammenarbeit zwischen dem Amt der Landesregierung und dem Bundesheer

Die gute Zusammenarbeit zwischen dem Land Salzburg und dem Bundesheer wurde kürzlich in Niedernsill handfest demonstriert. 54 Angehörige des Pionierbataillons 3 schlugen eine gut 20 Meter lange Brücke über den Mühlbach. Dabei wurde das vom Land Salzburg angekaufte und dem Heer zur Verfügung gestellte »D-Brückengerät« benützt. Es handelt sich um eine nach dem Baukastensystem zusammensetzbare Stahl-Fachwerkbrücke. Das schwerste Teilstück wiegt 732 Kilogramm, sodaß im Notfall der Zusammenbau durch eine zahlenmäßig entsprechend große und eingeschulte Mannschaft, jedoch ohne Einsatz schwerer Hebegeräte möglich ist. Das Land hat dem Pionierbataillon 3 insgesamt 220 lfm Brückengerät zur Verfügung gestellt. Außer dem Gerät in Niedernsill sind derzeit 28 lfm für den Neubau der Rabenbichlbrücke im Zuge der Filzmooser Landesstraße eingesetzt.

Die Notbrücke in Niedernsill macht die Renovierung der Mühlbachbrücke, über die der Güterweg Niedernsill-Schattseite führt, möglich. Damit wird die Zufahrt zu sechs landwirtschaftlichen Anwesen, einem Gasthaus und zehn Wohnhäusern gesichert.

Der für den Straßenbau ressortzuständige Landesrat Sepp Wiesner konnte sich bei dem Brückenschlag vom hervorragenden Ausbildungsstand der Pioniere überzeugen. Bei dieser Gelegenheit bezeichnete er die Zusammenarbeit zwischen Land und Bundesheer als beispielhaft.

Landesrat Sepp Wiesner (2. v. r.) läßt sich vom Kommandanten des Pionierbataillons 3, Oberstleutnant Koppensteiner (2. v. l.), den Brückenschlag erläutern.

Salzburger Landes-Zeitung vom 14. Oktober 1983

Großgmain

Aufbringen der Träger auf der steilen Zufahrt zum Burgtor

Lt Schnöll und seine „Brückenbauer"

Abb.: Archiv PiB 2

Das Salzburger Pionierbataillon

Fähreneinsatz:

- 10./11.1. Telfs: Für Aufschlussbohrungen im Zuge der geplanten Autobahnbrücke über den Inn wurde der Tiefbohrfirma INSOND für mehrere Wochen eine Fähre beigestellt. (43 Mann 2. Kp)

Telfs

Ein ziviles Bohrgerät auf der Pionierfähre führt Bodenuntersuchungen im Inn durch.

Abb.: Archiv PiB 2

Pionier-Handbuch:

Durch das Pionierbataillon wurde ein Pionier-Handbuch erstellt. Dabei handelt es sich um eine Zusammenstellung aller für Gruppen-, Zugs- und Kompaniekommandanten der Pioniertruppe relevanten Vorschriften und Unterlagen für Ausbildung und Einsatz. Durch das handliche Format kann das Handbuch in die Uniformtaschen gesteckt und ständig bei sich getragen werden. Es hat österreichweit bei den Offizieren und Unteroffizieren der Pioniertruppe, vor allem auch bei der Landwehr, großen Anklang gefunden.

Wegbereiter, Brückenbauer, Helfer in der Not

Jubiläum: 25 Jahre Pionierbataillon 3

• Das Pionier-Bataillon feierte am 28. Oktober im Rahmen des Pionier-Gedenktages, verbunden mit der Angelobung der Jungmänner, das

Jubiläum des 25-jährigen Bestehens.

Aus diesem Anlass widmete Landeshauptmann Dr. Wilfried Haslauer dem Bataillon eine Ehrentrompete.

Anschließend baute die 1. Kp (Kdt Lt Eisl) im Rahmen einer Vorführung im Bereich des Lehener Parks eine Pontonbrücke über die Salzach (96 m) – Bauzeit: 30 Minuten –, wobei die Pontons aber bereits vorher zu Wasser gebracht worden waren.

Landeshauptmann Dr. Haslauer übergibt dem Bataillonskommandanten die Ehrentrompete.

Das Einbringen der Träger über die steile Uferböschung

Die fertige Pontonbrücke über die Salzach. Die Baumannschaft bildet ein Spalier für die Eröffnung durch den KpsKdt Dr. Johann Tretter.

Die begeisterten Zuschauer nutzen die Gelegenheit, über die Pontonbrücke zu schreiten.

Brückenschlag – auch zur Bevölkerung
25-Jahr-Bestandsjubiläum des Pionierbataillons 3 in Salzburg — 600.000 Arbeitsstunden für Salzburg geleistet

Bei Katastrophen und Unglücksfällen sind sie stets willkommene Helfer: Die Pioniere. 600.000 Arbeitsstunden wurden vom Pionierbataillon 3 seit seinem Bestehen für das Bundesland Salzburg und seine Bevölkerung geleistet. Die Soldaten haben dabei auch geistige Brücken geschlagen, die das Bundesheer mit der Bevölkerung eng verbinden.

Als letzter, aber als einer der wichtigsten militärischen Verbände ist im September 1958 das Pionierbataillon 8 des Österreichisches Bundesheeres im Land Salzburg aufgestellt worden, das später in das Pionierbataillon 3 umgewandelt worden ist. Schon im Sommer 1959 hatte es seine erste Bewährungsprobe zu bestehen, als das Hochwasser eine Katastrophe riesigen Ausmaßes verursacht hatte. Damals wurde der Grundstein gelegt für die Zusammenarbeit zwischen Land, Gemeinden und Bürgern, die in den seither vergangenen 25 Jahren immer enger geworden ist. Über 100.000 junge Österreicher haben in diesem Vierteljahrhundert in diesem Verband ihre militärische Ausbildung erhalten und in zahlreichen Einsätzen ihren Mann gestellt.

Landeshauptmann Dr. Wilfried Haslauer erklärte bei einem mit der Angelobung von Jungmännern verbundenen Festakt zum 25-Jahr-Bestandsjubiläum des Pionierbataillons 3 in Salzburg, daß die von den Pionieren vielfach bewiesene Bereitschaft zu helfen den besonderen Kontakt mit der Bevölkerung geknüpft habe.

Wenn das Land Salzburg dazu beitragen konnte, daß die technische Ausrüstung verbessert

VON ELFI SALZER

wurde, sei dies ein weiterer Beweis für enge, wechselseitige Beziehungen.

Den im Anschluß an den Festakt erfolgten eindrucksvollen Brückenschlag über die Salzach wertete der Landeshauptmann als ein Symbol für diesen guten Kontakt zwischen den Bundesheerangehörigen und der zivilen Verwaltung, aber auch der Bevölkerung.

Zum Jubiläum überreichte der Landeshauptmann dem Bataillonskommandanten Oberstleutnant Bruno Koppensteiner eine Ehrentrompete und anschließend an verdiente Offiziere und Unteroffiziere Dekrete und Insignien der ihnen von der Landesregierung verliehenen Auszeichnungen.

Ihre Einsatzbereitschaft und Schlagkraft stellten die Pioniere anläßlich ihres Jubiläums mit einem vielbeachteten Brückenschlag über die Salzach unter Beweis.

Salzburger Volkszeitung vom 29. Oktober 1983

Kader des Pionierbataillons 3

(Stand Oktober 1983)

BATAILLONSKOMMANDO

Obstlt Bruno
KOPPENSTEINER
Kdt PiB 3

Obstlt Stephan
MAHRLE
StvKdt PiB 3 & S4

Hptm Hubert
GALLER
AdJ&S1

Lt Franz
BUTTINGER
WIo

Mjr Peter
PANUSCHKA
KO&S2

Lt Walter
ABSMANN
TO

Kdo STABSKOMPANIE

Mjr Karl KLOSS
Kdt StbKp

Vzlt Herbert BREITENAUER
DfUO

Vzlt Friedrich KRACMAR WiUO

Vzlt Anton FEITZINGER
NUO

Vzlt Johann HUBER
KUO

StWm Wolfgang FUCHS
ABCUO & vermUO

STABSZUG

zvSWm Friedrich KLINGER
GefSchr UO

OStv Herbert VIECHTBAUER
KzlLtr

Vzlt Othmar GROIS
Pers B

Vzlt Johann SCHWARZENBERGER
Pers B

Abb.: Archiv PiB 2

Vzlt Jürgen
LINHART
KMF

Vzlt Franz
SALZLECHNER

zvS Zgf Werner
MADER
NGeh & Schr

Vzlt Alois
ARNOLD
WIUO Geb

zvS StWm Friedrich
NIEDERMOSER
WIUO Geb & Vpfl

zvS Wm Christian
MAIER
WIUO Bekl

Vzlt Gottfried
GRAF
KUO-Kf Lehr Trp

Vzlt Wilhelm
RESSEL   HFSL

Vzlt Hubert
REITER   HFSL

Vzlt Gottfried
HOFER   HFSL

StWm Karl
PAUGGER HFL

zvS OWm Hubert
KALENSKY HFL

Das Salzburger Pionierbataillon

FM – Zg

Vzlt Hermann STOBICH
Kdt FM-Zg

StWm Peter MITTERECKER
Stv Kdt FM-Zg

Tech Zg

Vzlt Franz PANNAGGER
KdtPiMaschSta PiMasch UO & KUO

Vzlt Franz ZEINHOFER
PiMech UO

zvS Gerhard WINKLER
Kdt 2.PiMaschGrp

Vzlt Alfred Greis
Kdt PiGerSta & PiGerUO

OStv Hieronymus NOBIS
Kdt Mat BoGro & WFL

OStv Eduard KURSCHL
MotBoFa & WFL

zvSWm Franz KOLLER
MotBoFa

OStv Josef WASENEGGER
Kdt Fähren Trp & PiGerUO

Abb.: Archiv PiB 2

NT Zg

Vzlt Klaus
LEITNER Kdt NT-Zg
& Mun UO

Wi Zg

Vzlt Johann
MANDL WiUO
Verpfl

Vzlt Johann SCHMID
dienszugeteilt vom
MilKdo S/als Koch Stltr

zvS Wm Helmut
MÜLLER WiUO
Bekl

StWm Josef
KIEN Kdt FKü
Grp & FKUO

zvS OWm Ewald
HOCHECKER
FKo UO

San Staffel

Vzlt Martin GOLLACKNER
Kdt Verb PL Gro & SanUO

Das Salzburger Pionierbataillon

I - Zg.

Vzlt Robert SAMMER
Kdt I Zg & WK Mst

OStv Ludwig BERNEGGER
Kdt Kfz Erstl Grp & Fz UO

zvS Stwm Franz MACKNER Kfz Mech Uo

Vzlt Heinz BILGER
Wa Mst UO

Vzlt Franz ESSL
Pi Mech UO & WK Mst

Abb.: Archiv PiB 2

Wegbereiter, Brückenbauer, Helfer in der Not

1. PIONIER KOMPANIE

Olt Laszlo VURAY
Kdt 1. PiKp

Lt Günter EISL
VermO

Vzlt Johann ZANDT
DfUO

Vzlt Siegfried LAIMER
WiUO

Vzlt Walter SCHNITZHOFER
NUO

Vzlt Johann HUBER
KUO

zvS OWm Werner MEISSL
KzlUO

Ostv Albert PRAXMARER
SanUO

zvS Zgf Franz HUTTER
ABC UO

zvS Wm Karl LUGER

StvKdt I. PiZg

Vzlt Rupert KERN
PiGer&VermUO
I. PiZg

zvS Wm Gerhard
PIBER

Kdt 2.PiGrp/I. PiZg

zvS OWm Bernhard
GSTREIN

Kdt II.PiZg

zvS OWm Peter
ZALLER

StvKdt II. PiZg

zvS OWm Heinrich
KUFNER
PiGer&VermUO
II.PiZg

zvS Wm Helmut
ALTENBERGER

Kdt 1.Grp/II.PiZg

Vzlt Johann RASSI

Kdt III.PiZg

zvS Wm Günther
BOGNER

Kdt 1.PiGrp/
III.PiZg

zvS Zgf Konrad
SCHLUDER

Kdt 3.PiGrp/
III.PiZg

Abb.: Archiv PiB 2

2. PIONIER KOMPANIE

Olt Werner SCHNEIDER
Kdt 2. PiKp

Lt Josef SCHNOLL
VermO

Vzlt Ignaz PÖCKL   Vzlt Michael UNTERHUBER   Vzlt Dietrich ECKER
DfuO   WIUO   NUO

zvS OWm Gerhard   Vzlt Karl KRAINER   Vzlt Franz SCHÜTZEN-
WIMMER   SanUO   BERGER
KzlUO   KUO

Vzlt Wilfried WALK
StvKdt I.PiZg

Vzlt Johann SCHONDORFER
PiGer&VermUO/I.PiZg

zvS OWm Josef RAUTER
Kdt1.PiGrp/I.PiZg

zvS Zgf Udo PENKER
Kdt2.PiGrp/I.PiZg

Ostv Josef JONACH
Kdt II.PiZg

zvS OWm Franz URSCHITZ
StvKdt II.PiZg

zvS OWm Johann HOFER
Kdt 2.Grp/II.PiZg

zvS OWm Franz PENZ
Kdt III.PiZg

zvS Wm Christian PLATZER
StvKdt III.PiZg

zvS Wm Konrad REINDL
Kdt3.Grp/III.PiZg

Tauchgruppe:

Alle bisherigen Taucheinsätze waren von Bataillonsangehörigen mit ziviler Ausbildung durchgeführt worden. Ab 1983 unterzog sich die Tauchgruppe auch der militärischen Tauchausbildung; das zivil angeschaffte Gerät wurde inventarisiert und durch militärische Tauchausrüstung ergänzt.

v. l. Vzlt Salzlechner, Obstlt Mahrle, Zgf Grabenhofer, Vzlt Essl, OWm Piber mit ihrer Tauchausrüstung

Vzlt Salzlechner beim Eistauchkurs auf dem Turrachsee

Das Salzburger Pionierbataillon

Militärweltmeister im Boxen:

Zgf Olaf Mayer wurde im August 1983 bei der 35. Internationalen Militär-Box-Weltmeisterschaft der CISM in Bangkok durch einen Finalsieg über den Sudanesen Mohamed Solum Weltmeister im Superschwergewicht, nachdem er bereits 1980 in Tokio Juniorenvizeweltmeister geworden und nur gegen Marvin Frazier, den Sohn des Boxweltmeisters Joe Frazier, unterlegen war. 1985 holte er ein zweites Mal den Weltmeistertitel.

Olaf Mayer

Goldmedaille für Mayer

1980 wurde er Vizeweltmeister der Box-Junioren (wobei er im Finale Marvin Frazier, Sohn von Ex-Weltmeister Joe Frazier, unterlag). Nun holte er Gold: Der Salzburger Olaf Mayer, 22, Bundesheer-Korporal, wurde bei der Militär-WM in Bangkok (in Abwesenheit von Ost-Boxern) Sieger im Superschwer. Brandau, Orrasch und Korner schieden vorzeitig aus.

Kurier vom 25. August 1983

1984

Organisatorische Unterstützung:
- 22./23.6. Beistellung einer Pionierbootfähre für „Sonnwend auf der Salzach" (16 Mann StbKp)
- 24. – 26.7. Auf- und Abbau der Jedermann-Tribüne auf dem Domplatz (74 Mann 1. Kp)
- 26.7. Beistellung von Pionierbooten beim Fest zur Festspieleröffnung auf dem Leopoldskroner Weiher (16 Mann 1. Kp)

Katastropheneinsätze:
- 16.2. Mauterndorf im Lungau, Speiereck: Absprengen einer Lawine vom Hubschrauber aus zur Beseitigung einer Gefährdung der Suchmannschaft. Zwei dänische Urlauber waren unter einer Lawine verschüttet worden. (Obstlt Koppensteiner, Vzlt Essl, Vzlt Rassi und zwei GWD)
- 19. – 23.10. Uttendorf im Pinzgau: Ein Windwurf im Steilhang oberhalb des Ortsteils Schneiderau bedrohte die darunterliegende Siedlung. Alpinerfahrene und mit Holzarbeiten vertraute Soldaten beseitigten die Bäume und sicherten die Wurzelstöcke. Ein Hubschrauber flog die Stämme aus. (20 Mann 1. Kp Kdt Vzlt Kern)
- 26.9. und 26.11. Wals-Käferheim: Auf- und Abbau einer Alu-Graben-Brücke (2F2, 24 m) zur Sicherung eines abrutschgefährdeten Weges (18 Mann 1. Kp)

Salzach

Von der Pionierbootfähre aus werden die Lichter der Salzach übergeben.

Brückenbau:
- 18./19.7. Filzmoos: Abbau der D-Brücke, welche die PiKp/LWSR 81 1983 errichtet hatte (81 Mann 1. Kp)
- 24. – 26.9. Gois: Die Verbreiterung der Tauernautobahn um einen Fahrstreifen erforderte eine Verlängerung der Haberlanderbrücke. Für die Dauer des Baues wurde der lokale Verkehr über die D-Brücke (49 m) geführt. Um den Verkehr nur im unbedingt notwendigen Ausmaß zu beeinträchtigen, wurde die Ersatzbrücke in der Nacht gebaut und die Tauernautobahn um Mitternacht für eine Stunde gesperrt. (Kdt Olt Vuray, 66 Mann 1. Kp)

Salzburger Nachrichten vom 27. September 1984

Nachts eine Pionierbrücke über die Autobahn geschlagen
In drei Tagen errichtete das Pionierbataillon 3 mit etwa 80 Soldaten eine Brücke über die Tauernautobahn nahe Viehhausen. Diese Hilfsbrücke wurde notwendig, weil eine bestehende Brücke verlängert und deshalb bis Ende Mai 1985 gesperrt werden muß. 25 landwirtschaftliche Betriebe wären ohne die Pionierbrücke von ihren Feldern abgesperrt. Da beim Ziehen der Brücke die Autobahn kurzfristig gesperrt werden mußte, war Nachtarbeit notwendig, um den Verkehr nicht allzusehr zu bremsen.
Bild: SN/Ratzer

Gois

Vzlt Kern und OStv Luger bauen auf dem Joch über dem Mittelstreifen der Autobahn die Gurtaussteifung aus.

Fähren- und Taucheinsätze:

- 4.5. Kaprun: Suche und Bergung eines in die Salzach gestürzten Fasses mit Dieselöl durch den Tauchtrupp, um eine Verseuchung des Grundwassers zu vermeiden (5 Mann)
- 12. – 16.11. Bergung von Kriegsrelikten aus dem Toplitzsee für das Salzburger „Haus der Natur" und das Heeresgeschichtliche Museum in Wien. Der deutsche Forscher Prof. Hans Fricke stellte dazu sein Tauchboot „Geo" zur Verfügung. Außer einer Abschussrampe für Unterwasserraketen, einem Ponton, einem Schwimmkörper, einer Seemine und verschiedener anderer Kriegsrelikte wurde eine Unmenge gefälschter Pfundnoten geborgen. (Kdt Olt Vuray, 1. Kp)

Tiroler Tageszeitung vom 15. November 1984

Wieder Kiste mit Pfund gehoben
Bergung am Toplitzsee fortgesetzt

BAD AUSSEE (HCL). Gestern nachmittag wurde die Bergungsaktion nach Überresten des Dritten Reichs im steirischen Toplitzsee durch Angehörige des Bundesheeres und den deutschen Wissenschaftler Hans Fricke fortgesetzt. Am Nachmittag begann die Hebung einer großen Kiste mit gefälschten Pfundnoten. Wie bisher verlautet, sei die Kiste wesentlich größer als jene, die bisher gehoben worden war. Mit der Bergung der Raketenrampe und des Flugzeugs soll heute begonnen werden.

Bisher wurden in der am vergangenen Freitag begonnenen Aktion Minen, Raketentreibsätze und anderes militärisches Gerät geborgen. Dabei befand sich auch ein Schwimmer eines in rund 80 Meter Tiefe liegenden deutschen Kurierflugzeuges des Typs Heinkel W-34. Angeblich soll die Maschine von einem damals 24jährigen Oberleutnant der deutschen Luftwaffe gesteuert worden sein. Die Maschine war in den letzten Kriegstagen auf dem Flug von Berlin in die „Alpenfestung" von den Alliierten abgeschossen worden und ist brennend in den See gestürzt. Ob die Maschine tatsächlich geheime Dokumente, wie in Deutschland vermutet wird, an Bord hatte, ist noch ungeklärt.

Fricke barg mit Hilfe seines Mini-U-Bootes „Geo" aus 80 Meter Tiefe einige Kisten mit gefälschten Pfundnoten. Diese Banknoten, die nicht einmal von Schweizer Banken als gefälscht erkannt worden waren, sollten die britische Währung untergraben. Nach Frickes Worten haben diese Pfundnoten „einen hohen wissenschaftlichen Wert". So hätte noch nie ein Wissenschaftler Papier untersuchen können, das jahrzehntelang unter Bedingungen wie im Toplitzsee gelagert worden war. Das Wasser in 80 Meter Tiefe habe keinen gelösten Sauerstoff mehr, und an den ersten Papierproben konnten bisher unbekannte Bakterien festgestellt werden, die sich von der Zellulose des Papiers ernährt haben müssen. Auch seien die Banknoten zwar aufgeweicht, aber „in hervorragendem Zustand".

Von dem sagenhaften „Goldschatz", der angeblich 1945 in dem See versenkt worden war, konnte bisher nichts entdeckt werden. Allerdings meinen Fachleute, sofern die Vermutung stimme, würden die Goldkisten mehrere Meter tief im Schlamm stecken. Die Tauchaktion soll bis zum kommenden Freitag fortgesetzt werden.

Toplitzsee

Die Pionierfähre in Sonderbauweise.
Prof. Fricke beim Einstieg in sein Tauchboot „Geo"; rechts Wm Bogner, ObstdRes Dr. Penninger

Abb.: Archiv PiB 2

Das Salzburger Pionierbataillon

Der Bergekorb, den die Taucher mit Pfundnoten gefüllt haben, wird aus dem Wasser gehoben. Im Bild Wm Bogner, Wm Luger und Wehrmänner betrachten die „wertvolle" Fracht

Eine gefälschte Zehn-Pfund-Note.

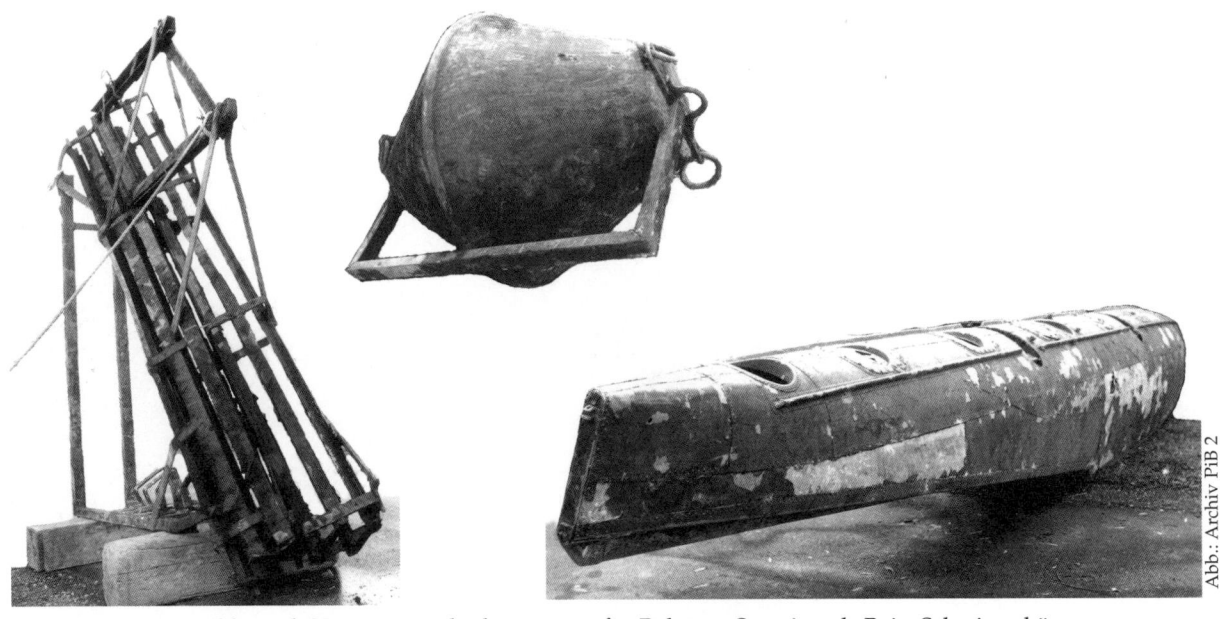

Geborgene Kriegsrelikte: v.l. Unterwasserabschussrampe für Raketen, Seemine als Boje, Schwimmkörper

Wegbereiter, Brückenbauer, Helfer in der Not

Weitere Aktivitäten:

- 12. – 16.6. Mitwirkung an den Feiern „300 Jahre Pioniertruppe" in Klosterneuburg. Durch die 1. Kp wurde die KBF-Seilbahn vorgeführt und zu Demonstrationszwecken mehrmals eine 25 m lange Pontonbrücke über den Durchstich gebaut – Bauzeit: 16 Minuten.
- 12.6. – 31.8. Waffeneigener Offiziersanwärter-Kurs (WOA-Kurs). Erstmals führte das PiB einen Kurs für die Offiziersanwärter der Pioniertruppe, die zukünftigen PiZgKdten, unter Leitung von Olt Schnöll durch. Bis dahin waren diese Kurse ausschließlich an der Pioniertruppenschule abgehalten worden.

Pontonbrücke über den Durchstich, Einbringen der Fahrbahnplatten

Ausbildungspersonal und Teilnehmer am WOA-Kurs

Das Salzburger Pionierbataillon

- 8.8. Inspizierung des PiB 3 durch den GTI General Heinz Scharff. Es war der erste und bisher einzige Besuch eines Generaltruppeninspektors beim PiB 3.

General Heinz Scharff

Vorschlag für D-Brücken-Rampe:

Olt Schnöll legte einen Vorschlag für eine Rampe für die D-Brücke vor. Die D-Brücke hat eine Einbauhöhe (Abstand zwischen Lagerunterkante und Fahrbahnoberkante) von ca. 1 m. Das bedeutet, dass nach Fertigstellung der Brücke stets erst die Auffahrtsrampen geschüttet werden müssen oder die Brücke von vornherein um dieses Maß tiefer gesetzt werden muss.

Schnölls Vorschlag sah die Verwendung der vorhandenen Fahrbahnplatten auf zwei modifizierten Querträgern vor, und zwar:

- ein Querträger normaler Höhe mit einer gelenkigen Auflage, für den Knick von der ebenen Fahrbahn zur Rampe (A) und
- ein Querträger halber Höhe mit zwei gelenkigen Auflagen (B).

Dieser Vorschlag wurde durch das Amt für Wehrtechnik (AWT) nicht angenommen.

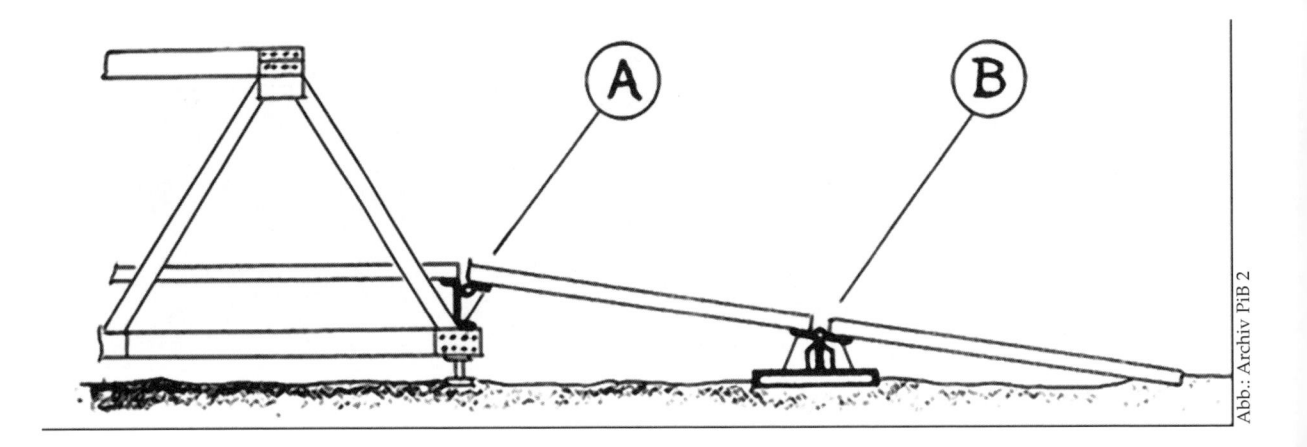

- 27.11. – 5.12. Die „Singenden Pioniere" am Golan: Besuch von Vzlt Schmid, Vzlt Pöckl, Vzlt Laimer und Vzlt Leitner, begleitet von Hptm Galler, beim AUSBATT zur vorweihnachtlichen Betreuung der österreichischen Soldaten auf den Golanhöhen

Golan

Obstlt Wardein, der Kommandant des AUSBATT, begleitet die „Singenden Pioniere" mit der Violine.

Vzlt Laimer, Vzlt Pöckl, Hptm Galler, Vzlt Leitner, Vzlt Schmid, dahinter Olt Eisl, der zu jener Zeit beim AUSBATT auf dem Golan Dienst versah

Die Karteimittelführer seit Gründung des Pionierbataillons; v. l. Vzlt Helmut Dax (1956 – 1980), Vzlt Jürgen Linhart (1980 – 1984) und OWm Werner Meissl (seit 1984)

Abb.: Archiv PiB 2

Das Salzburger Pionierbataillon

Organisatorische Unterstützung:
- 15./16.5. Salzburg, Urstein: Beistellung von sechs Booten für die Ruderregatta des Ruderclubs „Möwe" (10 Mann 2. Kp)
- 21./22.6. Salzburg, Mozartsteg: Beistellung einer Pionierbootfähre zur Abhaltung der „Sonnwend auf der Salzach" durch die „Kulisse Salzburg" (15 Mann 1. Kp)
- 22. – 26.7. Salzburg, Leopoldskroner Weiher: Beistellung von drei Pionierbootfähren für das Fest zur Festspieleröffnung (57 Mann 1. Kp)
- 20. – 24.5. Teilnahme des gesamten Bataillons an der Gefechtsübung „Steirischer Panther" der 9. PzGrenBrig in der Steiermark

   Aufgaben:
   - Unterstützung des Verzögerungskampfes durch Errichten von Sperren
   - Bau einer 50 t-Schwimmbrücke über die Mur bei Wildon

Wildon

Ein M60 überquert auf einer Ponton-Brücke die Mur.

Besuch von Obst iR List, selbst Steirer, beim Brückenschlag in Wildon;
v. l. Olt Ernst Penninger, Vzlt Josef Mlcak, Obst List, Obstlt Koppensteiner, OltArzt Dr. Olaf Rittinger

Fähren- und Taucheinsätze:

- 24. – 27.6. Wolfgangsee: Über Antrag der Sicherheitsdirektion führte das PiB 3 mit unterstelltem Tauchkurs der Heeres-Sport- und Nahkampfschule und zwei Bergepanzern des Jagdpanzerbataillons 7 die Bergung eines im September 1945 in den Wolfgangsee gestürzten US-Panzers durch. Der Fahrer (Nicolas Wercz) war damals ums Leben gekommen. Die Bergung war notwendig geworden, da der Panzer im Laufe der Zeit zum Ziel von Sport- und Hobbytauchern geworden war, die alles, was abmontierbar war, als Souvenir an sich genommen hatten. Auch die Kanone war unter Wasser abgeschnitten worden. Dabei war es zu einem Tauchunfall mit tödlichem Ausgang gekommen. Bereits bei den ersten Bergeversuchen durch amerikanische Marinetaucher unmittelbar nach dem Unfall war ebenfalls ein Taucher ums Leben gekommen, worauf die Aktion abgebrochen worden war.

Mit Hilfe einer 75 t-Fähre in Sonderbauweise, den Seilwinden von zwei sLKW und unter Einsatz von Greifzügen wurde der in 45 m Tiefe liegende Jagdpanzer Sherman M36 „Jackson" gehoben und in St. Gilgen an Land gezogen (194 Mann vom PiB 3, mit unterstelltem Tauchkurs der HSNS und zwei Bergepanzern des JaPzB 7)

Wolfgangsee

Die Bergefähre. Mit Hilfe der 16t-Seilwinden der beiden sLKW, die sich über zwei D-Brückenfelder gegenseitig abstützen, wird der Panzer gehoben.

Ein Heerestaucher untersucht den Panzer. Um eine Bergung zu verhindern, hatten unbekannte Taucher die Bergeösen des Panzers aufgeschnitten.

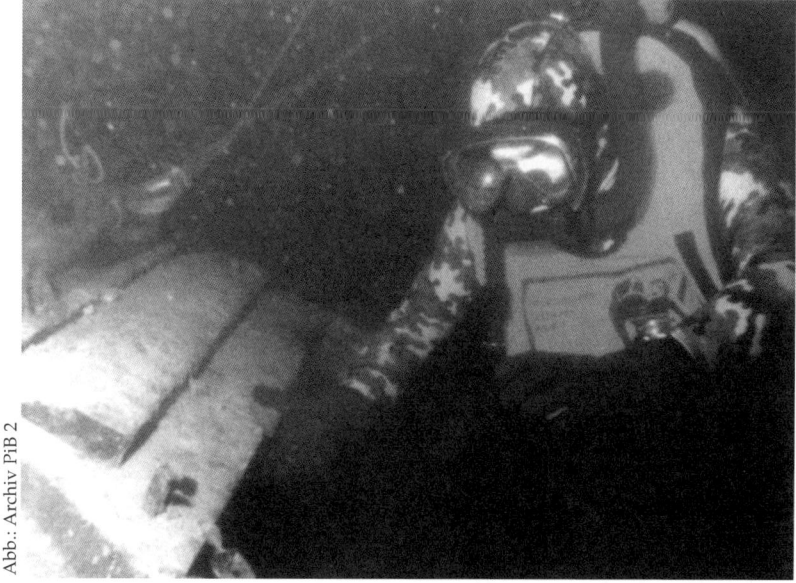

Abb.: Archiv PiB 2

Wolfgangsee

Obstlt Koppensteiner,
stv. Sicherheitsdirektor
Dr. Stürzenbaum, Divr Lagler,
Oberrat Seiwald, Obstlt Michler
auf der Fähre

Es gibt Schwierigkeiten da unten,
erklärt Vzlt Schützenberger.

Gegen Mitternacht gelingt es,
den Panzer mit Hilfe eines
Bergepanzers an Land zu ziehen.

Die Taucher ergreifen Besitz vom auftauchenden Panzer.

Auf einem Tiefladeanhänger wird der Jagdpanzer M36 in die Kaserne transportiert, wo er nach entsprechender Reinigung aufgestellt wird. Deutlich erkennbar die abgeschnittene Kanone und die fehlende rechte Kette. Der Kettenriss war Ursache für den Absturz in den See.

Abb.: Archiv PiB 2

- 1. – 14.10. Toplitzsee: Ein neuerlicher Fähreneinsatz auf dem Toplitzsee war für den Transport einer Raupe über den See erforderlich, um nach einem angeblich vorhandenen unterirdischen Lagerraum zu suchen. (2. Kp und teZg)

Brückenbau:
- 4./5.7. Gois: Abbau der im Vorjahr errichteten D-Brücke über die Autobahn (63 Mann 1. Kp)
- 14. – 20.10. St. Martin bei Lofer: Bau einer 4 t-Behelfsbrücke (Kdt Olt Eisl, 1. Kp)
- 4. – 7.11. Taxenbach: Bau einer D-Brücke (30,5 m) als Ersatz für die vom Hochwasser zerstörte Pülzl-Brücke (Kdt Olt Eisl, 71 Mann 1. Kp)

Pioniere suchen das Gold vom Toplitzsee

Salzburger Volkszeitung vom 27. September 1985

MIT DER IDYLLISCHEN Ruhe am Toplitzsee dürfte es vorerst wieder vorbei sein. Bundesheer und Entminungsdienst wollen nächste Woche nach einem geheimnisumwitterten Bunker suchen, in dem vom sagenhaften Goldschatz des Dritten Reiches über riesige Sprengstoffmengen bis zum wertlosen Alteisen alles vermutet werden darf.

Am Toplitzsee auf der Südseite des Toten Gebirges befand sich während des Krieges eine Marineversuchsstation, in der unter anderem „Wunderwaffen" des Dritten Reiches getestet wurden, unter anderem spezielle Sprengstoffmischungen, Hochseeminen und Raketen. Im Vorjahr bargen Pioniere des Bundesheeres eine Hochseemine, einen Schwimmkörper und Teile einer Abschußrampe aus dem geheimnisumwitterten Salzkammergutsee. Nicht verstummen wollen Gerüchte, daß außerdem geheime Dokumente oder unermeßliche Goldschätze im oder am See versteckt worden sind.

Diese Gerüchte bekamen neue Nahrung durch Hinweise aus der Bevölkerung, wonach sich am Seeufer ein geheimer Stollen befinden soll. Ein Augenzeuge berichtet, von einem Steg am Seeufer führten Gleise einer Feldbahn 70 Meter weit zum Stolleneingang. Im Berg soll ein Bunker gewesen sein – ein Raum in der Größe eines Saales, in dem haufenweise Kisten mit der Aufschrift „Sprengstoff" gelagert gewesen sein sollen. Der Stolleneingang wurde jedoch in den letzten Kriegstagen durch einen Erdrutsch verschüttet. Unklar ist, ob die Mure durch natürliche Ursachen oder nach einer Sprengung abging.

Das Innenministerium hat im Vorjahr mit Minensuchgeräten den Erdhügel vor dem vermutlichen Stolleneingang untersucht. Die Geräte zeigten deutliche Signale einer großen Metallmenge im Boden. Mit der neuerlichen Suchaktion am Toplitzsee will man privaten Schatzsuchern zuvorkommen, die bereits bei heimlichen Grabungsarbeiten an der Stelle des vermuteten Stollens beobachtet wurden. Sie könnten sich selbst gefährden, wenn sie bei ihrer unsachgemäßen Suche auf Sprengstoff stoßen, warnte der Entminungsdienst. Außerdem steht der See unter Naturschutz, sodaß alle Veränderungen einer behördlichen Genehmigung bedürfen.

Toplitzsee gibt ein neues Rätsel auf:
Radioaktive Strahlen aus „Nazi-Mistkübel"

Neue Kronenzeitung vom 3. Oktober 1985

Mit einer Enttäuschung endeten am Toplitzsee die Baggergrabarbeiten auf dem Südufer. Was möglicherweise der Eingang zum Stollen hätte sein können, in dem man Hitler-Gold zu finden hoffte, entpuppte sich als simpler Erdbunker über hartem Felsboden. Dafür gibt eine radioaktive Strahlungsquelle im See den Experten des Innenministeriums neue Rätsel auf.

Da man sich schon im Dritten Reich mit dem Bau einer Atombombe beschäftigt hat, ist nicht auszuschließen, daß radioaktive Abfälle im See versenkt wurden. Die Experten des Innenministeriums glauben, daß die Ursache der Strahlung in etwa 40 Meter Tiefe zu finden ist. Näheres will man jetzt klären.

VON PETER RIEDLER

Mit der Freilegung des vermutlichen Bunkers und Stolleneinganges war man am Mittwoch zügig weitergekommen. Der Bagger des Bundesheeres, der mit einem Floß zum Südufer gebracht worden war, hatte schon mehrere hundert Kubikmeter Erdreich weggeschaufelt. Unter dem Erdreich befanden sich Balkenteile. Mit einer Förster-Sonde stellten die Experten des Innenministeriums zahlreiche Metallteile fest. Am Nachmittag kam dann die Enttäuschung: Man dürfte bloß einen Erdbunker freigelegt haben. Die Holzteile dürften von der Abdeckung stammen, die Metallteile Nägel sein, mit denen alles zusammengehalten wurde. Unter dem Bunker befindet sich harter Felsboden, die Taucher fanden aber keinerlei Anzeichen für einen gesprengten Stolleneingang.

Während der Grabungsarbeiten sind auch die Taucher des Entminungsdienstes nicht untätig. Sie haben mittlerweile mehr als zwei Zentner Sprengstoff aus dem See geborgen.

Mittwoch mittag erschien plötzlich der deutsche Wissenschafter Prof. Hans Fricke am Toplitzsee. Fricke, der im Vorjahr bekanntlich mit seinem Mini-U-Boot „Geo" nach einem mysteriösen Goldschatz gesucht hatte, erklärte, daß er extra zum Toplitzsee angereist sei, um sich mit Ministerialrat Dr. Leeb zu treffen. Rein freundschaftlich natürlich. Fricke ist nicht der einzige Zaungast der neuerlichen Schatzsuche. Auch viele andere Toplitzsee-„Stammgäste" waren wieder da.

Auf einem Floß wurde dieser Bagger über den See transportiert

Pülzl-Brücke in Taxenbach

Abb.: Archiv PiB 2

Wegbereiter, Brückenbauer, Helfer in der Not

Ein ganz spezielles Lob dem Bundesheer!

Als im August des vergangenen Jahres durch ein Hochwasser unsere Salzachbrücke zerstört wurde, waren alle Bewohner der WOLFBACHSIEDLUNG in TAXENBACH sehr betroffen. Die Brücke stellt die Verbindung für die Fußgänger unserer Siedlung mit der Bundesstraße, vor allem mit dem Schulbus und der Autobuslinie, her. Wir sahen eine lange Zeit ohne diese wichtige Verbindung vor uns. Doch schon kurze Zeit später wurde die Planung für eine Notbrücke eingeleitet, und schon Anfang Oktober kam eine Einheit der Pioniere des Bundesheeres und baute diese Brücke. Vor diesen Arbeiten hatte ich nun persönlich große Angst. Sollte doch das Baugeschehen unmittelbar vor unserem Wohnhaus und in unserem Garten vor sich gehen. Eine Kompanie des Bundesheeres hier in unmittelbarer Nähe mit schwerem Gerät über längere Zeit im Einsatz - da schienen mir einige Sorgen ganz berechtigt.

Eine so angenehme Überraschung wie damals beim Brückenbau im letzten Herbst habe ich aber selten erlebt. Die Pioniereinheit des Bundesheeres kam wohl mit dem schweren Brückengerät, mit LKW und Zugmaschinen, mit einem riesigen Radlader und mit allen dazugehörenden Einrichtungen. Die Mannschaften und die Offiziere beherrschten aber die Bauarbeiten in vorbildlicher Weise. Der Zusammenbau der Brücke, das Vorschieben über den Fluß, die Fixierung am anderen Ufer (es konnte die ganze Arbeit nur von einem Flußufer aus durchgeführt werden), das Verlegen der Fahrbahnplatten und alle damit verbundenen Arbeiten gingen so reibungslos, exakt und fachgerecht vor sich, daß wir alle nur staunen konnten. In zwei Tagen war die Notbrücke - immerhin mit 35 m Spannweite - geschlagen und für uns die Verbindung zur Bundesstraße wieder hergestellt. In keiner Phase der Arbeit haben sich meine anfänglichen Befürchtungen als notwendig erwiesen. Alle Arbeiten wurden in einer so vorbildlichen und sauberen Art vorgenommen, daß es eine Freude war, zuzusehen. Mein Garten sah nach der Arbeit so sauber und aufgeräumt aus wie vorher. Offiziere und Mannschaften haben sich jederzeit vorbildlich, hilfsbereit und höflich gezeigt. Unsere Kinder, die natürlich in großer Zahl zuschauen mußten, wurden freundlich von den gefährlichen Bereichen ferngehalten, und einzelne Soldaten haben sich dabei als wirklich freundliche Onkels erwiesen.

Nun wurde im Juli dieses Jahres die Notbrücke wieder abgebaut. Die Arbeit wurde mit derselben Präzision und mit derselben Umsicht ausgeführt wie der Aufbau im Herbst 1985. Der 1. Pionierkompanie des Pionierbataillons 3 aus der Schwarzenbergkaserne unter Oberleutnant Günter Eisl gebührt unsere höchste Anerkennung. Ich möchte nicht versäumen, diese Anerkennung auch öffentlich auszusprechen und will mich auch auf diesem Wege recht herzlich bedanken.

Das Bundesheer auf diese Art im Einsatz zu sehen, ist herzerfrischend und hebt das Ansehen unserer Soldaten ganz entscheidend.

Familie Johanna PÜLZL,
HOF 36,
5660 TAXENBACH

St. Martin bei Lofer

Auf einer Pontonbrücke als Arbeitsbühne werden mit zwei Rammen die Piloten geschlagen.

Noch einige Handgriffe am Eisbrecher und am Geländer, dann ist die Brücke fertig.

Abb.: Archiv PiB 2

Hilfeleistungen:
- 27.2. Eugendorf: Suche mit einem Minensuchgerät nach einem Safe-Schlüssel für den Magistrat Salzburg (1 Mann 2. Kp)
- 16. – 20.9. Lend, Hasseckalm: Instandsetzung eines Steiges in hochalpinem Gelände (2. Kp und 5 Tragtiere des TÜPl Hochfilzen Kdt Olt Schneider)

1.12. Übernahme der 1. PiKp des Sperr-Bataillons 8 durch das PiB 3 als 3. (mob) Kompanie. Diese Kompanie ging aus der Pionierkompanie des Ausbildungs-Regiments 8 hervor und war die Brigade-Pionierkompanie der 8. JgBrig. Mit Aufstellung des LWSR 81 wurde sie diesem als 1. Kp des Sperr-Bataillons 8 eingegliedert. Mit 30. November war das Sperr-Bataillon 8 aufgelöst worden.

3. PIONIER-KOMPANIE (mob)

OltdRes Reinhold MAYER
Kdt 3. PiKp

OltdRes Helge GRAFINGER
VermO

StWm Gerhard WIMMER
DfUO

zvS OWm Christian MAIER
WiUO

Vzlt Wilfried WALK
NUO

OWmdRes Josef STAUFER

OStWmdRes Peter SCHWAIGER

OWmdRes Horst GSCHWANDTNER

FhrdRes Alfred
ZETTLER
Kdt I. PiZg

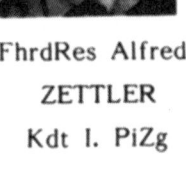

FhrdRes Andreas
HOPFGARTNER
Kdt ZgTrp I. PiZg

ZgfdRes Reinhard
GAISWINKLER
Kdt 3. PiGrp/I. Zg

OltdRes Michael
GIMPL
Kdt II. PiZg

FhrdRes Richard
TRITSCHER
Kdt ZgTrp II. PiZg

WmdRes Andreas
DYGRUBER
Kdt 2. PiGrp/II. Zg

OltdRes Johann
EIBL
Kdt III. PiZg

FhrdRes Thomas
RAMSAUER
Kdt ZgTrp III. PiZg

ZgfdRes Ted Otto
KNÄUSSEL
Kdt 2. PiGrp/III. Zg

ZS Kpl Hermann TAUNER
Kdt FkTrp

Hallenübergabe:

- 12.7. Das Pionierbataillon erhält eine neue, dringend notwendige Halle für die schweren Pioniermaschinen.

Keil für die Alu-Brücke:

Beim freien Vorbau der Alu-Brücke wird an den vorzuschiebenden Hauptträgerstrang ein zweiter gleichartiger als Ballast hinten angekoppelt. Da aber der Rampenträger am Ende nicht gleichmäßig ausläuft, sondern abgerundet ist, „plumpst" das ganze System beim Vorschieben mit einem „Rumpler" über die Vorbaurollen hinunter. Umgekehrt ist beim Rückbau diese Höhendifferenz zu überwinden. Beides strapaziert die Kippsicherheit des Vorbaurollenträgers und beeinträchtigt die Sicherheit.

Olt Schnöll konstruierte daraufhin einen Keil, der einen harmonischen Bewegungsablauf bei Vor- und Rückschub ermöglicht und damit wesentlich zur Hebung der Sicherheit beiträgt. Dieser Alu-Keil wurde in die Pi-Ausrüstung aufgenommen.

Lend, Hasseckalm

Die Tragtiere sind wertvolle Helfer für Transportaufgaben im Gebirge.

Der Alu-Keil gewährleistet einen harmonischen Bewegungsablauf beim Vor- und Rückschub des Hauptträgerstranges.

Abb.: Archiv PiB 2

Kaderausflug nach Belgrad:

Der Traditionstag des Pionierbataillons erinnert an die Forcierung der Donau bei Belgrad 1915. Das war 70 Jahre später der Anlass für einen Besuch der heiß umkämpften Festung.

Belgrad

Vzlt Bilger, OWm Mayerhofer, Olt Wurm, Vzlt Pöckl, Vzlt Laimer, Obstlt Koppensteiner, StWm Klinger, Reinhold Uitz (Sprecher des Kameradenkreises des Gebirgspionierbataillons 85), Vzlt Zandt, Vzlt Maschler, StWm Koller, Mjr Kloss, der serbische Fremdenführer, Vzlt Praxmarer, Obst iR Schiedek, Olt Eisl, Vzlt Greis, Vzlt Kurschl vor dem „Nebojse"- (Fürchte dich nicht-)Turm

Blick vom Kalemegdan, dem Burgberg mit der Festung von Belgrad, auf die Mündung der Save in die Donau. In diesem Bereich hatte der verlustreiche Übergang stattgefunden. Mjr Panuschka, Olt Wurm, Olt Eisl und Mjr Kloss auf der Festungsmauer

Wegbereiter, Brückenbauer, Helfer in der Not

1986

Organisatorische Unterstützung:
- 28. und 30.5. Das PiB 3 unterstützt die Katastrophenabteilung des Roten Kreuzes bei der Wasserausbildung durch Ausbildungspersonal (Obstlt Mahrle und Vzlt Schützenberger) und Beistellung von sechs Booten der 2. Kp

Katastropheneinsätze:
- 25.6. – 2-7. Niedernsill, Aisbachgraben (Kdt Olt Eisl, 1. PiKp)
- 9. – 13.6. Uttendorf, Stubachtal: In der Grünseeschlucht stürzten ca. 300 m³ Fels und Geröll auf den darunterliegenden Weg und versperrten den Zugang in den hinteren Talbereich.

Niedernsill-Aisbachgraben

Ein Hang mit dem gesamten Baumbestand ist in den Aisbach gerutscht …

Abb.: Archiv PiB 2

… und hat eine massive Verklausung verursacht. Olt Eisl und seine Pioniere …

Das Salzburger Pionierbataillon

... mussten die Baumstämme und Wurzelstöcke teilweise im strömenden Wasser entfernen.

Uttendorf

Aufräumen nach dem Felssturz am Grünsee

Brückenbau:
- 13./14.3. Salzburg, Itzling: Bau einer D-Brücke (24,5 m) über den Alterbach (Kdt Hptm Schneider, 65 Mann 2. Kp)
- 24. – 26.3. Scheffau: Bau einer D-Brücke (52 m) über die Lammer für den Transport eines Panzerturms zur Festen Anlage (40 Mann 2. Kp)
- 5./6.5. Salzburg/Anif: Bau einer D-Brücke (33,5 m) über die Berchtesgadener Bundesstraße als Provisorium während der Erneuerung der Brücke (52 Mann 2. Kp)
- 10. – 12.6. Krimml: Bau einer D-Brücke (27,5 m) über die Krimmler Ache für den Transport einer Stollenvortriebsmaschine zum Bau des Druckwasserstollens für das SAFE-Kraftwerk Wald (Kdt Olt Eisl, 76 Mann 1. Kp)
- 7. – 9.7. Taxenbach: Abbau der D-Brücke (65 Mann 1. Kp)
- 22. – 24.9. Wagrain: Bau einer D-Brücke (33,5 m) über die Wagrainer Ache (Kdt Olt Eisl, 54 Mann 1. Kp)
- 24. – 26.9. Großarl: Bau einer D-Brücke (21,5 m) über die Großarler Ache (Kdt Olt Eisl, 54 Mann 1. Kp)

Salzburg/Itzling

Mit Hilfe des Krans werden die schweren Teile eingehoben.

Salzburg/Anif

D-Brücke

Krimml

D-Brücke über die Krimmler Ache

Abb.: Archiv PiB 2

Das Salzburger Pionierbataillon

Wagrain

Einbau der Gurtbeileger
an der Brücke

Großarl

Ersatzbrücke über die
Großarler Ache für die Dauer
des Brückenneubaues

- 28. – 30.10. Salzburg/Anif: Abbau der D-Brücke (63 Mann 1. Kp)
- 4. – 6.11. Krimml: Abbau der D-Brücke (49 Mann 1. Kp)

Weitere Arbeitseinsätze:
- 12. – 16.5. St. Veit im Pongau: Durchforstungsarbeiten im Rahmen der Pi-Maschinen-Ausbildung
- 11. – 15.8. TÜPl Hochfilzen: Bau einer Waldkampfbahn

Hochfilzen

Ausbildungsziel an diesem Objekt ist die Instandsetzung einer teilweise zerstörten Brücke

- 13.2. Übergabe einer mit Mitteln der Salzburger Landesregierung errichteten Lagerhalle für das D-Brückengerät an das PiB 3

- 6.6. Besuch des chinesischen Militärattachés und 16.9. Besuch des stv. amerikanischen Militärattachés, Obstlt Branko Milanovich, beim PiB 3. Für diese Besucher wurde jeweils die von der Firma Kohlbrat & Bunz entwickelte Kleinseilbahn vorgeführt.

Der erste weibliche Pionier:
Söhne von Offizieren und Unteroffizieren haben schon wiederholt im Pionierbataillon gedient (Schiedek, List, Klock, Wieger, Kracmar, Hofer, Feitzinger, Schöndorfer, Gstrein, Kalensky, Zaller usw.). Ab 1982 gehörte erstmals auch die Tochter eines Bataillonsangehörigen – Sigrid Mahrle – dem PiB an. Im Rahmen einer Aktion des AMS wurde sie als Schreibkraft in der Hauptkanzlei des PiB angestellt.

Obstlt Stephan Mahrle, Sigrid Mahrle, Vzlt Grois, Vzlt Schwarzenberger

Palettierung des Alu-Brückengeräts:

Über Anregung des Bataillonskommandanten entwickelte Vzlt Essl ein Palettierungssystem für das Alu-Gerät, und zwar für die Haupt- und Rampenträger, für die großen und die kleinen Fahrbahnplatten sowie für die festen und beweglichen Stoßriegel.

Mussten die schweren Brückenteile bis dahin händisch auf LKW, die mit einem Ladekran ausgerüstet waren, verladen werden, was nicht nur zeit-, sondern auch personalintensiv war, konnten nun die Kraftfahrer allein und in wesentlich kürzerer Zeit die Verladung durchführen. Überdies ermöglichte die Palettierung eine platzsparende Lagerung. Das System wurde im Bundesheer eingeführt.

Der Ladekran bewegt zeit- und personalsparend eine Palette mit zwölf Haupt- oder Rampenträgern. Ein sLKW fasst zwei solcher „Pakete"

Raumsparende Lagerung des Brückengeräts durch die Palettierung

1987

Organisatorische Unterstützung:
- 27./28.5. Salzburg, Urstein: Beistellung von sechs Booten für die Ruderregatta des Ruderclubs „Möwe" (10 Mann 2. Kp)

Katastropheneinsätze:
- 12./13.1. Lend: Sprengen einer Vereisung der Wehranlage des Kraftwerkes Klamstein (21 Mann 2. Kp)
- 10. – 12.6. Bad Hofgastein: Errichtung eines Walls aus Autoreifen als Steinschlagschutz für das Bad (38 Mann 1. Kp)
- 22. – 27.6. Bad Gastein: Errichtung einer Krainerwand im Estherbach-Graben (60 Mann 1. Kp)
- 3. – 6.7. Niedernsill: Beseitigung von Verklausungen, Bau eines Behelfssteges (16 m) (Kdt OStv Atzl, 28 Mann 2. Kp)
- 4. – 10.7. Saalbach-Hinterglemm: Innerhalb von acht Tagen wurde die Gemeinde viermal (1, 2., 3. und 8. Juli 1987) von schweren Unwettern heimgesucht, jedes Mal mit erheblichen Schäden an Brücken, Straßen, Häusern und Fluren. Wegebau, Räumen des Bachbettes, Aufarbeiten eines Windwurfes, Bau von Krainerwänden, Bau von Behelfsbrücken und einem Fußgängersteg, Entwässerung eines Rutschhanges zur Sicherung eines darauf stehenden Jugendgästehauses, das bereits merkliche Neigungstendenz zeigte (Kdt Obstlt Koppensteiner, 113 Mann StbKp, 1. Kp und 2. Kp)
- 15.7. Wald im Pinzgau, Lahnsiedlung: Beseitigung der Vermurung der Häuser und Gärten (Kdt Olt Eckstein, 49 Mann 1. Kp)

Bad Gastein

Mit Hilfe einer Krainerwand wird der Estherbach-Graben stabilisiert

Abb.: Archiv PiB 2

Niedernsill

Brücke und Zufahrt zu einem Gehöft in Niedernsill-Lengdorf wurden zerstört.

Durch einen Fußgängersteg wurde ein provisorischer Zugang zum Gehöft geschaffen.

Saalbach-Hinterglemm

Das akut absturzgefährdete Jugendgästehaus

Abb.: Archiv PiB 2

Wegbereiter, Brückenbauer, Helfer in der Not

Saalbach-Hinterglemm

Ein Radlader beim Räumen der Mure

Das total verbogene Tragwerk der vom Hochwasser zerstörten Brücke lässt die Gewalt des Wassers erahnen.
Im Bild Olt Eckstein, OWm Gschwandtner, Vzlt Bogner (v. l.) beim Beseitigen der Reste der Brücke

OWm Hutter beseitigt mit seiner Gruppe abgerutschte Bäume, welche die Schwarzache verklausen.

Das Salzburger Pionierbataillon

Saalbach-Hinterglemm

Ein Hubschrauber transportiert Gerät in den engen Schwarzachen-Graben.

Die starke Strömung der hochwasserführenden Saalach unterspülte das Ufer, der Straßenkörper brach Stück für Stück ab und wurde weggerissen. Eile war geboten. Ein Ladegerät füllte die akute Auskolkung eines Brückenwiderlagers mit Steinen, …

… an anderer Stelle wurde die weitere Auskolkung des Straßenkörpers mit Rauhbäumen verhindert.

Wegbereiter, Brückenbauer, Helfer in der Not

Saalbach-Hinterglemm

Bau eines Fußgängersteges

Erneuerung der zerstörten Brücken; die Pioniere bringen unter dem kritischen Blick von Olt Schnöll und Vzlt Kern den Verschleißbelag auf.

Ein ziviler Bagger unterstützt die Pioniere beim Brückenbau.

Abb.: Archiv PiB 2

Saalbach-Hinterglemm

Auch der Militärkommandant besichtigt die Arbeiten im Schwarzachen-Graben. OStv Luger erklärt Divr Lagler die Situation.

Wald im Pinzgau

Eine Mure hat die Lahnsiedlung in Wald im Pinzgau verheert.

Beiderseits des kanalartig regulierten Grabens …

Wegbereiter, Brückenbauer, Helfer in der Not

Wald im Pinzgau

… sind zahlreiche Häuser betroffen.

Brückenbau:
- 4./5.7. Hollersbach: Bau einer Alu-Brücke (39 Mann 2. Kp)
- 15. – 17.7. Wald im Pinzgau: Bau einer D-Brücke (27,5 m). Während des Baues dieser Brücke verursachte ein heftiges Unwetter die Vermurung der Lahnsiedlung. Die Kompanie musste den Brückenbau unterbrechen und direkt in den o. a. Katastropheneinsatz eilen. (Kdt Olt Eckstein, 76 Mann 1. Kp)
- 21. – 23.7. Bad Gastein: Bau einer D-Brücke (33,5 m) als Baustellenzufahrt für den Umbau der Stubnerkogelbahn (60 Mann 1. Kp)
- 4./5.8. Großarl: Abbau der D-Brücke (58 Mann 1 . Kp)
- 27. – 29.8. Neukirchen am Großvenediger: Bau einer D-Brücke über die Salzach (36,6 m) als Ersatz für die vom Hochwasser zerstörte Sulzaubrücke, den Zugang zu den Sulzbachtälern (69 Mann 1. Kp)
- 31.8. – 2.9. Grieß im Pinzgau: Bau einer D-Brücke (36,6 m) über die Salzach (77 Mann 2. Kp)
- 21. – 31.9. Wagrain: Abbau der D-Brücke (53 Mann 1. Kp)
- 30.9. – 2.10. Bruck an der Glocknerstraße: Bau einer D-Brücke (42,7 m) als Ersatz für die vom Hochwasser zerstörte SAFE-Brücke (61 Mann 1. Kp)
- 14. – 16.12. Bad Gastein: Abbau der D-Brücke (2. Kp)

Hollersbach

Eine Alu-Brücke ersetzt provisorisch die vom Hochwasser zerstörte Brücke.

Abb.: Archiv PiB 2

Wald im Pinzgau

Die D-Brücke wird zwischen Bundesstraße und Pinzgau-Bahn eingeschoben.

Bad Gastein

Kräne erleichtern die Arbeit mit dem schweren Gerät.

Grieß im Pinzgau

Ebenes Gelände und ausreichend Platz bieten ideale Bedingungen für den Brückenbau.

Abb.: Archiv PiB 2

Wegbereiter, Brückenbauer, Helfer in der Not

Taucheinsatz:

• 3.7. Obertrumer See: Hebung von Autowracks aus dem Obertrumer See mit Hilfe von Hebeballons. Diese wurden durch das Amt der Salzburger Landesregierung beschafft und dem Pionierbataillon (Tauchgruppe) übergeben.

Obertrumer See

Mit Hilfe von Hebeballons wurden drei Autowracks geborgen …

… und mit einem Kran aus dem Wasser gehoben.

Die eingesetzte Tauchgruppe; stehend v. l. StWm Piber, StWm Hochecker, Vzlt Salzlechner, Obstlt Mahrle;
sitzend Vzlt Essl, OStv Meissl

Abb.: Archiv PiB 2

Video-Clip „Wir Pioniere":

Als Präsentation des eigenen Verbandes wurde auf Anregung des Bataillonskommandanten durch Wm Peter Pesl und Olt Dr. Wörndl ein kurzer Videofilm erstellt, der die Aufgaben und Einsätze des PiB zeigt. Als Sprecher stellte sich dankenswerterweise der Fernsehsprecher Hptm Dr. Hans Georg Heinke zur Verfügung.

Bei der Herstellung wurde das PiB in großzügiger Weise von Olt Dipl.-Kfm. Prof. Peter Mayer (AMF [Adi-Mayer-Film] Wien, Lindengasse 65) unterstützt.

Verbesserungen am M-Boot:

Durch Vzlt Nobis und Vzlt Kurschl wurden Vorschläge zur Erhöhung der Sicherheit im Bereich der Fähren bzw. Schubboote eingebracht. So wurde u. a. die Blendung des M-Bootfahrers, die durch die Spiegelung des Hecklichtes in der Windschutzscheibe des M-Bootes entstand, durch eine einfache Änderung des Neigungswinkels derselben ausgeschaltet.

Zwei M-Boote schieben die 50 t-Fähre, beladen mit einem Panzer M60, über die Donau

Transport- und Lagerungsrahmen für Außenbordmotoren:

Auf Anregung des Bataillonskommandanten konstruierten Vzlt Piber und Vzlt Essl einen Transport- und Lagerungsrahmen für Außenbordmotoren. Der Vorschlag wurde vom Amt für Wehrtechnik nicht aufgegriffen.

Der Transport- und Lagerungsrahmen erleichtert das Tragen der Außenbordmotoren und ermöglicht eine raumsparende Lagerung.

1988

Organisatorische Unterstützung:

- 11./12.5. Salzburg, Urstein: Ruderregatta des Ruderclubs „Möwe" (12 Mann 2. Kp und 6 Pi-Boote)

Katastropheneinsatz:

- 6. – 16.8. Hüttschlag: Beseitigung von Verklausungen im Hubalmbach, Aufarbeitung eines Windbruches (ca. 8.000 fm), Errichtung eines Steinschlagschutzes aus 600 Autoreifen, Bau einer Krainerwand (Kdt Olt Schnöll, 47 Mann 1. Kp)

Hüttschlag

Bau einer Krainerwand im Zuge der Instandsetzung des Hubalmweges

Freischneiden des Hubalmweges

Das Salzburger Pionierbataillon

Brückenbau:
- 25./26.1. Wald im Pinzgau: Abbau der D-Brücke
- 11./12.4. Weyer an der Enns: Bau einer D-Brücke (21 m) über den Gaflenzbach: Wegen umfangreicher Kanalisationsarbeiten im Ortszentrum war eine länger dauernde Umleitung des Fahrzeugverkehrs erforderlich. (Kdt Olt Wurm, 70 Mann 2. Kp)
- 17. – 19.5. Neukirchen am Großvenediger: Abbau der D-Brücke (72 Mann 2. Kp)
- 24. – 25.5. Salzburg, Residenzplatz: Bau von zwei D-Brücken (zu je 24,4 m, in Sonderbauweise mit obenliegender Fahrbahn) als Unterbau für den Papstaltar und eine Alu-Brücke als Aufgangsrampe (Kdt Olt Wurm, 2. Kp)
- 6. – 7.7. Salzburg, Residenzplatz: Abbau der D-Brücken
- 16./17.8. Bruck an der Glocknerstraße: Abbau der D-Brücke (67 Mann 2. Kp)

Weyer an der Enns

Auf beengten Platzverhältnissen wurde die Brücke über den Gaflenzbach im Ortszentrum von Weyer errichtet

Salzburger Volkszeitung vom 22. Jänner 1988

▲ *Salzburger Soldaten machen wieder einmal durch einen spektakulären „Zivileinsatz" auf sich aufmerksam. Mittwoch führte **Oberstleutnant Bruno Koppensteiner** (rechts) den Verantwortlichen des Papst-Besuches eine Dreiecksträgerbrücke vor und erklärte deren Konstruktion. Diese Brücke wird die Tribüne mit dem Papst-Altar auf dem Residenzplatz tragen. Im Bild von links: die Innungsmeister Rudolf Svoboda (Maler) und Josef Leitner (Zimmerer), Arch. Heinz Tesar und Baumeister Manfred Steinlechner von der Erzdiözese Salzburg.*

Abb.: Archiv PiB 2

Wegbereiter, Brückenbauer, Helfer in der Not

Salzburg

Mit dem Kran werden die schweren Brückenteile eingehoben.

Auch der deutsche Militärattaché interessiert sich in Begleitung des Militärkommandanten von Salzburg für diesen Brückenbau.

Papstmesse vor dem Salzburger Dom auf einer Unterkonstruktion aus militärischem Brückengerät

Abb.: Archiv PiB 2

Das Salzburger Pionierbataillon

Hilfeleistungen:

- 1. – 5.8. Mondsee: Bau eines Bootssteges mit Auffahrtsrampe und Renovierung einer Bootshütte für den Zivilinvalidenverband (Kdt OStv Zaller, 1 Kp und teZg)
- 19. – 23.9. Bischofshofen: Errichtung von 15 Wildbachsperren (Krainerwände) im Bereich des Munitions-Lagers Buchberg (Kdt OStv Bogner, 12 Mann 1. Kp)
- 2. – 4.11. und 7. – 11.11. St. Veit im Pongau: Abbau eines Holzhauses in Goldegg, Transport auf die Kinderalm in St. Veit, Wiederaufbau für den Orden der Kleinen Schwestern des Kindleins von Bethlehem, der nach der Trappistenregel lebt. Das Haus dient als Zelle für eine Nonne. (Kdt OStv Altenberger, 13 Mann 1. Kp)
- 10. – 17.12. Armenien: Einsatz bei der Erdbebenkatastrophe. Vzlt Feitzinger nahm als NUO an der österreichischen Rettungs- und Bergeeinheit in Leninakan teil.

St. Veit im Pongau

Klostervorsteherin Schwester Verena und die „Bauleiterin" vor der Schwestern-Zelle

1989

Organisatorische Unterstützung:
- 3.3. Salzburg, Residenzplatz: Bau einer Tribüne im Rahmen der Veranstaltung Sonnenlauf, eines Sternlaufes im Rahmen der Cross-Country-Bundesmeisterschaft, veranstaltet vom Bundesministerium für Unterricht, Kunst und Sport (Kdt OStv Penz, 2. Kp)
- 4./5.5. Salzburg, Urstein: Ruderregatta des Ruderclubs „Möwe". Beistellung von sechs Startbooten und zwei Schiedsrichterbooten (2. Kp)
- 13.8. Beistellung einer Fähre für die Präsentation „Erlebnisraum Durlaßboden" der Tauernkraftwerke (Kdt Olt Wurm, 2. Kp)

Katastropheneinsätze:
- 12./13.5. Seeham: Am Freitag vor Pfingsten war die Abwasserringleitung der Seeanrainergemeinden verstopft. Noch in der Nacht zum Samstag wurde eine 25 t-Fähre gebaut und am nächsten Morgen die geknickte Leitung durch die Pionier-Taucher unter Einsatz von Hebeballons gehoben. Auf der Fähre führte eine zivile Firma die Reparatur der Leitung durch. (Kdt Olt Wurm, 2. Kp und Teile teZg)

Seeham

Mit Hilfe der Hebeballons wurde die blockierte Ringleitung durch die Taucher gehoben und auf die Fähre gelegt (Fährenkommandant Vzlt Penz).

Olt Wurm und die Taucher Vzlt Essl und StWm Piber

Das Salzburger Pionierbataillon

Seeham

Das geknickte Stück der Leitung wird entfernt.

Mit Interesse verfolgt Bürgermeister Prof. Hemetsberger, wie die Ringleitung wieder zusammengeschweißt …

… und nach durchgeführter Reparatur wieder im See versenkt wird.

Abb.: Archiv PiB 2

- 5. – 11.7. Weißpriach, Znachgraben: Sicherung eines Rutschhanges durch eine Krainerwand, Wiederherstellung eines Forstweges als Zufahrt zu einer Alm (Kdt Olt Breitfuß, 17 Mann 1. Kp)
- 12. – 16.7. Flachau: Beseitigung von Verklausungen und Vermurungen, Stabilisierung eines Rutschhanges durch eine Krainerwand (Kdt Olt Schnöll, 51 Mann 1. Kp und Teile teZg)
- 25.7. – 12.8. Radstadt: schwere Vermurungen und massive Hangrutschungen im Mühlbachgraben und im Lärchenbachgraben (Kdt Olt Schnöll, 1. Kp und Teile FMB 3, LWSR 81, LWSR 82 und ABC/LSZg)
- 22. – 24.8. Taxenbach: Beseitigung von Vermurungen im Bahnhofsbereich, Beseitigung von Verklausungen im Grießergraben, Sprengung von Wurzelstöcken und Felsblöcken

Hilfeleistungen:
- 2./3.11. Lungötz, TÜPl Aualm: Setzen von 5 m hohen Schneepegeln zur Abschätzung der Lawinengefahr (Kdt OStv Luger, 10 Mann 1. Kp)

Weißpriach

Gfr Moser transportiert Schüttmaterial, rechts StWm Piber

Die fertige Krainerwand im Znachgraben

Abb.: Archiv PiB 2

Flachau

Unter dem kritischen Blick des Baustellenkommandanten OStv Bogner (rechts) wird die erste Lage der Krainerwand eingebracht.

Radstadt

Eine gewaltige Mure hat der Straße zum Rossbrand verschüttet und einen Durchlass verklaust. Pioniermaschinen versuchen ihn von oben …

… und Pioniere von unten her zu öffnen.

Abb.: Archiv PiB 2

Wegbereiter, Brückenbauer, Helfer in der Not

Radstadt

Durch die Verklausung dieses Durchlasses wurde der Straßenkörper unterspült. Erkundung des Schadens durch Olt Schnöll

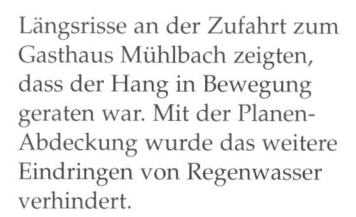

Längsrisse an der Zufahrt zum Gasthaus Mühlbach zeigten, dass der Hang in Bewegung geraten war. Mit der Planen-Abdeckung wurde das weitere Eindringen von Regenwasser verhindert.

Neun Querwerke stabilisieren den Rutschhang und lassen das Wasser kaskadenartig herunterfließen.

Abb.: Archiv PiB 2

Das Salzburger Pionierbataillon

Brückenbau:
- 13. – 15.2. Bramberg: Bau einer D-Brücke (24,4 m) über die Salzach. Da der Ballastarm über die Geleise der Pinzgau-Bahn reichte und diese blockiert hätte, musste der Bau zwischen Passieren des letzten Spätzuges um 19.30 Uhr und dem ersten Frühzug um 04.15 Uhr durchgeführt werden – und das bei Schneesturm und Temperaturen von minus 15 Grad. (Kdt Olt Wurm, 2. Kp und Teile teZg)
- 22. – 24.8. Taxenbach: Bau einer D-Brücke (24,4 m) im Grießer-Graben als Ersatz für die vom Hochwasser zerstörte Brücke (Kdt Olt Schnöll, 1. Kp)

Hallenübergabe:
Das PiB erhielt eine neue Halle (20 x 75 m) für das Brücken- und Fährgerät.

Offiziersaustausch:
9. – 28.10. Hptm Schnöll ist zu Gast bei der Schweizer Armee (Pionierbataillon 5) im Raum Aarau

Bramberg

Die erste Bauphase erfolgte noch bei Tageslicht, die Fertigstellung der Brücke erst in der Dunkelheit unter Aufsicht von KpKdt Olt Wurm und DfUO Vzlt Jonach

Taxenbach

Auch Hptm Mag. Mayer, Kdt 3. (mob) PiB 3 – im Zivilberuf im Katastrophenreferat der Salzburger Landesregierung tätig –, besichtigt mit dem Bataillonskommandanten und Olt Zipser die Brückenbaustelle.

Bauleiter Ing. Ager von der BGV und der Bataillonskommandant besichtigen den Baufortschritt an der neuen Halle.

Im Beisein des Leiters der Bundesgebäudeverwaltung Salzburg, HR Dipl.-Ing. Haider, übergibt der Militärkommandant den Schlüssel an den Bataillonskommandanten.

Hptm Schnöll bei den Schweizer Pionieren vor einer Medium Girder Bridge (MGB)

Abb.: Archiv PiB 2

Das Salzburger Pionierbataillon

1990

Kommandoübergabe:

Mit Jahreswechsel 1989/90 verließ Obst Koppensteiner das Bataillon und übernahm den Posten eines stellvertretenden TÜPl-Kommandanten in Hochfilzen. Obstlt Kloss wurde neuer Bataillonskommandant. Die offizielle Übergabe erfolgte am 16. März 1990.

Standartenübergabe: Obst Koppensteiner – KKdt Mittendorfer – Obstlt Kloss

Der neue Kommandant und seine vier Vorgänger

Wegbereiter, Brückenbauer, Helfer in der Not

Katastropheneinsätze:

- 16. – 17.1. Lungau: Der Technische Zug unterstützte einen Sprengtrupp des LWSR 83 bei der Beseitigung von Eisstößen an der Mur mit Radlader und Schreitbagger. (4 Mann StbKp)
- 1. – 24.3. Flachgau (Oberndorf, Bürmoos, Lamprechtshausen, Straßwalchen) und Innviertel (Braunau, Schalchen, Burgkirchen, Neukirchen, Mauerkirchen, Uttendorf): Orkanartige Stürme richteten vor allem in den Wäldern enorme Schäden an. Allein im Flachgau betrug der Windbruch 200.000 fm. Das gesamte Bataillon, verstärkt durch einen Jägerzug des JgB 26 sowie durch Pionier- und Bergepanzer des JaPzB 7, war im Einsatz.

Flachgau

Die Aufarbeitung der umgestürzten Bäume …

… mit riesigen Wurzeltellern …

Abb.: Archiv PiB 2

... und ineinander verkeilter und unter Spannung stehender Bäume ...

... ist eine gefährliche Arbeit.

Abtransport des Holzes mit dem Radlader

Wegbereiter, Brückenbauer, Helfer in der Not

Auch Bergepanzer Greif …

… und Pionierpanzer stehen im Einsatz.

Abb.: Archiv PiB 2

Brückenbau:

• 5. – 23.10. Zur Lösung der Verkehrsprobleme bei der Schi-Weltmeisterschaft 1991 in Saalbach-Hinterglemm wurde eine Alu-Brücke über die Saalach sowie drei D-Brücken (zusammen 90 m) einschließlich der Stiegenaufgänge als Fußgängerübergänge über die Straße gebaut. Die D-Brücken mussten mit dem Kran auf die Joche gehoben werden. Aus Gewichtsgründen war jedoch eine Teilung des Tragwerkes notwendig.

Drei Wochen nach der Fertigstellung der Brücken war ein neuerlicher Einsatz erforderlich, da ein Tieflader mit unsachgemäß verladenem Bagger die Brücke rammte und das Tragwerk so schwer beschädigte, dass es ausgewechselt werden musste. (Kdt Hptm Schnöll, 60 Mann 1. Kp und teZg)

Saalbach-Hinterglemm

Insgesamt wurden 59 Piloten gerammt. Um die 13 m langen Piloten schlagen zu können, musste die Mecklersäule mit einem zusätzlichen Zwischenstück verlängert werden.

Vzlt Pannagger hebt mit seinem Kran einen Brückenabschnitt auf Joch und Hilfsjoch.

Der zweite Abschnitt wird dazu gehoben und hängend verschraubt – eine Präzisionsarbeit des Kranführers.

Wegbereiter, Brückenbauer, Helfer in der Not

Saalbach-Hinterglemm

Die fertigen Fußgängerübergänge …

… gewährleisteten eine sichere Querung der Straße durch die Besucher der Schi-Weltmeisterschaft.

Abb.: Archiv PiB 2

Das Salzburger Pionierbataillon

1991

Organisatorische Unterstützung:
- 22.1. – 3.2. Alpine Schi-Weltmeisterschaft in Saalbach-Hinterglemm
- 7. – 9.5. Salzburg, Urstein: Ruderregatta des Ruderclubs „Möwe" (Kdt OStv Zaller, 1. Kp)

Einsätze im In- und Ausland:
- 27.1. – 6.3. Burgenland: Assistenzeinsatz (2. Kp)
- 28.6. – 11.7. Sicherungseinsatz an der Südgrenze im Zuge des Zerfalls Jugoslawiens (Kdt Hptm Schnöll, 1. Kp). Unmittelbar vor diesem Einsatz nahm die 1./PiB 3 im Rahmen des JaPzB 7 an einer Übung der Militärakademie in Kärnten teil. Aufgrund der Abspaltung Sloweniens aus dem Jugoslawischen Staatsverband kam es zu Kampfhandlungen. Zur Sicherung wurde auf der österreichischen Seite der Grenze in Kärnten zunächst die Kampfgruppe 7 (StpKp/JaPzB 7, 1. und 2./JaPzKp, 1. AufklKp/AufklB 3, 1. FlABt/FlAR 3 und 1. PiKp/PiB 3) eingesetzt. In der Folge wurde die 1. PiKp dem PzB 14 und schließlich dem MilKdo Kärnten unterstellt.

Zum ersten Mal wurden durch das PiB 3 scharfe Panzerminen einsatzmäßig verlegt (753 Stück am Leiflinger Feld).

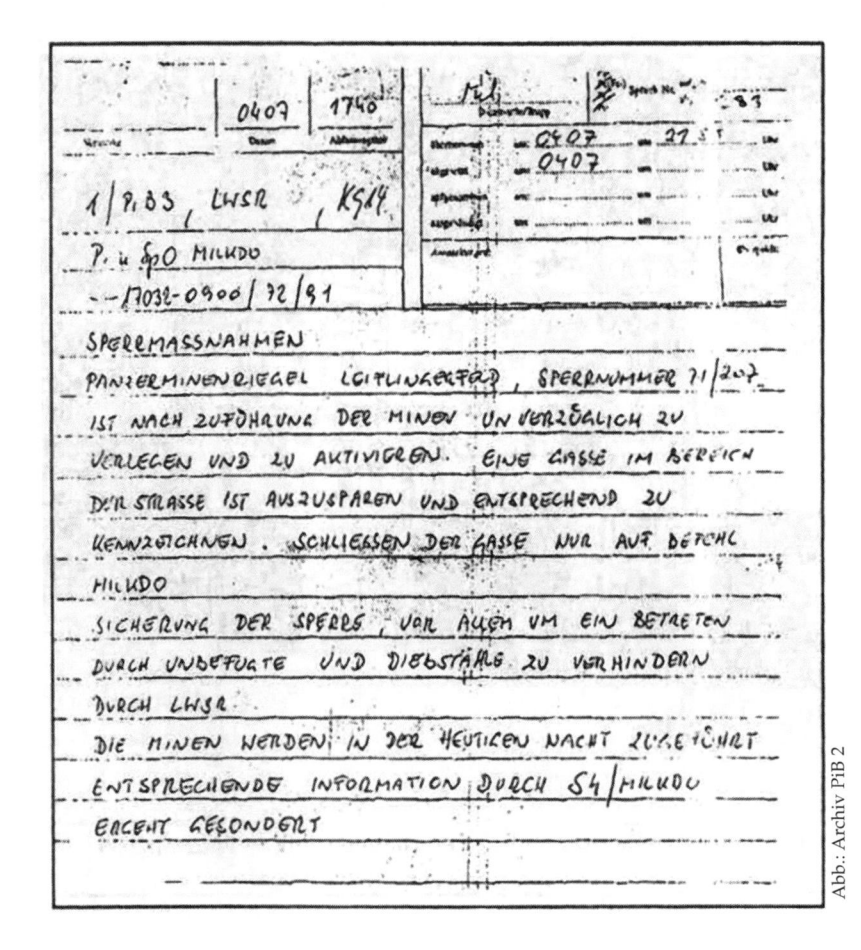

Der Befehl des Militärkommandos Kärnten zum Verlegen der Minen.

SPERRMASSNAHMEN:

PANZERMINENRIEGEL LEIFLINGER-FELD, SPERRNUMMER 71/207 IST NACH ZUFÜHRUNG DER MINEN UNVERZÜGLICH ZU VERLEGEN UND ZU AKTIVIEREN. EINE GASSE IM BEREICH DER STRASSE IST AUSZUSPA-REN UND ENTSPRECHEND ZU KENNZEICHNEN. SCHLIESSEN DER GASSE NUR AUF BEFEHL MILKDO. SICHERUNG DER SPERRE, VOR ALLEM UM EIN BETRETEN DURCH UNBEFUGTE UND DIEBSTÄHLE ZU VERHINDERN, DURCH LWSR. DIE MINEN WERDEN IN DER HEUTIGEN NACHT ZUGEFÜHRT ENTSPRECHENDE INFORMATION DURCH S4/MILKDO ERGEHT GESONDERT.

Kärnten

Der KpKdt Hptm Schnöll übergibt dem Regimentskommandanten des LWR 73 Obst Wedenig den Minenplan.

Leiflinger Feld

Die Minen wurden nach der Wiederaufnahme in Stappeln gesammelt und anschließend auf LKW verladen.

Der KpKdt im Gespräch mit Hptm Rehrl, dem S3 des JaPzB 7

Abb.: Archiv PiB 2

Das Salzburger Pionierbataillon

- 30.4. – Ende Juli Iran: Errichtung der Sanitär-Infrastruktur und Betreiben eines Flüchtlingslagers im Rahmen der Kurdenhilfe (Zgf Mader, Zgf Moser, Kpl Fischer)

UNAFHIR

Feldlagerbetriebselement; stehend links Zgf Moser, dritter von links Zgf Mader

Zgf Moser beim Bau von sanitären Anlagen

Abb.: Archiv PiB 2

Katastropheneinsätze:

- 3. – 7.6. Muhr-Schellgaden: Beseitigung von Vermurungen
- 25.7. – 1.8. Großarl: Ein heftiges Unwetter ließ den Ellmaubach zu einem reißenden Gebirgsbach anschwellen, der im gesamten Tal schwere Schäden verursachte. 500 m Straße waren zum Teil völlig weggerissen, das Gehöft Klausbauer von der Außenwelt ebenso abgeschnitten wie eine Alm mit 80 Milchziegen. Durch umgestürzte Bäume waren zahlreiche Verklausungen entstanden. (Kdt Hptm Schnöll, 1. Kp und teZg)

Großarl

Eine Baumgruppe ist ins Bachbett gestürzt und muss entfernt werden.

Der KpKdt Hptm Schnöll im Gespräch mit dem betroffenen Bauern

Abb.: Archiv PiB 2

Großarl

Die zerstörte Zufahrtsstraße zum Gehöft

Da eine Zufahrt mit LKW nicht möglich war, wurde eine Alu-Grabenbrücke mit dem Hubschrauber in das enge Tal eingeflogen, …

… um eine erste Verbindung zum abgeschnittenen Bauernhaus herzustellen, …

Wegbereiter, Brückenbauer, Helfer in der Not

… bis schließlich mit einer Behelfsbrücke eine dauerhafte Zufahrt geschaffen wurde.

Auch diese abgerutschte Straße wird provisorisch saniert.

Dieses Betonfundament einer Materialseilbahn war in das Bachbett abgerutscht und musste gesprengt werden.

Abb.: Archiv PiB 2

Das Salzburger Pionierbataillon

- 1. – 8.8. Seeham: Durch die lang anhaltenden Regenfälle war ein Hang oberhalb einer neu gebauten Siedlung in Bewegung geraten und bedrohte mehrere Wohnhäuser. Durch einen massierten Einsatz von Ladegeräten des Technischen Zuges und von Transportfahrzeugen – neun militärische und vier zivile LKW – wurden die Schlammmassen abtransportiert und die Gefahr für die Gebäude gebannt. (Kdt Hptm Schnöll, 30 Mann 1. Kp und teZg)
- 9. – 11.8. Obertrum: Verwüstungen im Staffelgraben, Kirchstättgraben, Teufelsgraben und in Matzing. Beseitigung von Verklausungen und Vermurungen, Wiederinstandsetzung des Bachbetts (Kdt Hptm Schnöll, 1. Kp, Teile StbKp)
- 19. – 28.8. Nußdorf am Haunsberg: Bachverbauung zur Sicherung eines Wasserspeichers durch Einbau von Querwerken (Kdt OStv Altenberger und OStv Luger, 1. Kp)

Muhr-Schellgaden

Der Bürgermeister von Muhr, Erich Grießner, vor einem bis auf Fensterhöhe vermurten Haus

Eine Pioniermaschine arbeitet sich durch die Mure.

Abb.: Archiv PiB 2

Wegbereiter, Brückenbauer, Helfer in der Not

Seeham

Hangrutschung unmittelbar hinter einem Neubau. Mit Drainagen wird der Hang entwässert.

Zur Stützung des abgerutschten Hanges und zur Sicherung der darunterliegenden Häuser wird eine Steinmauer errichtet. Hptm Schnöll überwacht die Arbeiten.

Abb.: Archiv PiB 2

Nußdorf: Auf dem Haunsberg sind Hänge mit dem gesamten Baumbestand abgerutscht.

Das Salzburger Pionierbataillon

- 24. – 28.8. Elsbethen, Glasenbachklamm: Beseitigung von Unholz, Sprengung von Felsen, Bau von zwei Behelfsbrücken und einer Krainerwand (Kdt Hptm Schnöll, OStv Piber, OStv Luger, 1. Kp)
- 18. – 22.3. Hallein: Beistellung einer Fähre zur Revision der Eisenbahnbrücke

Brückenbau:

- 16. – 24.4. Saalbach: Abbau der Brücken (2. Kp und Teile StbKp)
- 14. – 23.5. Hallein: Bau einer D-Brücke über die Salzach zur Schaffung einer Umfahrung der Altstadt über die Pernerinsel. Erstmals wurde eine schwimmende Zwischenunterstützung für den Vorschub der Brücke eingesetzt. Nach Fertigstellung der Brücke wurde zum Herausziehen der Zwischenunterstützung der Wasserspiegel abgesenkt. (Kdt Hptm Schneider, 2. Kp und Teile StbKp)

Hallein: Vorbau einer D-Brücke über eine schwimmende Unterstützung (50 t-Fähre und D-Brücke)

1992

Assistenzeinsatz im Burgenland:
- 28.1. – 27.2. (2. Kp)
- 26.6. – 30.7. (1. Kp)
- 28.12. – 30.1.1993 (2 Züge im Rahmen des VR 3)

Katastropheneinsatz:
- 3. – 12.6. Lofer, Wurmbachgraben: Durch heftige Regenfälle zur Weihnachtszeit 1991 begann der Sodervokenweg auf einer Länge von 120 m abzurutschen. Der folgende Schneefall verdeckte den Schaden, doch nach der Schneeschmelze löste sich eine Mure und rutschte mit dem gesamten Baumbestand ca. 800 m bis in den Talgrund ab. Spreng- und Drainagearbeiten, Aufarbeiten von Schadholz (Kdt Hptm Schnöll, 1. Kp)

Brückenbau:
- 12. – 20.5. St. Johann im Pongau: Bau einer Bailey-Brücke (48,8 m, dreiwandig, zweistöckig, verstärkt) über die Salzach als temporären Ersatz während der Erneuerung der permanenten Brücke (Kdt Hptm Eckstein, 2. Kp)
- 10.7. Saalfelden: Verstärkung einer Stahlträger-Brücke von HLK 20 auf HLK 30 durch Einbau von drei Querträgern. Die Brücke dient als Zufahrt zum Golfplatz. (Kdt Olt Arnreiter, 18 Mann 2. Kp)

12.11. Besuch des finnischen Militärattachés, Obstlt iG Jarmo Myyrä. Es wurde vorgeführt:
- gefechtsmäßiges Minenverlegen (Vzlt Luger)
- eine Bunker- und Sperrensprengung durch einen Stoßtrupp (Vzlt Piber)
- das Überwinden eines Gewässers mit Hilfe einer Alu-Grabenbrücke (3F3, 14,4 m; Vzlt Altenberger).

St. Johann im Pongau

Der Vorbauschnabel der Bailey-Brücke hat bereits das jenseitige Ufer erreicht.

Abb.: Archiv PiB 2

St. Johann im Pongau

Vzlt Schöndorfer mit seinen Pionieren beim Aufbringen des Belages

Absenken der Brücke in die Widerlager

Saalfelden

Mit Hilfe von drei Unterzügen zur gleichmäßigen Lastverteilung wurde die Tragfähigkeit der Brücke erhöht.

Abb.: Archiv PiB 2

Wegbereiter, Brückenbauer, Helfer in der Not

1993

Assistenzeinsatz im Burgenland:
- 28.6. – 30.7. (1. Kp)

Katastropheneinsätze:
- 8. – 10.4. Niedernsill: Sicherungsarbeiten an einer Hangrutschung – ein Hang war in einer Breite von ca. 2.000 m in Bewegung geraten, rutschte täglich etwa 2 m und bedrohte den Einödhof der Familie Schwabl:
    - Abstockung des schweren Baumbestandes
    - Abdeckung des Anrisses
    - Entwässerung des Hanges. (Kdt Hptm Eckstein, 64 Mann 2. Kp)

Niedernsill

Ein 5 m breiter Riss im Hang …

… wurde mit Planen abgedeckt, um weiteres Eindringen von Regenwasser zu verhindern.

Abb.: Archiv PiB 2

Das Salzburger Pionierbataillon

Niedernsill

Zur Entwässerung des Hanges wurden Drainagen gelegt. OWm Zaufl weist seine Gruppe ein.

- 14. – 19.6. Untersberg: Einsatz zur Beseitigung der Borkenkäfergefahr (Kdt Lt Winkler, 20 Mann 1. Kp)
- 30.6. – 10.7. Köstendorf und Straßwalchen: Beseitigung von Windwurfschäden (50 Mann 2. Kp)

Köstendorf

Die umgestürzten und geborstenen Bäume müssen entastet …

Abb.: Archiv PiB 2

Wegbereiter, Brückenbauer, Helfer in der Not

… und zu einem Lagerplatz transportiert werden.

Ein Radlader Fiat Allis arbeitet sich durch den Windbruch.

Pionierpanzer im Einsatz

Abb.: Archiv PiB 2

Das Salzburger Pionierbataillon

Hilfeleistungen:

- 17. – 22.3. Salzburg, Urstein: Beistellung einer 25 t-Fähre als Arbeitsbühne für Reparaturarbeiten an der Autobahnbrücke über die Salzach (Kdt OStv Fischinger, 49 Mann 2. Kp)
- 28.4. Bergheim: Bergung eines zivilen 40 t-Kranes (9 Mann teZg)
- 10. – 14.5. St. Johann im Pongau: Abbau der Bailey-Brücke (76 Mann 2. Kp)
- 23./24.11. Wals: Blindgängersuche durch einen Minensuchtrupp (1. Kp)

Salzburg/Urstein

Die Fähre mit aufgebautem Arbeitsgerüst unter der Autobahnbrücke

Fährenkommandant OStv Fischinger

Kommandoübergabe:

Am 5. Mai übernahm MjrdG Günter Eisl die Führung des Bataillons für die Dauer seiner elfmonatigen Truppenverwendung. Obstlt Kloss versah zu jener Zeit Dienst bei der UNO.

Offizierstellenbesetzung:

BKdtStv & S 4	Mjr Schneider
S 3	Hptm Wurm
Kdt StbKp	Hptm Schnöll
Kdt 1. Kp	Olt Arnreiter
Kdt 2. Kp	Hptm Breitfuß

Übergabe der Standarte an MjrdG Eisl

Abb.: Archiv PiB 2

Das Salzburger Pionierbataillon

1994

Am 1. März erfolgte die Umbenennung des Pionier-Bataillon 3 in

Pionier-Bataillon 2.

Die 1. (Pi)Kompanie des aufgelösten LWSR 81 wurde dem PiB als 3. (aktive) Pionierkompanie angegliedert bei gleichzeitiger Auflösung der bisherigen 3. (mob) Kompanie.

Kader 3. Kp LWSR 81:

KpKdt:	Olt PÖCKL Christian
DfUO:	Vzlt SCHMIDSBERGER Karl
WiUO:	Vzlt SAUERSCHNIGG Ferdinand
NUO:	Vzlt SCHWARZ Richard
KUO:	Vzlt WAGNER Walter
PiGerUO:	Vzlt LÖCKINGER Johann
Kdt PiZg:	Vzlt PROSCHOFSKI Günther
Kdt PiZg:	Vzlt ATZL Johann
Kdt PiZg:	OStv SCHUSTER Günther
Kdt PiGrp:	OWm KRALL Siegfried
Kdt PiGrp:	Wm EMIG Alexander
Kdt PiGrp:	Wm MANDL Gerald
Kdt PiGrp:	Zgf KOLLER Wolfgang
Kdt PiGrp:	Zgf SCHÄTZER Volker
Kdt PiGrp:	Zgf FISCHHUBER Ludwig

Assistenzeinsatz im Burgenland:
- 23.1. – 23.2. (2. Kp)
- 22.6. – 22.7. (1. Kp)

Katastropheneinsätze:
- 1. – 5.8. Untersberg: Aufarbeiten eines Windbruchs (Kdt Lt Winkler, 20 Mann 1. Kp)
- 1. – 5.8. Bramberg, Weyerbachgraben, Piesendorf-Aufhausen und Fürth: Beseitigung von Vermurungen und Verklausungen, Abstocken von Rutschhängen (Kdt Olt Arnreiter 51 Mann 1. Kp)

Piesendorf

Vermurte Häuser werden gesäubert.

An der weißen Hausmauer ist die Höhe der Vermurung erkennbar.

Abb.: Archiv PiB 2

Brückenbau:
- 9. – 11.3. Wals-Siezenheim: Erneuerung der Mühlbachbrücke (Kdt OStv Goldmann, 10 Mann 2. Kp)
- 25. – 27.4. Gries im Pinzgau: Abbau der D-Brücke (Kdt Olt Arnreiter, 30 Mann 1. Kp)
- 14. – 30.3. Hallein: Bau einer Bailey-Brücke für die Landesausstellung „Salz" als Verbindung zwischen dem Sudhaus auf der Pernerinsel und dem Keltenmuseum. Die 50 m lange Brücke wurde in zweiwandiger, dreistöckiger verstärkter Bauweise ausgeführt und war auf zwei Ebenen begehbar. Da nur 9,15 m für den Ballastarm zur Verfügung standen, wurde die Brücke über zwei schwimmende Unterstützungen – eine 75 t-Fähre in Sonderbauweise mit aufgebauter zweistöckiger D-Brücke und eine 25 t-Fähre, ebenfalls mit D-Brückenaufbau – vorgeschoben. Länge der Brücke: 50 m, Gewicht: über 100 t (Kdt Hptm Breitfuß, 79 Mann 2. Kp und teZg)

Wals-Siezenheim

Die vorgefertigte Brücke wird vor Ort zusammengebaut.

Die fertiggestellte Brücke, auch Pionierbrücke genannt, bildet den Zugang zum TÜPl Saalachau.

Hallein

Bailey-Brücke für die Landesausstellung „Salz" als Verbindung zwischen dem Sudhaus auf der Pernerinsel und dem Museum

Wegbereiter, Brückenbauer, Helfer in der Not

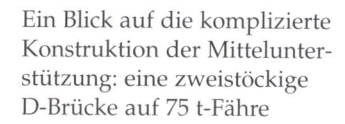

Hallein

Einschub der Bailey-Brücke über die 75 t-Sonderfähre

Ein Blick auf die komplizierte Konstruktion der Mittelunterstützung: eine zweistöckige D-Brücke auf 75 t-Fähre

Die Brücke ist auf zwei Ebenen begehbar.

Abb.: Archiv PiB 2

Das Salzburger Pionierbataillon

Hallein

Die linksufrige Unterstützung: eine 25 t-Fähre in Sonderbauweise, darauf eine D-Brücke, die mit einer Alu-Brücke eingedeckt ist. Mit Hilfe von Stapelhölzern wird die erforderliche Höhe erreicht.

Einsatz in der Arktis:

Eine Hilfeleistung besonderer Art war der Einsatz von Vzlt Essl im Rahmen der Dreharbeiten für die ORF-Dokumentation über die Arktis-Expedition der österreichischen Polarforscher Payer und Weyprecht. Bereits im Sommer 1993 wurden die Lager eingerichtet und das Schiffsmodell der „Admiral Tegetthoff" aufgebaut. Die eigentlichen Dreharbeiten fanden dann im arktischen Winter zwischen 6. Februar und 17. April bei Temperaturen bis zu minus 45 Grad statt. Vzlt Essl war als Gerätewart für die Einsatzbereitschaft des gesamten Geräts zuständig, was unter den arktischen Bedingungen keine leichte Sache war. Darüber hinaus war er Fahrer eines Motorschlittens, Koch, Verantwortlicher für die Sicherheit und überhaupt „Mädchen für alles". Die Sicherheit war vor allem durch Walrosse und Eisbären gefährdet, die über die Eindringlinge keineswegs erfreut waren. Eisbären sind streng geschützt, dürfen daher auch nicht gejagt werden. Mit Hilfe von Knallkörpern und Signalraketen wurden sie vom Lager fern gehalten.

Arktis

Vzlt Essl

Wegbereiter, Brückenbauer, Helfer in der Not

Das Modell der
„Admiral Tegetthoff"

Ein Eisbär umrundet das Lager
auf der Nahrungssuche.

Abb.: Archiv PiB 2

1995

Mit Wirkung vom 1. Juli wurde aus dem bisherigen Technischen Zug (teZg) der StbKp eine Technische Kompanie (teKp). KpKdt: Hptm Breitfuß. Die Kompanie besteht aus:

- Kommandogruppe
- Versorgungsgruppe
- Pioniermaschinenzug
- Fähren- und Brückenzug
- Panzerminenverlegezug.

Neuzugang von Gerät: 6 Panzerminenleger 90

Assistenzeinsatz im Burgenland:

- 16.3. – 22.4. (2. Kp)
- 19.7. – 23.8. (1. Kp)
- 3.10. – 20.11. (3. Kp)
- 29.12. – 19.1.1996 (2. Kp)

Katastropheneinsatz:

- 16.2. – 24.3. Salzburg: Durch eine bis zu 11 m tiefe Auskolkung stromabwärts des linken Pfeilers der Autobahnbrücke über die Salzach in der Landeshauptstadt bestand akute Einsturzgefahr. Über Antrag des Wasserbauamtes der Salzburger Landesregierung wurde durch das PiB eine mehrlagige Steinschüttung verschiedener Korngrößen, insgesamt 5.000 m³, aufgebracht. Mit einer 75 t-Fähre in Sonderbauweise wurden pro Tag bis zu 70 mit Schüttmaterial beladene LKW transportiert. Fährenkommandanten, M-Boot-Fahrer, Aubo-Fahrer und 20 Mann Fährenbesatzung wurden im wöchentlichen Wechsel von allen Kompanien gestellt.

Salzburg

Die Fähre transportiert die LKW an die gewünschte Stelle, wo sie ihre Fracht abkippen. Auf diese Weise wird das Schüttmaterial über die gesamte Flussbreite eingebracht.

- 15. – 20.2. Salzburg, Liefering: Beseitigung von Hochwasserschäden (Kdt Lt Gann, I. Zg 2. Kp)
- 31.5. – 2.6. Lend-Dienten: Freilegen der durch eine Hangrutschung verlegten Straße. Um einen Maschineneinsatz überhaupt zu ermöglichen, musste zuerst der mitgerutschte Baumbestand aufgearbeitet werden. (Kdt Lt Winkler, 1. Kp)

Brückenbau:
- 6. – 20.2. Hallein: Abbau der Bailey-Brücke (2. Kp)
- 25. – 28.9. TÜPl Hochfilzen: Bau einer D-Brücke (30,5 m, 1 Joch) für die Biathlon-WM (Kdt Lt Tatschl, 1. Kp)
- 11. – 19.12. TÜPl Hochfilzen: Bau einer Behelfsbrücke (9 m, 22 Piloten) (Kdt OWm Moser, 3. Kp)

Hochfilzen

Die D-Brücke wird mit dem Kran aufs Joch gehoben.

Hochfilzen

Die fertige Behelfsbrücke über der vorgesehenen Loipe.
Die Auffahrtsrampen beiderseits der Brücke wurden anschließend geschüttet.

Abb.: Archiv PiB 2

Kommandoübergabe:

Am 9. Mai fand die Kommandoübergabe von Obstlt Kloss an Mjr Schneider statt.

Abschreiten der Front durch
Gen Dr. Eckstein, Landesrat
Wolfgruber, Divr Barta,
KKdt Lagler, Obstlt Kloss (v. r.)

KKdt Lagler übergibt
die Standarte des Bataillons
an Mjr Schneider.

1996

Assistenzeinsatz im Burgenland:
- 20.3. – 19.4. (TeKp)
- 19.6. – 19.7. (1. Kp)

Organisatorische Unterstützung:
- 15./16.5. Salzburg/Urstein: 17. Internationale Ruderregatta des Ruderclubs „Möwe" (13 Mann 2. Kp): Verankerung von vier Startbooten, Aufbau des Zieles, Beistellung von Booten für Schiedsrichter und Kamerateam des ORF
- ab April 1996 Bundesland Salzburg: Suchen, Öffnen und Räumen der US-Waffenlager auf Ersuchen des Innenministeriums. Nachdem die amerikanische Botschafterin Swanee Hunt die Unterlagen über Waffendepots, die im Zuge des Kalten Krieges vom CIA angelegt worden waren, der österreichischen Bundesregierung übergeben hatte, ersuchte der Entminungsdienst des Innenministeriums um Unterstützung bei der Bergung der Waffen. (Teile 2. und TechnKp)

Eine Pioniermaschine bei der Suche nach einem US-Waffenlager

Die Lager enthielten Handgranaten, Panzerabwehrrohre, Karabiner, Maschinenpistolen, Pistolen, Munition, plastischen Sprengstoff, Bussolen, Feldstecher, Sanitätstaschen mit Medikamenten und Morphiumampullen.

Abb.: Archiv PiB 2

Das Salzburger Pionierbataillon

Aus den US-Waffenlagern geborgene Maschinenpistolen, ...

... Pistolen und Sanitätspäckchen

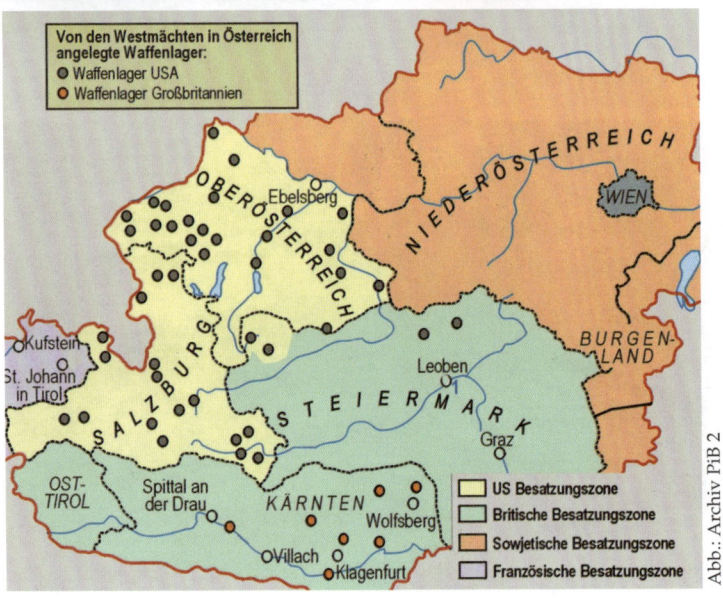

Abb.: Archiv PiB 2

Die amerikanische Besatzungsmacht hatte in Salzburg, Oberösterreich und der Steiermark über 60 Waffenlager angelegt. Auch die Briten hatten in ihrer Zone Waffen geheim deponiert. Diese Lager waren aber bereits Anfang der 60er Jahre in aller Stille gehoben worden.

Wegbereiter, Brückenbauer, Helfer in der Not

Katastropheneinsatz:
- 28.8. Kuchl, Georgenberg: Der Schöllbach war über die Ufer getreten und hatte den Damm zerstört. Bau einer Behelfszufahrt zum verwüsteten Bachufer durch Auflegen von Fahrbahnplatten, um die Wiederherstellung des Dammes zu ermöglichen (Kdt Olt Winkler, 1. PiKp und TeKp)

Hilfeleistungen:
- 27./28.6. Untersberg: Suche nach Munitionsrelikten aus dem Zweiten Weltkrieg über Ansuchen der Mayr-Melnhofschen Forstdirektion. Ausgelöst wurde diese Suchaktion durch Wanderer, die immer wieder Patronen und Munitionsteile gefunden hatten. (Kdt StWm Stein, 1 PiGrp 1. Kp)

Brückenbau:
- 22. – 27.1. Hochfilzen: Bau einer Behelfsbrücke im Zuge der Biathlon-Loipe (Kdt Vzlt Atzl, 3. Kp)
- 8. – 12.7. Hochfilzen: Bau einer Behelfsbrücke im Zuge der Biathlon-Loipe (Kdt Olt Winkler, 1. PiKp)

Hochfilzen

Zwei Fußgängerübergänge über die Biathlon-Loipe

Abb.: Archiv PiB 2

- 19. – 22.8. Scheffau im Lammertal: Rammen eines zweiwandigen Pfahljochs und Bau einer D-Brücke (52 m) zum Abtransport des Panzerturms im Zuge der Desarmierung der Festen Anlage (Kdt Lt Schinnerl, 1. Kp und TeKp)
- 2. – 4.9. Abbau der D-Brücke (Kdt Olt Winkler)
- 9. – 13.12. Ramingstein: Behelfsbrücke über die Mur (Kdt Lt Gann, 3. Kp)

Teilnahme an Kursen:
- 2. – 6.12. Obstlt Schneider nahm als erster österreichischer Offizier am 18. „ENTEC Battalion Commander Course" beim European Nato Training Engineer Center (ENTEC) an der Pionierschule in München teil.

Scheffau im Lammertal

Diese D-Brücke über die Lammer ermöglichte den Abbau der Festen Anlage.

Ramingstein

Behelfsbrücke mit einem Joch und Eisbrecher über die Mur

1997

Assistenzeinsatz im Burgenland:
- 18.2. – 20.3. (2. Kp)
- 27.12. – 22.1.1998 (1 AssZg)

Katastropheneinsatz:
- 8. – 12.4. Uttendorf, Stubachtal: Sicherungsarbeiten nach Felssturz. In der Nacht auf Palmsonntag stürzten etwa 100 m³ Gesteinsmaterial auf die Straße zum Enzinger Boden. Ein Ehepaar wurde getötet, mehrere Personen wurden schwer verletzt. (Kdt Olt Lidy, 15 Mann 2. Kp)

Uttendorf

Die herabstürzenden Felsmassen zermalmten einen PKW.

Als erste Maßnahme säubern die Pioniere den Hang von Wurzelstöcken und losem Gestein.

Uttendorf

Im steilen Gelände werden Entlastungsgerinne zur Ableitung des Wassers angelegt und Steckeisen eingebohrt, …

… an denen Fangnetze montiert werden, um herabfallendes Gestein aufzufangen.

Hänge bleiben in Bewegung
Pioniere leisten Assistenzeinsatz im Stubachtal — Bruck: Hofzufahrt vermurt

UTTENDORF (SN-heba). Und sie bewegen sich noch. Immer wieder. Frost, Regen, Schnee, Tauwetter. Die Wetterkapriolen der vergangenen Tage ließen im Pinzgau zahlreiche Berghänge talwärts wandern. Folge: verlegte Straßen, unpassierbare Hofzufahrten, zum Teil gefährdete Wohnhäuser.

Kurt Reiter, Katastrophenschutz-Referent der BH Zell am See, sah und sieht sich an vielen Fronten kämpfen.

Im Stubachtal tut er es seit Mittwoch früh gemeinsam mit 15 Soldaten des Pionierbataillons 2. Die rückten an, um gemeinsam mit ÖBB- und Bergrettungsmännern die Stubachtalstraße zu sichern.

Dort prasselten am Palmsonntag 5000 Kubikmeter Geröll ins Tal.

Weitere Regenfälle lassen Auswaschungen und eine neuerliche Verschüttung der Straße befürchten. Die Pioniere bohren deshalb im steilen, unwegsamen Gelände Künetten, setzen Steckeisen, leiten das Oberflächenwasser mit Sandsäcken um. Die Stubachtalstraße ist nicht nur Lebensader des Weißsee-Skigebietes.

Sie verbindet auch die Ortsteile Schneiderau, Enzingerboden und die ÖBB-Kraftwerksanlagen mit Uttendorf. In diesen beiden Ortsteilen leben sechzig Menschen, darunter auch neun Schulkinder.

In Hinterglemm (Schwarzachergraben) bedrohen 600 Kubikmeter labil geschichteter Fels den Güterweg Gerstreit, der mehrere Häuser und Höfe erschließt. In Diensten tut sich im Umfeld des Sägewerks Feroli durch eine Hangrutschung Gefahr für ein Bauernhaus auf.

Und: Sowohl Kräutlbauer Peter Eder als auch Gernangerbauer Franz Gasser in Bruck (St. Georgen) sind, nach einem Murenabgang, ohne Hofzufahrt.

Die 15 Soldaten des Pionierbataillons 2 mußten sich mühsam in ihr Einsatzgebiet vorarbeiten. Der Assistenzeinsatz dauert vermutlich bis Freitag. Bild: SN/Heinz Bayer

Salzburger Nachrichten vom 10. April 1997

Abb.: Archiv PiB 2

Hilfeleistung:

- 18. – 22.8. Weißenkirchen im Attergau: Bau einer Krainerwand für das neue Feuerwehrzeughaus der freiwilligen Feuerwehr (Kdt StWm Prommegger, 2. Kp)

Besuche:

- 23.8. Besuch des Ausbildungszentrums für Bauinstandsetzung-Pioniere der Bundeswehr in Münchsmünster bei Ingolstadt durch KKdt Lagler in Begleitung von BaonKdt Obstlt Schneider und Hptm Breitfuß (S 3)
- Eine Offiziersdelegation aus der Schweiz besuchte das Zugsgefechtsschießen der 3. Kp in Hochfilzen.

Weißenkirchen im Attergau

Durch diese Krainerwand konnte ein ebener Vorplatz für das Feuerwehrzeughaus geschaffen werden.

Abb.: Archiv PiB 2

1998

Organisatorische Unterstützung:
- 17. – 20.6. Salzburg: Papstbesuch
  - Aufstellung von ca. 1.500 Bänken am Kapitelplatz
  - Auf- und Abbau von ca. 700 Absperrgittern im Bereich des Domes (2. Kp)
- 3. und 7.9. Salzburg: EU-Außenministerkonferenz. Bau von drei Tribünen und zwei Plattformen (2. Kp)

Salzburg

Plattform aus Alu-Brückengerät am Salzachufer

Tribüne auf dem Domplatz

Abb.: Archiv PiB 2

Wegbereiter, Brückenbauer, Helfer in der Not

- 18. – 20.5. Hochfilzen: ULV-Übung. Personelle und materielle Unterstützung der Verbundgesellschaft beim Aufstellen von Strommasten nach Annahme einer durch Sabotage zerstörten 220 KV Leitung im hochalpinen Gelände (Kdt Olt Schinnerl, 1. Kp)
- 17.6. Angehende JuristInnen des Instituts für Völkerrecht der Universität Salzburg besuchten auf Initiative von Olt Mag. Jochen Rehrl das PiB 2, um sich über moderne Minenkriegführung informieren zu lassen.

Hochfilzen

Heereshubschrauber transportierten das Material, Pioniere stellten die Masten auf.

Mjr Breitfuß (l.) und Olt Mag. Jochen Rehrl (r.) mit den angehenden JuristInnen vom Institut für Völkerrecht

Abb.: Archiv PiB 2

Das Salzburger Pionierbataillon

Brückenbau:
- 5./6.5. Wals: Erneuerung der Mühlbachbrücke (Kdt OStv Moser, 1. Kp)

Fähreneinsatz:
- 27.6. – 6.7. Beistellung einer Fähre zum Ausbaggern einer Fahrrinne für die geplante Personenschifffahrt zwischen Mattsee und Obertrumersee (Kdt Olt Schinnerl, 1. und teKp, Fährenkommandant OStv Moser)

Teilnahme an Kursen im Ausland:
- 1. – 6.2. Hptm Gann und Hptm Czerny am „ENTEC Company Commander Course"
- 9. – 13.2. Olt Koch am „Platoon Leader Course" an der Pionierschule der Deutschen Bundeswehr in München

Wals

Die fertige Brücke und ihre „Erbauer"

Obertrumersee-Mattsee: Eine zivile Baumaschine auf einer Pionierfähre baggert eine Schifffahrtsrinne zwischen Obertrumersee und Mattsee frei.

Obertrumersee-Mattsee

Der Übergang vom Mattsee zum Obertrumersee wird verbreitert.

Zur Kennzeichnung der Fahrrinne werden beiderseits Pfähle gesetzt.

1999

Mit 1. April erfolgte die Eingliederung der PiKp/StbB 4 (bis 1994 5. Kp/LWSR 44) (KpKdt Olt Eckl) ins Pionierbataillon als 4. Kompanie. Sie verblieb weiterhin in der Kremstalkaserne in Kirchdorf (OÖ) disloziert.

Kader der 4. Kompanie:

KpKdt:	Olt ECKL Johann	Kdt II. PiZg:	OStv SCHEDLBERGER Friedrich
stvKpKdt:	Olt KAIN Herbert	stvKdt II. PiZg:	StWm REICHENPFADER Wolfgang
Kdt KdoGrp:	Vzlt FÖTTINGER Harald	Kdt 1. Grp:	Kpl SANGLHUBER Daniel
Erk&VermUO:	Vzlt HERZOG Rudolf	Kdt 2. Grp:	Wm HACKL Dietmar
FMUO:	Wm SANDMAIR Walter	Kdt 3. Grp:	Wm FEICHTINGER Markus
DfUO:	Vzlt SCHILLER Christian	Kdt III. PiZg:	Vzlt BUCHEBNER Karl
WiUO:	Vzlt HUEMER Ernst	stvKdt III. PiZg:	OStv MICKLA Anton
NUO:	Vzlt MAIRINGER Gerhard	Kdt 1. Grp:	Wm ASCHAUER Erwin
KUO:	Vzlt REDER Franz	Kdt 2. Grp	Wm KAO Pon Lok
KzlUO:	Kpl GOTTLIEB Peter	Kdt teZg:	Vzlt FREIMÜLLER Leopold
PiGerUO:	OStWm KIMBERGER Herbert	stvKdt teZg:	Wm MANZENREITER Werner
Kdt I. PiZg:	Vzlt WOLDRICH Reinhold		
stvKdt I. PiZg:	StWm BLUMENSCHEIN Josef		
Kdt 1. Grp:	Zgf WURM Christian		
Kdt 2. Grp:	Wm GSCHWANDTNER Markus		
stvKdt 3. Grp:	Kpl TRETTER René		

Assistenzeinsatz im Burgenland:
- 23.2. – 25.3. (1. Kp: 1 AssZg, Andau)
- 10.8. – 23.9. (2. Kp)
- 16.12. – 27.1.2000 (1. Kp, Güssing)

Katastropheneinsätze:
- 16. – 23.2. Haunsberg: Eine breitflächige und tiefgehende Hangrutschung am Westhang des Haunsberges bedrohte die Straße und die Lokalbahn. Der Bezirkshauptmann von Salzburg-Umgebung, HR Mag. Reinhold Mayer, vormals Kdt der 3. PiKp(mob)/PiB 3, forderte Assistenz an. Einbau von Wasserkästen und Verlegen von ca. 2.000 m Kabelschutzsträngen (Kdt Olt Schinnerl, 1 Zg 1. Kp)
- 12. – 22.7. Bad Hofgastein: Aufarbeiten von Lawinen-Schadholz (327 fm), das im Scheiblinggraben eine Verklausung bildete (Kdt Hptm Gann, 2. Kp)

Bad Hofgastein

Das von der Lawine mitgeführte Holz blieb im Graben liegen.

Das geborgene Holz wurde am Grabenrand für den Abtransport gestapelt.

Abb.: Archiv PiB 2

- 27.5. – 15.7. Vorarlberg: schwere Unwetter und Überschwemmungen verursachten enorme Schäden. Durch das PiB 2 wurde
    - die 4. PiKp aus Kirchdorf (Kdt Olt Eckl) (mit unterstelltem Panzer-Pionierzug des PzStbB 4) eingesetzt sowie
    - eine Pioniererkundungszelle (Kdt Mjr Arnreiter) beim Einsatzstab MilKdo V gebildet, die den Einsatz der Pionierkräfte koordinierte.

Folgende Aufgaben waren zu erfüllen:
    - Beseitigung von Verklausungen entlang der Bregenzer Ache
    - Abstockungen zur Hangentlastung im Montafon (100 fm)
    - Sprengen einer Verklausung in Schruns
    - Bau von drei Behelfsbrücken (75 m) und von Krainerwänden
    - Errichtung einer Wasserleitung (1.500 m)

Das Salzburger Pionierbataillon

308

Sibratsgfäll

Bartholomäberg

Krainerwand Bartholomäberg

Abb.: Archiv PiB 2

Wegbereiter, Brückenbauer, Helfer in der Not

Damm in Bregenz

Wasserleitung Bartholomäberg

Bartholomäberg-Mühlbachgraben

Abb.: Archiv PiB 2

Schruns

Verklausung

Egg

Brücke im Bau
(Kdt Vzlt Buchebner)

Die fertige Brücke in Egg

Abb.: Archiv PiB 2

Wegbereiter, Brückenbauer, Helfer in der Not

Schoppernau

Einheben der Träger durch einen zivilen Kran (Kdt OStv Buchmaier, PzStbB 4).

Die fertige Brücke in Schoppernau

Schoppernau dankt dem Bundesheer.

Abb.: Archiv PiB 2

Das Salzburger Pionierbataillon

Brückenbau:
- 22. – 26.3. Oberburgau am Mondsee: Rammen eines Bootsanlegesteges für den Österreichischen Zivilinvalidenverband; Errichtung durch Kaderpersonal der 1. PiKp (Kdt StWm Wimmer)
- 24. – 28.5. Grabensee: Rammen eines Bootsanlegesteges (Kdt StWm Meindl, 1. PiKp, 1 PiZg)
- 29.3. – 14.4. Gradnteich bei Micheldorf: Errichtung eines Fußgängersteges (20 Piloten). Dies war das erste Projekt der 4. PiKp unter dem Kdo des PiB 2 (Kdt Olt Eckl, OStv Schedlberger, 23 Mann, 4. Kp)
- 26.4. – 6.5. Hintersee: Behelfsbrückenbau und Wegverbreiterung (Kdt Hptm Czerny, 3. Kp)
- 26. – 30.7. Hallein: Bau einer D-Brücke (40 m) als Umfahrung für die Altstadt über die Pernerinsel während der Renovierungsarbeiten an der Stadtbrücke. Der Vorschub erfolgte wie bereits 1991 über eine 50 t-Fähre mit aufgebauter D-Brücke als Behelfsunterstützung. (Kdt Hptm Czerny, 3. Kp)
- 14./15.9. Rauris: Bau einer D-Brücke (21,4 m) für eine Umfahrungsstraße (Kdt Hptm Czerny, 3. Kp)

Oberburgau am Mondsee

Bootsanlegesteg am Mondsee für den Zivilinvalidenverband

Hallein

Die Brücke ist bereit zum Vorschub.

Abb.: Archiv PiB 2

Hallein

OStv Wolfsgruber überprüft die Sicherheit.

Salzburger Nachrichten — THEMA — Freitag, 30. Juli 1999

41 der rund 90 Flüchtlinge aus dem Kosovo, die in der Rainerkaserne vorübergehend eine Bleibe fanden, kehren heute in ihre Heimat zurück. Tausende Minen sowie in Radios, Büchern und Flaschen versteckte Sprengfallen lauern. Besonders gefährdet sind Kinder, die meist die „Spielsachen" neugierig aufheben. Um die Überlebenschance zu vergrößern, schulten Soldaten des Bundesheeres die Heimkehrer.

Von Ursula Kastler

Was wird den Burschen zu Hause erwarten? Die Gefahr einzuschätzen, Minen rechtzeitig zu erkennen und dann richtig zu handeln, das zeigten Männer des Pionierbataillons 2 den Heimkehrern.
Bilder (3): SN/Ursula Kastler

Minenschulung: Der Tod lauert im Gras

26.000 Tote und Verletzte

Alle 15 Minuten stirbt auf dieser Welt ein Mensch durch Minen. 26.000 Tote und Verletzte werden pro Jahr registriert. 5400 Opfer müssen verstümmelt leben. Jedes vierte Minenopfer ist ein Kind. Minen können durch Druck, Entlastung, Zug, durch Geräusche, Licht und Schatten oder durch Vibrationen ausgelöst werden. Die Herstellung einer Mine kostet rund 410 S. Die Räumung 4000 bis 11.000 S.

Abb.: Archiv PiB 2

SALZBURG (SN). Der Schlaf sitzt den Kindern noch in den dunklen Augen. Brav fädeln sie sich Donnerstag früh zwischen den Erwachsenen auf den Holzbänken im Leersaal der Rainerkaserne auf. So richtig ernst klingt der Vortrag von Helmut Breitfuß vom Pionierbataillon 2 für ihre Ohren noch nicht.

Doch was an diesem Tag in der Geborgenheit der Kaserne fern zu sein scheint, kann morgen bitterste Realität werden. „Ihr Land wird derzeit von Minen geräumt. Doch es kann passieren, daß Sie im Wald oder im Garten Minen finden. Greifen Sie sie nicht an", schärft Breitfuß seinen Zuhörern als erstes ein. Dann schiebt er Schreckensfolie für Schreckensfolie in den Overhead-Projektor. Panzerminen sind leicht zu erkennen, sofern sie offen im Gelände liegen. 20 mal 20 bis 30 mal 30 cm groß mit sichtbaren Zündern. „Meist sind Minen aber getarnt, mit Gras, Sand, Zweigen oder eingegraben. Man darf sie nicht wegziehen oder draufsteigen, sonst ist man sofort tot — bis zu einem Umkreis von 50 Metern."

Heimtückisch sind auch kleine grüne Schützenminen. Sie werden nicht ausgelegt, um zu töten, sondern um das Opfer schwer zu verletzen. Manchmal seien Handgranaten unten an einem Plock angebracht,

Jeden Schritt vorsichtig abtasten, markieren und sichern: so muß man sich zentimeterweise und langsam aus einem Minengebiet bewegen.

klärt Breitfuß auf. Ziehe man den Holzstab aus der Erde, gehe alles in die Luft. Springminen hüpfen hüfthoch auf, explodieren dann und lassen Tausende Splitter in den Körper eindringen. Dann warnt er: „Nähern Sie sich Ihrem Haus nur vorsichtig. Vermint sind Wasserstellen, Brücken, Rohre unter den Straßen, Rastplätze. Greifen Sie kein Fernsehgerät oder Radio an, das unversehrt in einem zerstörten Haus steht. Es könnte eine Sprengfalle sein."

Draußen, im Gelände lernen die Heimkehrer, wie man sein Leben rettet, wenn man auf vermintem Boden geraten ist. Zentimeter für Zentimeter muß das Erdreich unter jedem Schritt mit einem Holzstück in 30-Grad-Haltung abgetastet werden. Ungefährliche Stellen werden mit Zapfen oder etwas anderem markiert, dann der nächste Schritt gesetzt. So ein Weg in die Sicherheit kann Stunden dauern. Jeder Tritt daneben den Tod bringen.

Schulung von Kosovo-Flüchtlingen im Minenräumen durch PiB 2 (Kdt OStv Moser).
Salzburger Nachrichten vom 30. Juli 1999

Das Salzburger Pionierbataillon

Teilnahme an Kursen und Übungen im Ausland:
- 7. – 12.2. Lt Dax am „ENTEC Company Commander Course" in München
- 12. – 23.4. OStv Moser am „ENTEC Instructor Course" in München
- 5. – 19.6. Drei Offiziere (Mjr Wurm, Mjr Breitfuß und Hptm Lidy) und drei Unteroffiziere (Vzlt Föttinger, OStv Moser und Wm Peer) an der PfP-Übung „Barents Peace 99" in Nordnorwegen
- 8. – 12.11. „Rheintal 99" – binationale Stabsrahmenübung gemeinsam mit der Schweizer Armee

Erweiterung der Infrastruktur des Bataillons:
Durch den Verkauf des Industriegeländes der Schwarzenbergkaserne verlor das PiB Lagerraum. Als Ersatz übergab Verteidigungsminister Fasslabend dem Bataillonskommandanten Obstlt Schneider drei neu errichtete Hallen im Nordteil der Kaserne.

Salzburger Pioniere am Nordkap

(v. l.) OStv Moser, Wm Peer und Vzlt Föttinger

Schlüsselübergabe an den Kommandanten

2000

Die Technische Kompanie erhielt einen Minenverlege-Zug, bestehend aus:
- 1 Zugtrupp und
- 3 selbstständig einsetzbaren Gruppen mit je zwei Verlegeeinheiten

Assistenzeinsatz im Burgenland:
- 22.8. – 5.10. (1. Kp)
- 28.12. – 8.2.2001 (3. Kp)

sLKW mit Minenleger 90

Abb.: Archiv PiB 2

Katastropheneinsätze:
- 8. – 17.8. Alberndorf, Bez. Freistadt (Kdt Olt Kain, 4. Kp):
  - Beseitigung von Verklausungen (Kdt Vzlt Woldrich)
  - Errichtung einer Wehranlage
  - Bau eines Fußgängersteges über den Bürstenbach (Kdt Wm Gschwandtner)
  - Bau einer Alu-Brücke (14,4 m)
- 17. – 22.8. Kefermarkt (Kdt Vzlt Föttinger, 4. Kp):
  - Beseitigung von Verklausungen
  - Bau einer Behelfsbrücke (12 m)
- 29.9. – 7.10. Krispl: Felssturz (Kdt OStv Goldmann, 2. Kp)
  - Abstützung eines Felsens (10 x 10 x 4 m), der ein Wohnhaus bedrohte
  - Sicherung des bedrohten Wohnhauses mit Strohballen
  - Errichtung einer Holzwand zum Auffangen der Steine
  - vorsichtige Zerkleinerung des Felsens mit Hilfe eines Quellmittels (Betonamit)
- 12. – 14.9. Weyer an der Enns: Beseitigung einer durch Sturm entwurzelten Baumgruppe in extrem steiler Lage durch Sprengung (Kdt Vzlt Herzog, 4. Kp). Zivile Firmen hatten die Übernahme dieser Arbeit abgelehnt.

Das Salzburger Pionierbataillon

Alberndorf

Die Alu-Brücke als Zufahrt zu einem abgeschnittenen Gehöft

Pioniere sichern Felsen ab

KRISPL Am Mittwoch vergangener Woche kam es beim „Bonwandl" in der Nähe der Mitterhausleiten-Siedlung zu einem Felssturz, bei dem eine 1,5 Kubikmeter große Felsplatte abrutschte und in umittelbarer Nähe zu einem Wohnhaus liegen blieb. Die Felsplatte war Teil eines stark zerklüfteten 40 Kubikmeter großen Felsens.

Weil weitere Felsstürze drohten, ersuchte die Bezirkshauptmannschaft Pioniere des Bundesheeres um Assistenzleistung. Am Freitag begannen die Soldaten des Pionierbataillons 2 aus der Walser Schwarzenbergkaserne mit ersten Sicherungsarbeiten.

Der Einsatz wird voraussichtlich bis Ende der kommenden Woche dauern. Diese Woche stützen die Pioniere überhängende Felsteile ab und bauen rund um ein Wohnhaus 300 Strohballen als Schutz vor herabstürzenden Felsbrocken auf. Gleichzeitig hebt eine zivile Firma zwischen Gebäude und Felsen einen Graben aus, in dem abrutschendes Gestein liegen bleiben soll.

In der nächsten Woche räumen die Pioniere den zerklüfteten Felsen ab.

Tennengauer Nachrichten vom 05.10.2000

Tennengauer Nachrichten vom 5. Oktober 2000

Krispl

Der absturzgefährdete Fels wird mehrfach abgestützt …
v. l. Obstlt Schneider, Hptm Gann, OStv Goldmann

… und mit Hilfe eines Quellmittels vorsichtig zerkleinert.

Ein Bagger hebt die zerkleinerten Felsen ab.

Weyer an der Enns

Die entwurzelten Bäume werden zur Sprengung vorbereitet.

Das Salzburger Pionierbataillon

Brückenbau:
- 15.– 24.2. Grabensee: Schlagen von 16 Piloten (Kdt OStWm Meindl, 1. Kp)
- 13. – 16.11. Aualm: Bau einer Behelfsbrücke (Kaderfortbildung 2. Kp, Kdt StWm Stadlmayr)

Bailey-Lehrgang in den Niederlanden:
- 15. – 27.10. Teilnahme von OStv Zaufl an einem Ausbildungskurs für die Bailey-Brücke an der Pioniertruppenschule der niederländischen Armee in Vught gemeinsam mit sechs Deutschen, vier Niederländern und einem Unteroffizier der PiTS

Aualm

Schulmäßiger Behelfsbrückenbau durch die jungen Kadersoldaten

2001

Das PiB 2 erhält die „Brücke 2000", ein Faltfestbrückensystem der Firma „Eurobridge Mobile Brücken GmbH" in Friedrichshafen mit einer Spannweite von bis zu 40 m MLC 70. Es ist dies das modernste in Europa verfügbare Brückensystem.

Eine Brückeneinheit (40 m) besteht aus einem Verlegefahrzeug und vier Brückenfahrzeugen.

Verteidigungsminister Herbert Scheibner übergibt die erste Brückeneinheit an den Kommandanten des PiB 2, Obstlt Schneider.

Auf die Brückenübergabe wird mit einem Glas Sekt angestoßen, das durch den Brückenkran serviert wird – eine Demonstration der Präzision von Kran und Kranbedienung.

Abb.: Archiv PiB 2

Das Salzburger Pionierbataillon

Assistenzeinsatz im Burgenland:

- 4.9. – 18.10. (1. Kp)

Fähreneinsatz:

- 26. – 28.2. Hallein: Zur Mithilfe beim Abtragen der Hilfskonstruktion für die Colloredo-Brücke wurde eine 25 t-Fähre beigestellt, mit welcher die abgetrennten Konstruktionsteile ausgefahren wurden. (Kdt StWm Emig, 3. Kp)

Brückenübergabe

Die Flatfahrer (= Fahrer der Brückenfahrzeuge) nützten die Gelegenheit, sich mit Verteidigungsminister Scheibener fotografieren zu lassen.

Hallein

Die Fähre übernimmt – unter der abzubauenden Brücke – die abgetrennten Konstruktionsteile, der Kran hebt sie von dort heraus.

Brückenbau:
- 17. – 19.7. Annaberg: Bau einer Bailey-Brücke (30,5 m, zweistöckig, zweiwandig) über die Lammer als Baustellenzufahrt (Kdt StWm Stadlmayr, 2. Kp)
- 24. – 27.7. Jeging: Bau von zwei Behelfsbrücken über die Mattig (Kdt OStv Goldmann, 2. Kp)
- 30.7. – 1.8. Klösterle (V): Bau einer D-Brücke (7 Felder). Errichtung einer Notbrücke für Fußgänger für das Konzert der Klostertaler (50 Mann)
- 6.8./7.8. Klösterle: Abbau der D-Brücke (50 Mann)
- 17. – 19.9. Aschach-Brandstatt: Abbau einer D-Brücke (Kdt Hptm Eckl, 4. Kp)
- 5. – 16.11. Hallein: Abbau der D-Brücke (Kdt Olt Dax, 1. Kp)
- Bau von Brücken und Krainerwänden auf dem TÜPl Aualm (Kdt StWm Stadlmayr, 2. Kp, 32 Mann)

Jeging

Mattig-Brücke

Hallein

Wie der Aufbau der D-Brücke …

Hallein

… erfolgte auch der Abbau über eine schwimmende Zwischenunterstützung.

Aualm

Eine mächtige Krainerwand zur Hangsicherung – ein schönes Bauwerk

Hilfeleistungen:
- 23. – 25.8. Losenstein (Kdt Hptm Eckl, 4. Kp): Ein Felsen (100 x 120 x 130 cm), der in ein Haus gestürzt war, wird mit einem Quellmittel (Demex) zerlegt. (Kdt Vzlt Föttinger)
   - Sicherung eines durch Steinschlag bedrohten Hauses mit Hilfe von Panzerigeln (Kdt Vzlt Buchinger)
   - Bau einer Steinschlagsicherung mit Stahlnetzen (Kdt Vzlt Herzog)
- 13./14.10. Klaus-Steyrling (Kdt Hptm Eckl, 4. Kp):
   - Sicherungsmaßnahmen für ein durch Felssturz gefährdetes Haus (Vzlt Herzog, Vzlt Föttinger, Vzlt Huemer)
   - Setzen von Felsankern, an denen Stahlnetze verankert wurden

Losenstein

Panzerigel schützen das Haus vor Steinschlag.

Die absturzgefährdeten Felsen werden mit Stahlnetzen und Stahlseilen gesichert.

Klaus-Steyrling

Einbohren der Felsanker mit Hilfe des Gesteinsbohrgeräts Cobra; links StWm Reichenpfader

- Krimmler Achental: Suche von Metallmarkierungen:

1996 waren von der Universität Salzburg 20 Felder zu wissenschaftlichen Langzeitstudien über die Flora markiert worden. Im Laufe der Zeit waren die Metallmarkierungen im Boden verschwunden. Mit Hilfe von Minensuchgeräten konnten sie wieder lokalisiert werden. (Kdt OStv Goldmann)

Besuch aus Tschechien:
- 22. – 26.10. Besuch von fünf Offizieren und zwei Unteroffizieren vom 2. Zenji Prapor (Pionierbataillon) der tschechischen Armee unter Führung von Obstlt Vaclav Vackar beim PiB 2.

Krimmler Achental

OStv Goldmann und ein Rekrut suchen die Metallmarkierungen.

2002

Bedingt durch die Auflösung der Korpskommanden wurde das PiB 2 mit Wirkung Juli 2002 dem Kommando der 6. Jägerbrigade in Absam unterstellt.

Organisatorische Unterstützung:
- 1. – 3.7. Europäischer Wirtschaftsgipfel in Salzburg

Assistenzeinsatz an der Ostgrenze:
- 19.2. – 6.4. Burgenland (3. Kp)
- 27.6. – 8.8. Burgenland (4. Kp)
- 17.9. – 31.10. Niederösterreich – Slowakische Grenze (2. Kp)

Taucheinsätze:
- 4. – 8.2. Salzburg: Zur Gewährleistung eines sicheren Schiffsverkehrs des Ausflugsschiffes „Amadeus" auf der Salzach mussten die Pioniertaucher mit einer Hydraulikkettensäge 95 Pfahlreste früherer Brücken im Flussbett unter Wasser entfernen. (Kdt OStv Goldmann)
- 4. – 6.10. Goldegg: Durch ausfließendes Heizöl war der Schilfgürtel des Goldegger Sees stark verunreinigt und musste teilweise entfernt werden. Hiezu wurde das Schilf vom Land aus stückweise 1 m tief abgeschnitten. Aufgabe der Pioniertaucher war es, diese verölten Schilfinseln anzuhängen, damit sie mit den Pionierbooten abtransportiert und entsorgt werden konnten. (Kdt Vzlt Essl)

Salzburg

OStv Goldmann (links) und StWm Prommegger bereiten die Hydrauliksäge zum Einsatz vor.

Das Salzburger Pionierbataillon

Salzburg

OStv Goldmann entfernt bodennah die Pfahlreste in der Schifffahrtsrinne der Salzach (Wassertemperatur plus 4 Grad). Vzlt Piber und ein Rekrut unterstützen ihn vom Boot aus.

Goldegg

Pioniere stechen die verölten Schilfteile ab, Vzlt Piber und OStv Goldmann befestigen sie an einem Boot zum Abtransport.

Katastropheneinsätze und Brückenbauten:

Lang andauernde heftige Niederschläge im August verursachten in ganz Österreich schwere Schäden, die den Einsatz aller verfügbaren Teile des Bundesheeres erforderlich machten:

- Thalgau: Bergungsmaßnahmen
- Salzburg:
  - Aufbau einer Notstromversorgung für das Unfallkrankenhaus (Kdt Vzlt Paugger)
  - Beseitigung einer Verklausung an der Nonntaler Brücke (Kdt Vzlt Paugger)
  - Füllen und Legen von Sandsäcken
  - Mithilfe beim Sichern und Bergen des Ausflugsschiffes „Amadeus" (Kdt Vzlt Paugger, TeKp).

Salzburg

Um das „Absaufen" der „Amadeus" zu verhindern, …

… wurde sie durch zwei Bergepanzer gesichert …

… und mit Unterstützung der Pioniere auf den Landesteg gezogen.

Abb.: Archiv PiB 2

Das Salzburger Pionierbataillon

- 12. – 15.8. Hallwang: Beseitigung von Verklausungen (Kdt Olt Koch, 2. Kp)
- 13. – 17.8. Hochfilzen: Beseitigung von Muren und Verklausungen (sPiMaschZg)
- 17. – 28.8. Pesenbachtal bei Bad Mühllacken: Beseitigung von 4 km Verklausungen (Kdt Lt Wirnsberger, 2. Kp)
- 17. – 23.8. Pregarten, Bezirk Freistadt: Beseitigung von Verklausungen, Bau einer Behelfsbrücke (15 m) als Zufahrt zu einem Bauernhof (Kdt StWm Emig, 2. Kp)
- 18. – 24.8. Steyr: Beseitigung von Verklausungen an den Ennsbrücken (Kdt Vzlt Rassi, teKp)

Brückenbau:
- 7. – 10.1. Wartberg (Oberösterreich): Bau einer D-Brücke (33,5 m) (Kdt Lt Gstrein, 1. Kp)
- 22. – 25.4. Roßleiten im Traunviertel: Bau einer D-Brücke (33,5 m). Diese Brücke konnte aus Platzgründen nicht in der Brückenachse errichtet werden, sondern musste seitlich gebaut und dann in ihre endgültige Lage eingeschoben werden. (Kdt Lt Rosenkranz, 4. Kp)

Pregarten

Die Felsen im Bachbett der „Findlingbrücke" wurden als Unterstützung genutzt. Die Pioniere bringen gerade unter dem Kommando von StWm Emig einen weiteren Träger ein.

Wartberg

D-Brücke Wartberg beim Vorschub über die Faltstützen

- 13.8. Filzmoos: Die Schneidlehenbrücke über den Schattbach war durch das Hochwasser zerstört worden. Dadurch war ein Bauernhof mit Ferienwohnungen von der Umwelt abgeschnitten. Mit Hilfe der Brücke 2000 konnte innerhalb weniger Stunden ein Zugang geschaffen werde, über den die eingeschlossenen Feriengäste abreisen konnten. (Kdt StWm Smrekar, teKp)
- 14.8. Bad Mühllacken: Ein ganzer Ortsteil war von der Außenwelt abgeschnitten. Auch hier wurde mit einer Brücke 2000 rasche Hilfe geleistet. (Kdt StWm Peer, teKp) Nach wenigen Tagen wurde sie durch eine D-Brücke ersetzt (Kdt Hptm Czerny mit Kader 3. Kp und Rekr 4. PiKp)
- 15.8. Reichraming: 20 Einwohner waren von der Umwelt abgeschnitten. Auch hier wurde durch den Bau einer Brücke 2000 die kritische Situation binnen kürzester Zeit gemeistert. (Kdt Vzlt Koller)
- 15./16.8. Bad Mühllacken: Bau einer D-Brücke (21 m) (4. Kp)

Bad Mühllacken

Die vom Hochwasser beschädigte Brücke in Mühllacken

Der Kran hebt die Brückenelemente auf den Vorbauträger.

Das Salzburger Pionierbataillon

Bad Mühlacken

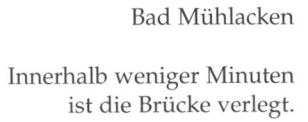

Innerhalb weniger Minuten ist die Brücke verlegt.

Reichraming

Der Vorbauträger wird ausgefahren; links im Bild Kranführer StWm Kalensky

Einheben des Brückenabschnittes

Abb.: Archiv PiB 2

Wegbereiter, Brückenbauer, Helfer in der Not

Reichraming

Einbau der Rampen

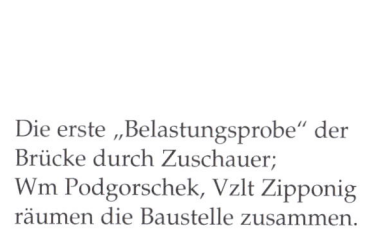

Die erste „Belastungsprobe" der Brücke durch Zuschauer; Wm Podgorschek, Vzlt Zipponig räumen die Baustelle zusammen.

Bad Mühlacken

Vzlt Herzog vor der Brücke

- 14. – 16.8. Faistenau, Hintersee: Hinterleithenbrücke (36,6 m) (Kdt StWm Prommegger, 2. Kp) Im Oktober musste die Brücke um 5,5 m seitlich verschoben werden, um Platz für die neue Betonbrücke zu schaffen. (Kdt OStv Goldmann, 2. Kp)
- 16. – 19.8. Steyerling: Bau einer D-Brücke (21 m) (BrückenUO Vzlt Woldrich, 4. Kp)
- 20. – 26.8. Reichraming: Bau einer D-Brücke (45 m) (Kdt Hptm Czerny mit 4. Kp, Brückenoffizier Lt Rosenkranz)
- 28. – 30.8. Aisttal nördlich von Schwertberg: Bau einer D-Brücke (45 m). Die Stützmauer der Landesstraße war auf einer Länge von ca. 40 m unterspült worden und ins Bachbett gestürzt. Gearbeitet wurde im Schichtbetrieb (06.00 bis 14.00 Uhr und 14.00 bis 22.00 Uhr), damit die Straße möglichst rasch wieder freigegeben werden konnte. (Kdt Hptm Czerny mit Kader 3. Kp und Rekr 4. Kp)
- 9. – 11.9. Großarl: Bau einer D-Brücke (27,5 m) (Kdt Olt Rosenkranz, 4. Kp)
- 9. – 13.12. Lorüns (V): Bau einer D-Brücke (24,4 m) (Kdt OStv Goldmann)
- 9. – 13.12. Egg im Bregenzerwald (V): Bau einer D-Brücke (30,5 m) (Kdt OStv Zaufl)
- 23. – 26.8. Kleinraming: Bau einer Behelfsbrücke (24 m, HLK 4) (Kdt Hptm Czerny 4. Kp)

Windbruch:
- 17.11. – 3.12. Im November 2002 wurde Salzburg von einer Sturmkatastrophe heimgesucht, die schwere Schäden am Waldbestand verursachte. Allein im Bundesland Salzburg waren 1,5 Millionen fm Holz betroffen. Schadensaufarbeitung im Lungau und im Pinzgau (Kdt Hptm Koch, 2. Kp)

Salzburger Nachrichten vom 16. August 2002

Pioniere des Bundesheeres errichteten Hilfsbrücken in Salzburg, so wie gestern, Donnerstag, in Hintersee (Bild). Die Verbindungen waren beschädigt und Menschen von der Außenwelt abgeschnitten worden. Bild: SN/Robert Ratzer

Faistenau

Mit dem Vorbauwagen werden die Fahrbahnplatten eingebracht.

Steyerling

Durch die zahlreichen Einsätze verfügen die Pioniere bereits über viel Erfahrung und Routine im Brückenbau.

Reichraming

Einschub der 45 m langen Brücke über eine Zwischenunterstützung (Faltstütze)

Abb.: Archiv PiB 2

Das Salzburger Pionierbataillon

Aisttal bei Schwertberg

Die D-Brücke überbrückt das unterspülte und abgebrochene Straßenstück im Aisttal.

Die Bevölkerung bedankt sich bei den Soldaten.

Großarl

Der Vorbauwagen erleichtert den Pionieren das Einbringen der schweren Fahrbahnplatten.

Abb.: Archiv PiB 2

Wegbereiter, Brückenbauer, Helfer in der Not

D-Brücke Lorüns

D-Brücke Egg

Ramingstein

Umgestürzte Bäume blockieren die Trasse der Murtalbahn. Salzburger Nachrichten vom 20. Oktober 2002

Abb.: Archiv PiB 2

Das Salzburger Pionierbataillon

2003

Mit Wirkung vom 1. Februar 2003 erhielt das PiB 2 einen neuen Organisations-Plan:

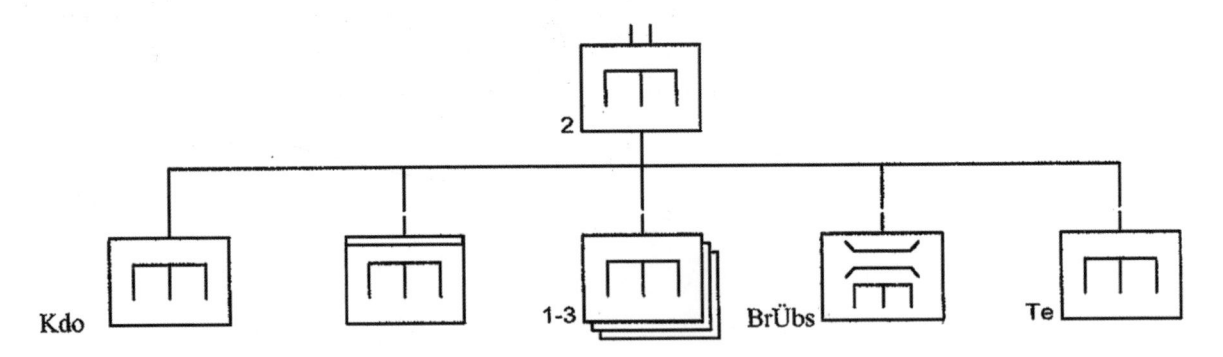

- Bataillonskommando
- Stabskompanie
- 1., 2. und 3. Pionierkompanie
- Brücken- und Übersetzkompanie
- Technische Kompanie

Mit sechs Kompanien hatte das PiB seinen bis dahin größten Umfang und praktisch Regimentsgröße erreicht. Die bisherige 2. Kompanie wurde zur Brücken- und Übersetzkompanie (BrÜbsKp) und mit der Pionier-Brücke 2000 ausgestattet. Die in Kirchdorf in Oberösterreich stationierte bisherige 4. Kompanie wurde zur 2. Kompanie.

Die Brücken- und Übersetzkompanie:
- Kompaniekommando
- Kommandogruppe mit Erkundungs-, Vermessungs- und Tauchtrupp, großem Funksprechtrupp sowie Feldkabeltrupp
- Versorgungsgruppe
- I. und II. Brückenzug mit je einer Pionier-Brücke 2000 (40 m)
- Übersetzzug mit vier Fährentrupps und vier Motorboottrupps
- Pionierzug (gleich wie PiZg der PiKp)

Die Technische Kompanie:
- Kommando- und Versorgungsgruppe
- Pioniermaschinenzug
- Minenverlegezug
- Minenräumzug
- Pioniergerätezug

Organisatorische Unterstützung:
- 22./23.5. 10. Zentraleuropäischer Präsidentengipfel
- 23.6. – 1.7. Bregenz: Im Rahmen der Veranstaltung „Aquarama – Fest der Flüsse und Seen" wurde die Brücke 2000 als Zugang zu einer 38 m vor dem Ufer verankerten 35 t-Sonderfähre gebaut, auf der eine Bar eingerichtet war. (Kdt Vzlt Koller, BrÜbsKp)

Assistenzeinsatz an der Ostgrenze (Burgenland/Niederösterreich):
- 20.5. – 10.7. (BrÜbsKp und teKp, Oberpullendorf)
- 8.7. – 21.8. (BrÜbsKp und teKp, Ebenthal)
- 30.9. – 11.11. (BrÜbsKp und 3. PiKp, Hohenau/Zwerndorf)
- 18.12. – 29.1.2004 (2. PiKp, Andau)

Bregenz

Der Vorbauträger wird ausgefahren.
Vzlt Koller setzt den Uferbalken auf der Insel auf.

Die Brücke zur Bar „Unsinkbar"

Abb.: Archiv PiB 2

Hilfeleistungen:
- 5. – 14.5. Kendlbruck, Madling im Lungau: Aufarbeiten eines Windbruchs. Die Arbeiten wurden durch die Tatsache erschwert, dass sich in Kendlbruck unterhalb des Einsatzortes Häuser befanden und in Madling im Gefährdungsbereich die Murtalbahn vorbeiführte. (Kdt Olt Dax, 1. Kp)
- 23. – 27.6. Scharnstein: Mithilfe bei der Generalsanierung der Burgruine durch Anbringen eines Hängegerüsts aus Alu-Leitern an der Wehrmauer und an den Felsfundamenten (Kdt Vzlt Föttinger, Vzlt Huemer 2. Kp, Kaderfortbildung)
- 24./25.9. Hinterstoder: Steinsprengungen zur Sicherung der Stodertaler-Straße (Kdt Olt Rosenkranz, 2. Kp)

Scharnstein

Zur Sanierung der Burgmauern war ein aufwändiges Hängegerüst erforderlich.

Kendlbruck

Entwurzelte Bäume und lose Wurzelstöcke gefährdeten den Ort …

... und mussten mit Stahlseilen gesichert werden.

Brückenbau:

- 11. – 13.3. Molln: Erneuerung eines Fußgängersteges (18 m) über die Krumme Steyrling (Kdt StWm Reichenpfader, 2. Kp)
- 20.3. Micheldorf: Erneuerung der durch das Hochwasser 2002 stark beschädigten Viehdurchlass-Brücke über die Krems neben der B 138. Diese Brücke war bereits 1985 durch Kirchdorfer Pioniere errichtet worden. (Kdt StWm Reichenpfader, 2. Kp)
- 21. – 24.7. Großarl: Abbau der D-Brücke (27,4 m) (Kdt Olt Wirnsberger, BrÜbsKp)
- 28. – 30.7. Hintersee: Seitliches Verschieben der D-Brücke (36,6 m) (Kdt Olt Koch, BrÜbsKp)
- 25. – 27.8. Radstadt: D-Brücke über die Taurach für die Dauer des Neubaus der permanenten Brücke (24,4 m) (Kdt Olt Koch, BrÜbsKp)

Großarl

Die D-Brücke wird zum Abbau gehoben …

Das Salzburger Pionierbataillon

... und zurückgeschoben.

Hintersee

Um für den Neubau einer permanenten Brücke durch die Salzburger Landesregierung Platz zu schaffen, ...

... musste die D-Brücke seitlich verschoben werden.

Abb.: Archiv PiB 2

Wegbereiter, Brückenbauer, Helfer in der Not

Radstadt

Die fertig eingeschobene Brücke. Die Rampen wurden anschließend durch die Straßenbauverwaltung geschüttet.

Teilnahme an Kursen im Ausland:
- Olt Rosenkranz am „ENTEC Company Commander Course" in München

Neugestaltung des Traditionsraumes:

Im Rahmen des Traditionstages am 17. Oktober wurde der von Mjr Huber und Vzlt Rassi neu gestaltete Traditionsraum durch den Kommandanten der Landstreitkräfte, GenLt Mag. Entacher, und Obst Schneider eröffnet.

Das Salzburger Pionierbataillon

Kommandoübergabe:

Am 1. November wurde Obstlt Josef Schnöll zum neuen Kommandanten des PiB 2 bestellt. Obst Werner Schneider, BKdt seit 1995, wurde als Pionieroffizier ins Kommando Landstreitkräfte berufen.

Offiziersstellenbesetzung:

Kdt PiB 2	Obstlt Josef Schnöll	Kdt 1. PiKp	Olt Ingo Gstrein
S3 & stvKdt	Mjr Günther Gann	Kdt 2. PiKp	Olt Klaus Rosenkranz
S2 & KO	Mjr Bernd Huber	Kdt 3. PiKp	Hptm Andreas Hofer
S1 & S5	Hptm Herbert Kain	stvKdt 3. PiKp	Olt Dominik Höllbacher
PiTePlO	Hptm Johann Eckl	Kdt teKp	Olt Markus Schuller
TO & stv S4	Olt Arno Wenzl	stvKdt teKp	Lt Birgit Jedinger
Kdt StbKp	Hptm Christian Dax	Kdt BrÜbsKp	Olt Andreas Koch
		stvKdt BrÜbsKp	Olt Erwin Wirnsberger

Der Brigadekommandant Obst Konzett übergibt dem neuen Kommandanten die Standarte.

2004

Aufstellung des KIOP-Zuges (KIOP = Kräfte für internationale Operationen): Mit 1. März 2004 erhielt das PiB 2 den Auftrag, einen Zug in der Stärke von 35 Mann aus längerdienenden Kadersoldaten für internationale Einsätze aufzustellen (I. Zg der 1. Kp). Erster KIOP-Soldat des Österreichischen Bundesheeres war Rekrut Peter Gstrein, der Sohn von Vzlt Bernhard Gstrein. Bis Ende des Jahres war der Zug zu 100 % mit Längerdienenden befüllt.

Oberösterreichische Nachrichten
vom 4. März 2004

Peter Gstrein, Gefreiter beim Pionierbataillon 2 in Salzburg: „Wenn es zu einem Einsatz kommt, gehe ich. Dafür werden wir schließlich ausgebildet." Bilder: SN/reich

Stand by für Kampfeinsatz
Pionierzug aus Salzburg beginnt Training für EU

SALZBURG (SN-reich). Der Salzburger Peter Gstrein (19) hat sich am 28. November als erster Soldat des Bundesheers freiwillig für „Kiop" gemeldet. Die vier Buchstaben stehen beim abkürzungsbegeisterten Bundesheer für „Kräfte für internationale Operationen". Rekrut Peter Gstrein wird heute, Montag, mit rund dreißig weiteren Bundesheersoldaten mit dem Einsatztraining beginnen.

Im Oktober müssen die ersten Bundesheer-Einheiten für Kampfeinsätze der EU bereit stehen. Dazu gehört ein Pionierzug. An Freiwilligen herrsche kein Mangel, stellte der Chef des Salzburger Pionierbataillons 2, Josef Schnöll, fest: „Für den 35 Mann starken Pionierzug haben sich achtzig Soldaten aus ganz Österreich beworben".

Die Kiop-Soldaten stehen drei Jahre lang für internationale Einsätze – wie sie etwa EU-Verträge vorsehen – bereit und müssen innerhalb von fünf Tagen startklar sein. Dafür erhalten sie eine monatliche Prämie, 7200 Euro nach den drei Jahren und berufliche Weiterbildungsmöglichkeiten. Anders als bisher müssen damit Soldaten für Auslandsmissionen nicht mehr mühsam zusammengekratzt werden. In den Einsatz werden komplette Einheiten geschickt.

Bis 2005 wird das Heer eine Kompanie (rund 150 Mann) aufbieten, Fernziel ist eine Brigade.

Assistenzeinsatz an der Ostgrenze (Burgenland/Niederösterreich):
- 6.6. – 22.7. (BrÜbsKp und teKp, Hohenau)
- 24.8. – 14.10. (3. PiKp, Ebenthal)

Hilfeleistungen:
- 2. – 4.11. Mithilfe bei der Bomben-Blindgänger-Suche im Bereich des Hauptbahnhofs Salzburg (Kdt OWm Gschwandtner, 1 Grp 3. Kp)

Salzburg

Für die Aufstellung des Bohrgerätes, das im Bereich des Bahndammes Sondierungsbohrungen durchführte, musste an mehreren Stellen ein Stapelgerüst aus Eisenbahnschwellen errichtet werden.

Brückenbau:
- 1. – 3.3. Roßleithen: Bau einer D-Brücke zur Verkehrsaufrechterhaltung während der Erneuerung der Teichlbrücke auf der Pyhrnpassstraße. Erstmals wurde bei diesem Brückenprojekt eine Flachfahrbahn – eine große einteilige Fahrbahnplatte – verwendet. Die Brücke wurde überdies mit einem zusätzlichen, außen befestigten Gehsteig ausgestattet. Die örtliche Feuerwehr unterstützte den Bau durch Beistellung eines Kranes. (Kdt Olt Rosenkranz, 2. Kp)
- 17. – 19.5. Leogang: Bau einer D-Brücke (30,5 m) während der Sanierung der bestehenden Betonbrücke über die Leoganger Ache im Zuge der Hochkönig-Bundesstraße (Kdt Olt Gstrein 2. Kp)
- Juli Lungötz, Aualm: Bau einer Behelfsbrücke (Kdt Lt Jedinger, teKp) sowie eines Flugdaches (Kdt OStv Goldmann, teKp)
- 8. – 11.11. Leogang: Abbau der D-Brücke (Kdt Olt Höllbacher, 3. Kp)
- 15. – 17.11. Roßleithen: Abbau der D-Brücke (Kdt Olt Höllbacher 3. Kp)

Roßleiten

Der Einbau der Flachfahrbahn erfolgt mit Hilfe eines Krans.

Wegbereiter, Brückenbauer, Helfer in der Not

Leogang

Wegen der beengten Platzverhältnisse musste im Bett der Leoganger Ache eine Hünnebeck-Faltstütze als Behelfsunterstützung eingebaut werden.

Lungötz

Das Erstlingswerk von Lt Jedinger ist vollbracht.

Der fertige Carport

Abb.: Archiv PiB 2

Das Salzburger Pionierbataillon

- 10./11.8. Hintersee: Bau einer D-Brücke (30,5 m) im Rahmen der Übung Bridge Raid; sie blieb für die Dauer der Sanierung der permanenten Brücke stehen. (Kdt OStWm Rieder, 3. Kp)
- 29.11. – 1.12. Reichraming: Abbau der D-Brücke (Kdt Olt Rosenkranz, 2. Kp)
- Annaberg: Abbau der Bailey-Brücke (Kdt Hptm Hofer, 3. Kp)

Unterstützung:
- 15.5. Errichtung eines Seilsteges aus Anlaß des Jubiläums „111 Jahre Schulgemeinschaft St. Andrä" (Kdt OStWm Rieder)

Straßenbau:
- 17.5. – 2.6. und 16.8. – 5.11. Hochfilzen-Warmingberg: Um eine Zufahrt für Löschfahrzeuge zum Zielgelände der Panzerschießbahn zu schaffen, wo detonierende Granaten immer wieder Brände auslösten, wurde auf halber Hanghöhe eine neue Straße angelegt. (Kdt OStWm Reischauer, sPiMaschZg/teKp)

Hintersee

Für den Vorschub der D-Brücke war eine Faltstütze erforderlich.

Annaberg

Der Abbau der Bailey-Brücke erfolgte unter extremen Wetterbedingungen; auf der Brücke stehend überwacht StWm Stadlmayr die Arbeiten.

St. Andrä

Der Steg fasziniert die Kleinsten.

Hochfilzen

OStWm Reischauer arbeitet sich mit seinem Hydraulikbagger Samsung durch das steile Gelände auf dem Warmingberg vor.

An einigen Stellen mussten Felsen durch Sprengung beseitigt werden. Wegen der exponierten Lage wurde der Bohrtrupp alpintechnisch gesichert.

Abb.: Archiv PiB 2

Das Salzburger Pionierbataillon

Suche nach vermissten Personen:
- 30.7. Gemeinsam mit Gendarmerie, Wasserrettung und Rotem Kreuz wurde in und an der Salzach im Bereich Oberndorf – leider erfolglos – nach zwei Personen gesucht, die von der Strömung fortgerissen worden waren. (Kdt Vzlt Atzl, 3. Kp, 4 Pionierboote mit Besatzung)

Teilnahme an Kursen und Übungen im Ausland:
- 31.3. – 9.4. Vzlt Johann Atzl an der ABC-Spürausbildung mit scharfen Kampfstoffen bei der tschechischen Armee in Viskov
- Mai Lt Jedinger am „ENTEC Platoon Leader Course" in München
- 4. – 11.7. OStWm Wimmer am Kurs für Kampfmittelbeseitigung im Rahmen des „Engineer Search & Clearance Course" im Camp Curragh in Irland
- 9. – 18.9. Kdt OStWm Emig mit einer PiGrp aus KIOP/KPE Soldaten an der PfP-Übung LIVEX Cooperative Best Effort in Aserbaidschan
- 3. – 8.10. Mjr Gann am NATO-/PfP Staff Officers Course an der NATO-Schule in Oberammergau
- 17. – 22.10. Mjr Gann am „ENTEC Engineer Officer Staff Course" in München
- 22.11. – 3.12. Mjr Huber am Planspiel der Standby High Readiness Brigade (SHIRBRIG) in Saelsmarken, ca. 30 km nördlich von Kopenhagen in Dänemark

2005

Assistenzeinsatz an der Ostgrenze (Burgenland/Niederösterreich):
- 24.2. – 7.4. (2. PiKp, Ebenthal)
- 24.5. – 14.7. (BrÜbsKp, Zwerndorf)
- 11.10. – 24.11. (1. PiKp, Scharndorf, 2 AssZg)

Mit 1. Jänner 2005 wurde das PiB 2 beauftragt, eine aus KIOP-Soldaten bestehende EOD-Gruppe (Explosive Ordnance Disposal = Kampfmittelbeseitigung) in der Technischen Kompanie zu implementieren. Bis Jahresende war das achtköpfige Team bis auf einen Arbeitsplatz besetzt und ausgebildet. Im Bischofswald wurde eine Ausbildungsanlage zur Kampfmittelabwehr eingerichtet, die am 25. Mai den Vertretern der Medien und des Militärs vorgestellt wurde.

Faltstraßensystem:
Dem Bataillon wurden vier LKW mit Faltstraßenaufbau zugewiesen.

Im Rahmen der Eröffnung der Ausbildungsanlage zur Kampfmittelabwehr wurden auch der schwere Bombenanzug (im Bild StWm Schwendtbauer) sowie der Roboter Theodor präsentiert.

Jede Verlegeeinheit verfügt über 50 m Behelfsstraße, die vom LKW aus abgerollt und wieder aufgenommen werden kann.

Abb.: Archiv PiB 2

Das Salzburger Pionierbataillon

Katastropheneinsätze:
- 23. – 27.5. Losenstein: Beseitigung von Murenschäden (Kdt StWm Emig, KIOP-PiZg/1. PiKp)
- 11.7. Golling: Füllen und Transportieren von Sandsäcken als Ersthilfe beim Hochwassereinsatz (I. Zg 1. Kp)
- 12./13.7. Mittersill: Einsatz von sechs Pionierbooten (Kdt Lt Heiser, II. Zg 1. Kp)
- 18.7. – 4.8. Bad Hofgastein, Feldinggraben: Bau von acht Querwerken und einer Krainerwand (Kdt Hptm Wirnsberger und Hptm Exenberger, BrÜbsKp)

Mittersill

Der ganze Ort steht unter Wasser.

Pionierboote werden herangebracht.

Mittersill

Die Tiefe des Wassers erlaubt problemlos den Einsatz von Pionierbooten mit Außenbordmotor. OStWm Höfferer als „Wassertaxi".

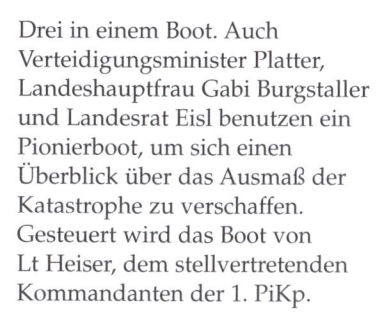

Drei in einem Boot. Auch Verteidigungsminister Platter, Landeshauptfrau Gabi Burgstaller und Landesrat Eisl benutzen ein Pionierboot, um sich einen Überblick über das Ausmaß der Katastrophe zu verschaffen. Gesteuert wird das Boot von Lt Heiser, dem stellvertretenden Kommandanten der 1. PiKp.

Bad Hofgastein

Zur Stabilisierung des Feldinggrabens wurden durch die Soldaten der BrÜbsKp, unterstützt durch die schweren Pioniermaschinen der teKp, acht Querwerke …

Abb.: Archiv PiB 2

Das Salzburger Pionierbataillon

... und eine Krainerwand errichtet.

Auch **Tirol und Vorarlberg** wurden von katastrophalen Unwettern heimgesucht: Um einen Überblick über die Schäden zu erhalten, wurden zwei Erkundungs- und Verbindungselemente eingesetzt, die den weiteren Einsatz koordinierten.
- Für Tirol: Olt Rosenkranz und Vzlt Geiger
- Für Vorarlberg: Olt Lindner, Vzlt Föttinger, Vzlt Schedlberger und Vzlt Buchebner

Abbildungen der während des Katastropheneinsatzes in Tirol errichteten Brücken auf den Seiten 353 bis 356.

- 23.8. – 29.9. Paznaun- und Stanzer Tal (Kdt Olt Gstrein, 1. PiKp, StWm Reischauer, sPiMaschZg/teKp, StWm Peer, II. Brückenzug/BrÜbsKp)
- 23.8. – 29.9. Kappl (Kdt StWm Peer, BrÜbsKp)

Schoppernau

Eine Behelfsbrücke, die während des Katastropheneinsatzes 1999 in Vorarlberg errichtet worden war, wurde durch das Hochwasser 2005 am Stück inklusive Krainerwand und Steinkasten ausgespült und stromabwärts verschoben.

Kappl

Diese Ortschaft im Paznauntal war besonders betroffen.

Bludesch

Ein Hubschrauber wird in der Walgaukaserne mit Versorgungsgütern für abgeschnittene Ortschaften beladen.

Kappl

Eine 27 m lange Brücke 2000 verbindet wieder die Ortsteile in Kappl.

Abb.: Archiv PiB 2

Das Salzburger Pionierbataillon

Brücke Ischgl/Kichali (Kdt Vzlt Atzl)

Brücke Ischgl/Paznaun (Kdt OStv Moser)

Brücke Ischgl/Mathon (Kdt Wm Kuen)

Bailey-Brücke Ischgl/Versahl (Kdt Vzlt Atzl, Wm Höllbacher)

Brücke Kappl/Ahlesbrücke (Kdt Vzlt Atzl)

Brücke Kappl/Fachwerkbrücke (Kdt StWm Gschwandtner)

Brücke Kappl/Seilbahn (Kdt Vzlt Atzl)

Brücke Galtür/Birkenhof (Kdt Ostv Moser)

Abb.: Archiv PiB 2

Brücke Schnann/Maienbach (Kdt Wm Kuen)

Brücke Schnann/westl. Eilesbrücke (Kdt Vzlt Schneeweis)

Brücke Schnann/Eilesbrücke (Kdt OStv Moser)

Brücke Schnann/Ortschaft (Kdt Fhr Geosits, Vzlt Schneeweis)

Brücke Strengen/Autohaus (Kdt Fhr Geosits, Vzlt Schneeweis)

Brücke Strengen/Tischlerei (Kdt Vzlt Atzl)

Loipenbrücke St. Anton (Kdt Wm Podgorschek)

Brücke Grins/Gurnau (Kdt OStv Moser)

Abb.: Archiv PiB 2

Das Salzburger Pionierbataillon

Fußgängersteg Schnann (Kdt Vzlt Schneeweis)

2. Steg Ischgl/Kichali und Mathon (Kdt Vzlt Atzl)

Brücke 2000 Kappl/Holdernach (Kdt StWm Peer)

Brücke 2000 Kappl/Nederle (Errichtung durch die Melker Pioniere)

Flirsch

D-Brücke. Die Bauleitung oblag der PiKp 6 aus Schwaz; Mitarbeit von Teilen der 1. PiKp, Lt Höllbacher, Wm Podgorschek, Wm Simianer

Wegbereiter, Brückenbauer, Helfer in der Not

- 20.8. Salzburgring: Beim Frequency Festival am Salzburgring stürzte eine zivile Brücke ein. Die Pioniere bauten nach einer Assistenzanforderung noch in der Nacht eine Ersatzbrücke mit der Brücke 2000. So konnte die Veranstaltung am nächsten Tag ungestört fortgesetzt werden. (Kdt Vzlt Koller)

Salzburgring

Ersatz für die eingestürzte beim Frequency Festival

Brückenbau:
- 12. – 14.1. Radstadt: Abbau der D-Brücke (Kdt Olt Höllbacher, 3. Kp)
- 17. – 20.1. Hintersee: Abbau der D-Brücke (Kdt Vzlt Zaller, KIOP-Zg)
- 28.2. – 4.3. St. Johann im Pongau, Einödbrücke: Probe-Pilotierung zur Feststellung des Untergrundes (Kdt OStv Zaufl); ab 7.9. Vorbereitungsarbeiten zum Bau einer Arbeitsplattform
- 23. – 25.5. Molln: Bau einer D-Brücke (30,5 m) (Kdt Vzlt Zaller, KIOP-Zg)

Molln

Einschub der Brücke über den Paltenbach auf einer Zwischenunterstützung, errichtet aus Faltstützengerät

- 29.6. – 7.7. und 18. – 22.7. Werfen. Bau einer D-Brücke: Eine Brückeninspizierung ergab, dass die Bahnhofbrücke („Konkurenzbrücke") erneuert werden muss. Hochwasser während der Pilotierungsarbeiten erschwerte den Bau ganz erheblich. Mit teilweise bis zu 500 m³/s, dem Dreifachen der normalen Wasserführung, gab es erhebliche Schwankungen des Wasserstandes. (Kdt Olt Gstrein, OStWm Meindl, 1. Kp)
- 7.9. – 14.10. St. Johann im Pongau: Bau einer D-Brücke („Einödbrücke") (Kdt Hptm Wirnsberger, teKp). Zur Feststellung des Untergrundes waren bereits zu Anfang des Jahres Probepilotierungen durchgeführt worden.
- 16. – 23.11. Micheldorf: Bau von zwei Fußgängerbrücken (Kdt StWm Blumenschein, 2. Kp)
- 28.11. – 1.12. Molln: Abbau der D-Brücke (Kdt Lt Christian Heiser mit Teilen 3. PiKp)
- 5./6.12. Laterns (V): Abbau der Bailey-Brücke (Kdt Lt Heiser, II. Zg/1. PiKp)

Werfen

Zum Rammen und Abbinden des Pfahljochs einschließlich Eisbrecher wurde eine großzügige Arbeitsbühne aus Alu-Brückengerät errichtet – die Pontons waren aus Gründen der höheren Stabilität um zwei Mittelteile verlängert.

Obstlt Schnöll und OStv Moser am Joch

Abb.: Archiv PiB 2

Wegbereiter, Brückenbauer, Helfer in der Not

Werfen

Die achtachsigen Rollenkästen sind bereits auf das Joch aufgesetzt und warten auf den Vorschub der Brücke.

Alle müssen beim Vorschub der 80 m langen Brücke mithelfen, so auch der Geräteunteroffizier OStWm Bamberger.

Der Einschub über die Mittelunterstützung. Auf dem Joch sorgen StWm Gschwandtner (links) und OStWm Rieder (rechts) dafür, dass die Untergurte der Brücke genau in die Rollen der Rollenkästen eingeführt werden. Das Geäst auf dem Eisbrecher zeigt die Höhe des vorangegangenen Hochwassers.

Abb.: Archiv PiB 2

Das Salzburger Pionierbataillon

Werfen. Die Brücke ist fertig.

St. Johann im Pongau

OStv Zaufl führt mit seinem Rammtrupp die Rammarbeiten durch.

Um in dieser starken Strömung arbeiten zu können, errichteten die Taucher OStWm Dabernig vom PiB 1 und OStv Goldmann (vorn) vor dem Eisbrecher einen Strömungsabweiser.

Wegbereiter, Brückenbauer, Helfer in der Not

St. Johann im Pongau

Das erste Joch ist abgebunden, der Eisbrecher steht vor der Fertigstellung.

Auf dem ersten Joch (linkes Ufer) sind die Rollenkästen bereits verlegt, am zweiten Joch wird noch gearbeitet.

Der Einschub der 76 m langen Brücke ist erfolgt, die Arbeitsbühne wird wieder abgebaut.

Abb.: Archiv PiB 2

Das Salzburger Pionierbataillon

St. Johann im Pongau

Für die Fußgänger wurde seitlich ein eigener Gehsteig angebracht.

Warm ist es da drinnen nur für Fische

Pioniertaucher arbeiten seit zwei Wochen an der Ersatzbrücke in St. Johann. Ihre Ausbildung ist extrem hart: Beim Heer gibt es nur 15 derartige Spezialisten.

ST. JOHANN (SN-reich). Einem Kärntner geht auch bei sieben Grad Wassertemperatur nie der „Schmäh" aus. „Gebt mir nur Pfosten, die vorher im Wasser gelegen sind. Der letzte hatte einen Auftrieb, auf dem hätte ich surfen können!", ruft Pioniertaucher Joachim Lindner den Soldaten auf dem Ponton auf der Salzach zu.

Die Taucher des Bundesheeres müssen zwei Pfeiler für die Ersatzbrücke in St. Johann „abbinden": Acht Meter lange, in die Salzachsohle gerammte Fichtenstämme werden mit Pfosten verbunden und verkleidet. Zuvor müssen die Taucher einen Bretterverschlag unter Wasser errichten. Der soll verhindern, dass die Strömung die Froschmänner bei der Arbeit mitreißt.

Lindner hält sich mit einer Hand an einem Stamm fest, während die Wassermassen der Salzach mit 1,4 Meter pro Sekunde an ihm vorbeirauschen. Damit der Auftrieb nicht so stark ist, arbeiten er, Johann Dabernig und Gernot Schneider nicht in Trocken-, sondern in Neoprenanzügen. „Im Neoprenanzug wird es nicht warm. Es wird ständig kaltes Wasser nachgespült. Da haben nur die Fische was davon."

Unempfindlichkeit gegen Kälte ist nur ein Punkt im Anforderungsprofil für Pioniertaucher. Im Bundesheer gibt es nur 15 derartige Experten.

Der Ausbildungsplan macht klar warum: Die Schulung ist extrem hart. „Wenn die Tauchausbildung abgeschlossen ist, war der Teilnehmer ein halbes Jahr lang unter Wasser", erklärt Pionieroffizier Paul Klemenjak.

Allein der Grundtauchkurs dauert zwölf Wochen. „Die ersten drei Wochen wird nur geschnorchelt. Dann gibt es eine Prüfung: 50 Meter Streckentauchen, 1,40 Minuten unter Wasser bleiben, eine Bergung in zehn Meter Tiefe und 15 Meter tief tauchen – das alles ohne Pressluftflasche", sagt Klaus Goldmann, Kommandant der Tauchgruppe Salzburg, der die Unterwasserarbeiten in St. Johann geplant hat.

Von fünf Kandidaten, die auf einen Grundkurs geschickt werden, schaffen das höchstens zwei. Nicht nur die körperliche Belastung ist groß, um am Ende der Ausbildung eine Bergung in 70 Meter Rettungstiefe durchzuführen. Auch die psychische Belastung ist enorm. „Das hat mit ‚Schöntauchen' im Meer nichts zu tun", so Klemenjak.

Das macht schon der weitere Kursplan für die Elitetaucher deutlich: Pioniertauchkurs, Tieftauchen, unter Wasser sprengen, Eistauchen. Was bringt einen Menschen dazu, freiwillig unter Eis zu tauchen? Es ist wohl der Reiz, einer der elitärsten Spezialistentruppen anzugehören. Goldmann: „Wir sind eine sehr kleine Familie. Es gibt nur wenige, die sich dem unterziehen."

Salzburger Nachrichten vom 3. Oktober 2005

Die Taucher OStv Schneider, OStv Goldmann, OStv Rosenzweig und OStv Karl-H. Podbevsek mit dem Model des Jochs.

Wegbereiter, Brückenbauer, Helfer in der Not

Micheldorf

Die Brücken wurden in der Kaserne abgebunden …

… und vor Ort zusammengebaut.

Laterns

Ein ziviler Bagger verschiebt die Brücke seitlich, damit sie an geeigneter Stelle abgebaut werden konnte.

Abb.: Archiv PiB 2

Das Salzburger Pionierbataillon

Sonstige Unterstützung:

- 13.6. – 12.7. Klosterneuburg: Im Zuge der Einsatzvorbereitung für den Kosovo wurde durch den KIOP-PiZg in Klosterneuburg ein 40 m langer Steg auf mehreren Zwischenunterstützungen errichtet. (Kdt Vzlt Zaller, KIOP-PiZg/1. PiKp)

- 4.10. Grenzüberschreitende Zusammenarbeit mit Pionieren der Deutschen Bundeswehr: Schiffsbergung am Inn (Kdt Hptm Kain, Kdo PiB 2)

Erstmals in der Geschichte des PiB 2 wurde gemeinsam mit einem ausländischen Partner, dem Gebirgspionierbataillon 8 aus Brannenburg in Deutschland, eine Unterstützungsleistung bewältigt. Unter dem Kommando von Hptm Kain (PiB 2) und Lt Schulz (GebPiBtl 8) wurde ein 90 t schweres, durch das vorangegangene Hochwasser beschädigtes und manövrierunfähiges Ausflugsschiff – die „St. Nikolaus" – mit M-Booten von seinem damaligen Standort in Kiefersfelden zum 7 km entfernten Kraftwerk in Langkampfen südlich von Kufstein verbracht, wo es aus dem Wasser gehoben und der notwendigen Reparatur zugeführt wurde.

- 7. – 15.11. Lizum: Errichtung einer 3,5 m hohen und 30 m langen Krainerwand im Mölltal zur Wiederherstellung einer Straße nach einem Hangrutsch (Kdt OStv Moser II. Zg/1. PiKp)

Klosterneuburg

StWm Emig (links), dahinter OWm Platzer und unsere KIOP-Soldaten präsentieren sich mit ihrem Werk.

Inn

Kritische Situation bei der Durchfahrt der „St. Nikolaus" unter dieser Brücke. Der Abstand zwischen dem Ausflugsschiff und der Unterkante der Brücke betrug gerade 20 cm.

Zusammenarbeit

BAYERISCH-SALZBURGERISCHE ZUSAMMENARBEIT – bei der Bergung des havarierten Innschiffs St. Nikolaus arbeiteten Salzburger und bayerische Soldaten zusammen. Das Schiff wurde von drei Schubbooten von Kiefersfelden nach Langkampfen geschleppt. **Mehr dazu auf Seite 2+3**

Abb.: Archiv PiB 2

Wörgler & Kufsteiner Rundschau vom 7. Oktober 2005

Das Salzburger Pionierbataillon

Lizum

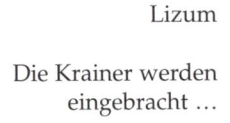

Die Krainer werden eingebracht ...

... und die Straße ist wieder befahrbar.

Abb.: Archiv PiB 2

Teilnahme an Kursen und Übungen im Ausland:
- 14. – 18.3. Vzlt Peter Hoch an der ABC-Spürausbildung mit scharfen Kampfstoffen bei der tschechischen Armee in Viskov in Tschechien
- April Internationale Stabsübung „European Challenge 2005" in der Kaserne Wildflecken (Bayern): Teilnahme eines Bataillonsstabes (Obstlt Schnöll, Mjr Huber, Hptm Dax, Hptm Koch, Olt Gstrein, Vzlt Gstrein, OStWm Bamberger und StWm Prommegger)
- 24. – 29.4. Lt Heiser am „ENTEC Platoon Leader Course" in München
- 21.8. – 9.9. Hptm Koch am PfP Staff Officers Course in Stockholm in Schweden
- Dezember Obstlt Schnöll am „ENTEC Battalion Commander Course" in München

2006

Assistenzeinsatz an der Ostgrenze (Burgenland/Niederösterreich):
- 3.1. – 16.2. (2. PiKp, Ebenthal)
- 9.5. – 22.6. (3. PiKp, Ebenthal)
- 20.6. – 3.8. (1. PiKp, Ebenthal)
- 1.8. – 21.9. (BrÜbsKp, Ebenthal)
- 7.11. – 21.12. (1. PiKp, Siegendorf)
- 21.12. – 2.2.2007 (2. PiKp, Andau)

Katastropheneinsatz:
- 11.2. – 15.2. Thalgau: Nach heftigen Schneefällen drohten die Dächer von Fabrikshallen einzubrechen. Pioniere beseitigten die ungewöhnlich große Schneelast. (Kdt Lt Heiser, 3. PiKp)
- 12.7. – 13.7. Zell am See: Sicherungsarbeiten (Kdt Hptm Wirnsberger, BrÜbsKp)

Großübung „Peace summit":
Die bi-nationale Verbandsübung „Peace summit" stellte die größte Übung des Österreichischen Bundesheeres im Jahr 2006 dar. Im Rahmen dieser Übung wurde das PiB 2 zusammen mit dem GebPiB 8 aus Brannenburg als bi-nationales Pionierbataillon eingesetzt. Gemeinsam wurden ein Bataillonsstab, eine StbKp, eine PiKp und eine teKp gebildet. Eine weitere Verstärkung erfolgte durch die PiKp/StbB 6 und den Seilbahnzug der PiKp zbV.

Thalgau

Der Schnee auf den Hallendächern wird in Planen geschaufelt, ...

Abb.: Archiv PiB 2

Das Salzburger Pionierbataillon

… zur Rutsche transportiert …

… und vom Dach geschüttet.

KLETTEREINSATZ

Pioniere des Bundesheers mussten am Mittwoch in Zell am See unter schwierigen Bedingungen mehrere Bäume sichern. Sie drohten aus einem felsigen Steilhang auf ein Gasthaus und die Pinzgauer Bundesstraße zu stürzen. Im Bild: Offizierstellvertreter Klaus Goldmann, der in zehn Metern Höhe dicke Stahlseile befestigt

Abb.: Archiv PiB 2

Zell am See

Salzburger Nachrichten vom
13. Juli 2006

Wegbereiter, Brückenbauer, Helfer in der Not

"Peace summit"

Deutsche Panzer unseres Partnerbataillons unterstützten das PiB 2 bei der Auftragserfüllung: Brückenlegepanzer Biber

BrigKdt Bgdr Konzett und BKdt Obstlt Schnöll weisen Verteidigungsminister Platter in die Lage ein.

Abb.: Archiv PiB 2

Brückenbau:
- 15.5. – 18.5. Ischgl: Abbau der Bailey-Brücke (Kdt OStWm Meindl mit Mannschaft der PiKp 6)
- 26.6. – 29.6. Werfen: Abbau der D-Brücke (Kdt Olt Lindner, BrÜbsKp)
- 19.6. – 21.6. Weißenbachtal: Bau einer D-Brücke (Kdt Olt Lindner 2. PiKp)
- 2.10 – 6.10. Mittersill, Schößwendklamm: Bau eines Fußgängersteges. Der bestehende morsche Steg wurde abgetragen und durch einen neuen ersetzt. Die Länge der gesamten Konstruktion betrug 12 m. Erschwerend war der Umstand, dass keine Zufahrtsmöglichkeit für LKW bestand, sondern die Längsträger händisch an die Baustelle gezogen und mit einem selbst errichteten Seilkran eingefahren werden mussten. (Kdt StWm Kao, 1. PiKp)
- 6.11. – 4.12. St. Johann im Pongau: Abbau der D-Brücke (Kdt Olt Rosenkranz, 2. PiKp)
- 13.11. – 14.11. Weißenbachtal: Abbau der D-Brücke (Kdt Olt Rosenkranz, 2. Kp)

Das Salzburger Pionierbataillon

Weißenbachtal

Wegen der schwierigen Platzverhältnisse musste die Brücke durch einen zivilen 200 Metertonnen-Kran eingehoben werden.

Mittersill

Ein Träger liegt bereits auf den Widerlagern, der zweite wird eben mit einem Seilkran eingebracht.

Mit dieser Brücke ist der Zugang zur Schößwendklamm wieder offen.

Abb.: Archiv PiB 2

Wegbereiter, Brückenbauer, Helfer in der Not

Unterstützungsleistungen:

- 10.4. – 14.4. Saalfelden: Abbruch der Halle 14 in der Wallnerkaserne, (Kdt Olt Lindner, 2. PiKp)
- 11.9. – 29.9. Mureck: Die Tauchgruppe des PiB 2, (Kdt PiTauchGrp und SiO Vzlt Piber, Lt Heiser und OStWm Rieder) und eine Landmannschaft (OStv Mickla, StWm Reichenpfader, Wm Kristavcnik) unterstützten das Militärkommando Steiermark bei der Bergung der versunkenen Schiffsmühle (Kdt Mjr Michalus, MilKdo St)

Mureck

Die versunkene Schiffsmühle …

… konnte nach der Bergung wieder den Betrieb aufnehmen.

Abb.: Archiv PiB 2

Teilnahme an Übungen und Kursen im In- und Ausland:
- 15. – 20.1. StWm Peer am ENTEC Platoon Leader Course
- 12.7. – 21.7. Olt Lindner und Vzlt Föttinger an der ABC-Spürausbildung mit scharfen Kampfstoffen bei der tschechischen Armee in Viskov in Tschechien
- 16.9 – 20.9. Vzlt Koller und 1 Brückenzug an der Übung RHEINTAL 06
- 6.10. – 8.10. StWm Peer und 1 Brückenzug: Vorführung der Brücke 2000 bei der Messe „Retter 06" in Wels

Einbau der Brücke 2000 im Zuge der Rheintalübung.

Minenkurs

Einen Sicherheitskurs „Minengefahr" gab das Pionierbataillon 2 in Salzburg für die Aktion „Bauern helfen Bauern". 100 Mal war Landesrätin **Doraja Eberle** (ÖVP) schon mit Hilfsaktionen im ehemaligen Kriegsgebiet von Jugoslawien, erst jetzt wurden ihr und ihren Mitarbeitern die Gefahren vor Augen geführt. **stl**

Salzburger Nachrichten vom 27. Mai 2006

Einweisung der Mitarbeiter der Aktion „Bauern helfen Bauern" in die Gefährdung durch Minen

Organisatorisches:

- Die ersten Ausläufer der Transformation ÖBH 2010 erreichten das PiB 2 im Herbst. Mit 1. Dezember 2006 wurde die 3. PiKp aufgelöst und die PiBauKp aufgestellt. Der PiZg KIOP/KPE der 1. PiKp wurde zeitgleich in die PiBauKp übergeleitet und bildete hier den Grundstock für die beiden neuen KIOP-Züge: Straßenbauzug und Pioniermaschinenzug.

Parallel zu dieser Maßnahme wurde dem Bataillon die 1. JaPzKp/AufklB2 sowie die LehrKp/MilKdo S unterstellt, wodurch das Pionierbataillon auf acht Kompanien anwuchs.

Partnerschaft:

- Die langjährigen gut nachbarlichen Beziehungen und die bestens funktionierende Zusammenarbeit bei Übungen und Einsätzen führten zum Abschluss einer Partnerschaft zwischen dem Salzburger PiB 2 und dem GebPiB 8 der Deutschen Bundeswehr aus Brannenburg. Die Partnerschaftsfeier fand am 3. November 2006 im Raum Erl statt.

Erl

Obstlt Schnöll und ObstltiG Potocnik tauschen die Partnerschaftsurkunden aus.

Abb.: Archiv PiB 2

2007

Transformation ÖBH 2010:

Nachdem Ende 2006 die ersten Maßnahmen der Transformation ÖBH 2010 durch das PiB 2 umgesetzt wurden, standen 2007 weitere Schritte an. Mit August 2007 wurden die ersten Soldaten der zukünftigen PzPiKp vom Aufklärungs-Bataillon 2 zum PiB 2 zugeteilt und die Formierung und die Ausbildung des Kaders begonnen. Im Dezember wurden die BrÜbsKp und die teKp zusammengelegt und bildeten ab sofort vorausgreifend auf den neuen Orgplan die neue teKp. Parallel wurden die notwendigen Maßnahmen zur Auflösung der 2. PiKp in Kirchdorf und der LehrKp/MilKdo S in Glasenbach mit Ablauf März 2008 eingeleitet. Somit wurden wichtige Schritte zur Einnahme des neuen Orgplans im Jahr 2008 bereits umgesetzt.

Zukünftig wird das PiB 2 aus fünf Kompanien bestehen und zwar aus:
- Kommando & Stabskompanie
- Panzerpionierkompanie
- Pionierkompanie (gebirgsbeweglich)
- Pionierbaukompanie
- Technische Pionierkompanie

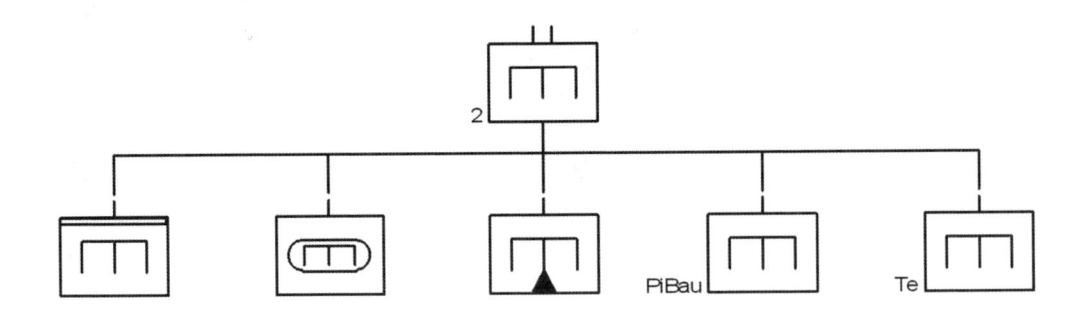

Im Rahmen dieser Umgliederung wurde auch die Infrastruktur des PiB 2 verstärkt. Im November 2007 erfolgte die Übergabe einer modernen Halle für die Unterbringung der Ketten- und Räderfahrzeuge der PzPiKp. Auch die Werkstätte des vormaligen Aufklärungs-Bataillons 2 wurde an das PiB 2 übergeben. Damit verfügt das Bataillon über ausreichende Garagenstellplätze und eine hochmoderne Instandsetzungseinrichtung auch für Kettenfahrzeuge.

Als Ausstattung für die PiKp (gebbwgl) wurde dem PiB 2 im Jahr 2008 das Seilbahngerät der vormaligen PiKp zbV übertragen.

Assistenzeinsatz an der Ostgrenze (Burgenland/Niederösterreich):

- 30.1. – 22.3. (BrÜbsKp, Nickelsdorf)
- 1.5. – 21.6. (Kdo PiB 2, StbKp & 1. PiKp, Bruckneudorf/Ebenthal)
- Erstmals in der Geschichte des PiB 2 war das Bataillon als führendes Kommando im Assistenzeinsatz zur Grenzraumüberwachung im Burgenland eingesetzt.
- 31.7. – 20.9. (BrÜbsKp & teKp, Ebenthal/Andau)
- 6.11. – 21.12. (PiBauKp, Ebenthal, letzter AssE/GRÜ)

Das PiB 2 war beim 173. Turnus AssE/GRÜ als AssKdo „N" eingesetzt. Abgebildet sind die Truppenkörperabzeichen jener Verbände, die Personal abgestellt hatten.

Wie aus diesem Artikel hervor geht, war das PiB 2 mit Masse im Osten Österreichs eingesetzt.

Salzburger Pioniere im Großeinsatz

Überwachung von 200 km Staatsgrenze

Erstmals seit Beginn des Einsatzes an der Schengen-Außengrenze in Niederösterreich und im Burgenland stellt das Pionierbataillon 2 aus der Schwarzenberg-Kaserne das Kommando. Eingesetzt sind die Salzburger Soldaten unter ihrem Kommandanten, Obstlt Josef Schnöll, im nördlichen Bereich zwischen Hohenau an der March und Pamhagen im Seewinkel. Der 200 km lange Grenzabschnitt wird von 900 Soldaten überwacht. Der Einsatz begann am 3. Mai und endet mit 21. Juni.

Insgesamt waren an der Staatsgrenze seit 1990 360.000 Soldaten im Einsatz mit in Summe 90.000 Aufgriffen von illegalen Grenzgängern.

Hangsprengung auf dem Schneeberg

Vzlt Josef Gruber, Pioniersprengmeister, ist mit sieben Pionieren des Straßenbauzuges bei Hangsprengungen auf dem Hochschneeberg (NÖ) im Einsatz. Unter äußerst schwierigen Bedingungen muss ein Hang abgesprengt werden, damit in weiterer Folge auf diesem Terrain der neue Bergbahnhof der Zahnradbahn errichtet werden kann. Dabei fallen ca. 6.000 m³ Abbruchmaterial an.

Medientag auf dem Hochschneeberg

Für interessierte Medienvertreter bietet das MilKdoNÖ am 21. Juni einen Besuchertag an. Treffpunkt ist um 11.00 Uhr bei der Talstation der Schneebergbahn. Die Bahnfahrt ist kostenlos, die Talfahrt wäre um 16.30 Uhr vorgesehen. Interessierte Journalisten werden gebeten, sich bei Mjr Franz Sturm (E-mail: milkdonoe.fgg5 @bmlv.gv.at) bis zum 20. Juni 15.00 Uhr zu melden.

Kampf gegen den Borkenkäfer

Parallel zum Grenzeinsatz standen Teile des Bataillons im Assistenzeinsatz auf der Wildalpe (Steiermark) zum Schutz der Wiener Wasserversorgung.

Obstlt Hans-Georg Wallner MilKdoS

Vorbereitung der Sprengungen auf dem Hochschneeberg

Das Salzburger Pionierbataillon

Katastropheneinsatz:

- 14.5. – 6.6. Wildalpen: Aufarbeiten der Sturmschäden im Wasserschutzgebiet der Stadt Wien (Kdt Olt Jedinger, BrÜbsKp)

Brückenbau:

- 19.3. – 23.3. Innsbruck: Abbau und Lagerung einer Schneeabladerampe (D-Brücke (Kdt StWm Reichenpfader, 1. PiKp)
- 20.3. – 22.3. Hintermuhr: Bau einer D-Brücke als Zufahrt für den Kraftwerkbau der Salzburg AG (Kdt Olt Lindner, Vzlt Atzl, 1. PiKp); Abbau: 19. – 21.11. (Kdt Hptm Geosits, Vzlt Atzl, 1. PiKp)
- 20.3. – 29.3. Innsbruck: Auf- und Abbau einer Alu-Brücke als Brückenverstärkung für einen Schwertransport (50 t) (Kdt Olt Lindner, 1. PiKp)

Wildalpen

Soldaten der BrÜbsKp/PiB 2 mussten im Rahmen eines Assistenzeinsatzes in den Wildalpen Sturmschäden aufarbeiten, um einen Borkenkäferbefall des Holzes zu verhindern.

Verteidigungsminister Darabos wird vor Ort von Olt Jedinger eingewiesen.

- 20.6. – 28.6. Bad Ischl: Bau einer D-Brücke als Provisorium während der Erneuerung eines Steges über die Traun (Kdt Olt Jedinger, BrÜbsKp)
- 3.7. – 5.7. Golling: Bau einer D-Brücke über den Torrener Bach im Bluntau-Tal für die Dauer der Erneuerung der permanenten Brücke (Kdt Olt Jedinger, BrÜbsKp);
- 20.9. – 27.9. Adnet: Bau einer D-Brücke als Umfahrung während der Sanierung der alten Brücke (Kdt Olt Heiser, PiBauKp);
- 26. – 28.11. Golling Abbau der D-Brücke (Kdt Hptm Lindner, 1. PiKp)
- 10. – 12.12. Adnet: Abbau der D-Brücke (Kdt Hptm Lindner, 1. PiKp)

Hintermuhr

Bei winterlichen Verhältnissen errichten die Soldaten der 1. Kp die D-Brücke in Hintermuhr.

Bad Ischl

Die D-Brücke wird über die Mittelunterstützung ans andere Ufer vorgeschoben; Im Hintergrund die alte Stahlfachwerkbrücke.

Abb.: Archiv PiB 2

Adnet

Die Rampe muss noch geschüttet werden.

Golling

Am Eingang zum Bluntautal: Die Brücke beim Einschub. Zum Abbau wurde sie mittels Kran ausgehoben.

Innsbruck

Die Pioniere beginnen mit der Demontage der dieses Jahr nicht mehr benötigten Schneeabladerampe.

Abb.: Archiv PiB 2

Innsbruck

Die Tragkraft der bestehenden Brücke reichte für die Belastung durch einen 50t-Kran nicht aus. Sie wurde daher mit einer Alu-Grabenbrücke überbaut.

Hilfeleistungen:

- Mondsee: Erneuerung einer Bootshütte für den Zivilinvalidenverband (Kdt Wm Müllegger, 1. PiKp)
- 15.3./16.3. Salzburg: Fährenbau für die Olympiabewerbung, (Kdt Olt Lindner, 1. PiKp)
- Aualm: Erneuerung des Gipfelkreuzes am Tauernkogel. Das erste Gipfelkreuz war bereits 1958 auf Initiative von Olt List durch das damalige PiB 8 aufgestellt worden. Die Neuaufstellung erfolgte am 10. Oktober 2007. Das Kreuz wurde mit einem Hubschrauber AB 212 zum Gipfel geflogen. (Kdt OStv Goldmann, Wm Grill und Rekr der BrÜbsKp)

Mondsee

Die für den Zivilinvalidenverband neu gebaute Bootshütte am Ufer des Mondsees

Salzburg

Effektvolle Werbung für Olympia 2014 auf der Salzach, aufgebaut auf einer Pionierfähre

Aualm

Es ist geschafft. Das neue Gipfelkreuz steht und ist fest verankert.

Abb.: Archiv PiB 2

Sprengarbeiten:
- 14.5. – 29.6. Hochschneeberg: Teile des KIOP-Straßenbauzuges sprengten den Bauplatz für den neuen Bergbahnhof der Hochschneebergbahn aus. Dabei wurden 10.000 m³ Gestein verbracht. (Kdt Vzlt Zaller, PiBauKp)

Teilnahme an Kursen und Übungen im Ausland:
- 5.11. – 9.11. Vzlt Hoch, OStv Goldmann an der ABC-Spürausbildung mit scharfen Kampfstoffen bei der slowakischen Armee in Cerenany in der Slowakei

Hochschneeberg

Für die Anlage der Bohrlöcher stand eine zivile Bohrlafettte zur Verfügung. Vzlt Zaller beobachtet kritisch die Bohrarbeiten.

Der Abtransport des aufgesprengten Gesteins erfolgte durch angemietete zivile Maschinen, die durch KPE- Soldaten des PiB 2 bedient wurden.

Cerenany

Im Rahmen einer Spürausbildung in der Slowakei mussten auch Vzlt Hoch und OStv Goldmann vom PiB 2 ihr Können unter Beweis stellen.

Abb.: Archiv PiB 2

Das Salzburger Pionierbataillon

2008

Seilbahnbau:

Implementierung von zwei Langstreckenseilbahnen im Seilbahnzug der Pioniergebirgskompanie. Insgesamt wurden sieben Kaderleute von April bis Dezember an der Seilbahn ausgebildet. Der erste Einsatz erfolgte zur Schadholzbergung am GÜPl Vorderfager. Länge der Seilbahn ca 500 m, 300 fm Schadholz wurden bergwärts geseilt (OStWm Wallner, 8 Mann, Oktober bis Dezember).

Holztransport auf dem
GÜPl Vorderfager

Schulmäßiger Seilbahnbau
in Grödig

Abb.: Archiv PiB 2

Wegbereiter, Brückenbauer, Helfer in der Not

Katastropheneinsatz:

- 31.1. – 22.2. Bezirk Weiz (ST): Aufarbeitung des Schadholzes nach Sturmtief PAULA (Kdt Hptm Lindner, Olt Heiser, 134 Mann PiKp)
- 10.4. – 15.4. Unken/Kniepass: Sicherungsarbeiten für die zivilen Forstarbeiter, welche nach dem Sturmtief EMMA die Schäden aufarbeiteten (StWm Wallner, teKp)
- 22.9. – 27.9. TÜPl Allentsteig: Beseitigung der Schäden nach dem Sturmtief KYRIL und Holzaufarbeitung auf Ansuchen der NÖ-Landesregierung (Hptm Rosenkranz, 69 Mann PzPiKp)

Bezirk Weiz

Das Aufarbeiten eines Windbruchs ist eine nicht ungefährliche Tätigkeit.

Die Soldaten tragen daher einen Schutzhelm mit Gehörschutz und Visier …

Abb.: Archiv PiB 2

Das Salzburger Pionierbataillon

… sowie einen
Forstarbeiter-Schutzanzug
mit Schnittschutzhose.

Allentsteig

Transport des Holzes zu
einem Sammelplatz

Die Motorsägen bedürfen
einer regelmäßigen Wartung,
die Ketten müssen immer
wieder geschliffen werden.

Abb.: Archiv PiB 2

Wegbereiter, Brückenbauer, Helfer in der Not

Brückenbau:

- 14.4. – 16.4. Innsbruck: Abbau der 3 Schneeabladerampen (Kdt Olt Heiser, OStv Moser, 32 Mann PiBauKp)
- 7.5. – 8.5. Scheffau im Weitenaubachtal: Gefechtsmäßige Erkundung und Planung der Bailey-Brücke (Kdt Olt Heiser, PiBauKp, Teile PzPiKp und Teile StbKp) Erster Einsatz der PzPiKp im Rahmen des PiB 2.
- 13.5. – 15.5. Scheffau/Tennengebirge: Bau der Bailey-Brücke, 13 Felder, 40m Länge, Bauweise zweistöckig zweiwandig) (Kdt Olt Heiser, PiBauKp, 50 Mann)
- 19.5. – 21.5. Zirl: Bau einer D-Brücke, 5 Felder, 15 m Länge (Kdt Lt Wieland, 30 Mann PiBauKp)
- 26.5. – 27.5. Ottensheim: Bau einer D-Brücke, 6 Felder, 18 m Länge (Kdt Lt Wieland, 31 Mann PiBauKp)

Innsbruck

Ein ziviler Kran hebt die D-Brücke (Schneeabladerampe) heraus.

Scheffau

Die Bailey-Brücke wird über die Lammer vorgeschoben

Abb.: Archiv PiB 2

Zirl

Trägertrupp und Schraubtrupp sind gut aufeinander eingespielt.

Ottensheim

Zum Einheben der Fahrbahnplatten wurde ein ziviler Kran beigestellt.

Lungötz

Die D-Brücke verläuft parallel zur alten Brücke.

Abb.: Archiv PiB 2

Wegbereiter, Brückenbauer, Helfer in der Not

- 22.7. – 23.7. Lungötz/Aualm: Bau einer D-Brücke, 3 Felder, 9 m Länge, einwandig, einstöckig mit Aufschüttung der Landanschlüsse (Kdt Hptm Geosits, OStWm Rieder, 43 Mann PiKp)
- 4.8. – 7.8. Bramberg/Eingang zum Habachtal, Habachbrücke über die Salzach: Bailey-Brücke, 11 Felder, 33 m Länge, dreiwandig einstöckig, verstärkt, einspurig (Kdt Hptm Geosits, Vzlt Atzl-Wiednig, 54 Mann PiKp)
- 18.8. – 19.8. St. Georgen im Attergau: Abbau einer D-Brücke, welche durch die Melker Pioniere errichtet worden war. (Kdt Hptm Geosits, Vzlt Atzl-Wiednig, 43 Mann PiKp)
- 20.8. – 21.8. Ottensheim: Abbau der D-Brücke (Kdt Hptm Geosits, Vzlt Atzl-Wiednig, PiKp)

Bramberg

Der nach oben geknickte Vorbauschnabel wird nach Erreichen des Ufers wieder abgebaut.

Klar erkennbar ist die dreiwandige Ausführung der Brücke.

Abb.: Archiv PiB 2

Das Salzburger Pionierbataillon

St. Georgen im Attergau

Die Brücke diente als Fußgängersteg.

Sonstige Unterstützungsleistungen:
- 5.6. – 29.6. Salzburg: Fußballeuropameisterschaft EURO 08

    - Errichtung von 500 lfm Absperrung für die Fußballeuropameisterschaft, davon 300 m mit Sichtschutz (Kdt Hptm Geosits, PiBauKp)

    - Gestellung einer Patiententrägerkompanie in der Stärke von 200 Mann

    - Beistellung von Unterkunft für Beamte der Exekutive

- 3.6. – 5.6. Saalfelden-Klettergarten: Beseitigung der Steinschlaggefahr

    - Maschineneinsatz zur Errichtung eines Schutzdammes gegen Steinschlag (Kdt OWm Reischauer, 10 Mann PiBauKp)

    - Sprengarbeiten im Klettergarten des Ausbildungszentrums Gebirgskampf (Kdt Vzlt Zaller, 6 Mann PiBauKp)

Saalfelden

Vzlt Zaller erkundet die Situation im Klettergarten.

- 26.5. – 6.6. Hochfilzen: Bau einer Krainerwand zusammen mit deutschen Kameraden des GebPiBtl 8 im Rahmen einer Kaderfortbildung (Kdt OStWm Meindl, 15 MannPiBauKp)

Hochfilzen

Ein Bagger hilft mit beim Einbringen der schweren Baumstämme.

Das Ergebnis einer deutsch-österreichischen Zusammenarbeit.

Abb.: Archiv PiB 2

Teilnahme an Übungen:
- 14.4. – 25.4. Teilnahme des EOD Elements an der internationalen Übung Pacemaker 08: (Kdt OStWm Wimmer, 5 Mann teKp)

Auslandseinsatz und Unterstützungsleistungen:
- 19.11.2007 – 16.4. Tschad (Zentralafrika): Aufbau des Camps EURO zusammen mit den Melker Pionieren (Kdt Vzlt Schmallnauer, Wm Zaller, Kpl Modl, Kpl Fricke, PiBauKp)
- 13.5. – 30.5. Lourdes (Frankreich): Aufbau der Zeltlager für die Unterbringung der österreichischen Teilnehmer an der Soldatenpilgerfahrt (Kdt OStWm Steinkogler, 19 Mann PzPiKp, Teile StbKp)

Obst Schnöll mit den vier Soldaten des PiB 2 bei der Verabschiedung zum Einsatz im Tschad

Zeltlager in Lourdes

Einsatz Kosovo:

- Oktober 2007 bis April 2008 KFOR 17: Straßenbauzug/PiBauKp/PiB 2 als Lagerbetriebselement (Kdt Hptm Wirnsberger [war bereits zum PiB 1 versetzt] Vzlt Zaller)
- 18.3 – 29.9. KFOR 18: sPiMaschZg/PiBauKp/PiB 2 (Kdt Hptm Lindner, Vzlt Zaller, abgelöst durch Vzlt Schmallnauer)

KFOR 17

KFOR 18

Abb.: Archiv PiB 2

Die Kommandanten des Salzburger Pionierbataillons

Oberst Franz Schiedek
1956/1958 – 1965

Oberst Robert List
1965 – 1976

Oberst Ernst Klock
1976 – 1981

Oberst Bruno W. Koppensteiner MSD
1981 – 1989

Die Kommandanten des Salzburger Pionierbataillons

Oberst Karl Kloss
1990 – 1993; 1994 – 1995

Oberstleutnant dG Günter Eisl
1993 – 1994
(Truppenverwendung als Generalstabsoffizier)

Oberst Werner Schneider
1995 – 2003

Oberst Josef Schnöll MSD
2003 bis dato

Offiziere des Intendanzdienstes, die aus dem Salzburger Pionierbataillon hervorgegangen sind:

General Mag. Dr. Franz Eckstein

Oberst dIntD Mag. Christian Pöckl

Offiziere des Generalstabsdienstes, die aus dem Salzburger Pionierbataillon hervorgegangen sind:

General Dipl.-Ing. Mag. Günter Greindl

Generalmajor Mag. Rolf Födisch

Brigadier Mag. Günter Eisl

Major dG Mag. Peter Schinnerl

Salzburger Pioniere auf vier Kontinenten im Einsatz

1.	Franz-Josef-Land	15.	Albanien
2.	Norwegen	16.	Türkei
3.	Schweden	17.	Syrien (Golan)
4.	Dänemark	18.	Israel
5.	Großbritannien	19.	Ägypten
6.	Irland	20.	Zypern
7.	Niederlande	21.	Kuwait
8.	Frankreich	22.	Irak
9.	Schweiz	23.	Iran
10.	Deutschland	24.	Georgien
11.	Polen	25.	Aserbaidschan
12.	Tschechien	26.	Tschad
13.	Bosnien	27.	Kongo
14.	Kosovo	28.	New York

Legende: AUSBILDUNGEN - ÜBUNGEN
EINSÄTZE

Von New York im Westen über Franz-Josef-Land im Norden bis zum Kongo im Süden

Entwicklung des Salzburger Pionierbataillons

Zeitpunkt	Änderungen	Gliederung
9. September 1956	Verlegung der 1./PiB8 aus Melk nach Salzburg	1./PiB8
1. September 1958	Aufstellung BKdo, Stb-&VersZg, 2.Kp	BKdo/PiB8 Stb&VersZg/PiB8 1.Kp/PiB8 2.Kp/PiB8
1. Januar 1963	Umbenennung in PiB3, unterstellt dem GrpKdo III, Aufstellung StbKp mit technischem Zug	BKdo/PiB3 StbKp/PiB3 1.Kp/PiB3 2.Kp/PiB3
1. Dezember 1985	Aufstellung der 3.(mob)/PiB3	BKdo/PiB3 StbKp/PiB3 1.Kp/PiB3 2.Kp/PiB3 3.(mob)/PiB3

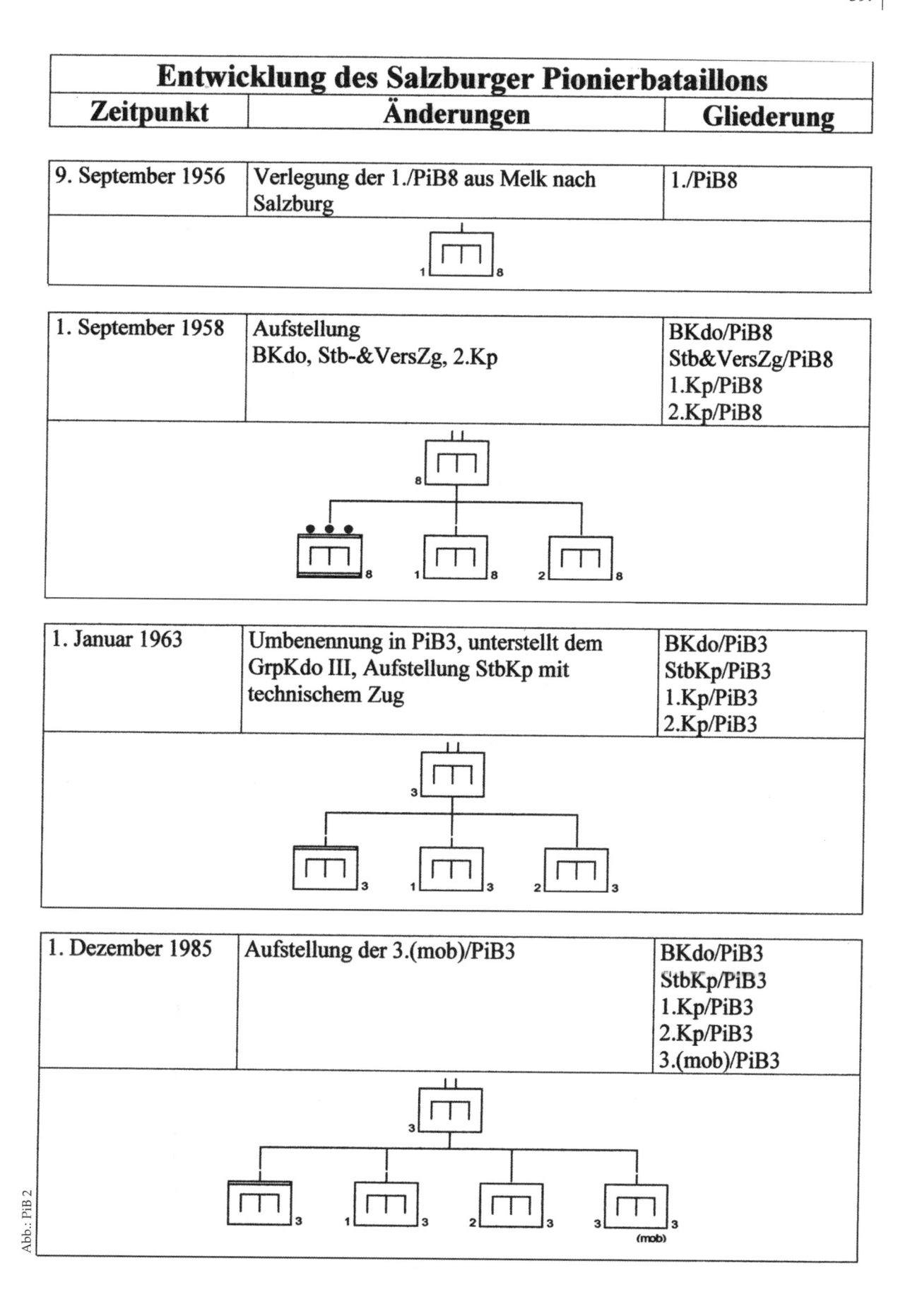

Abb.: PiB 2

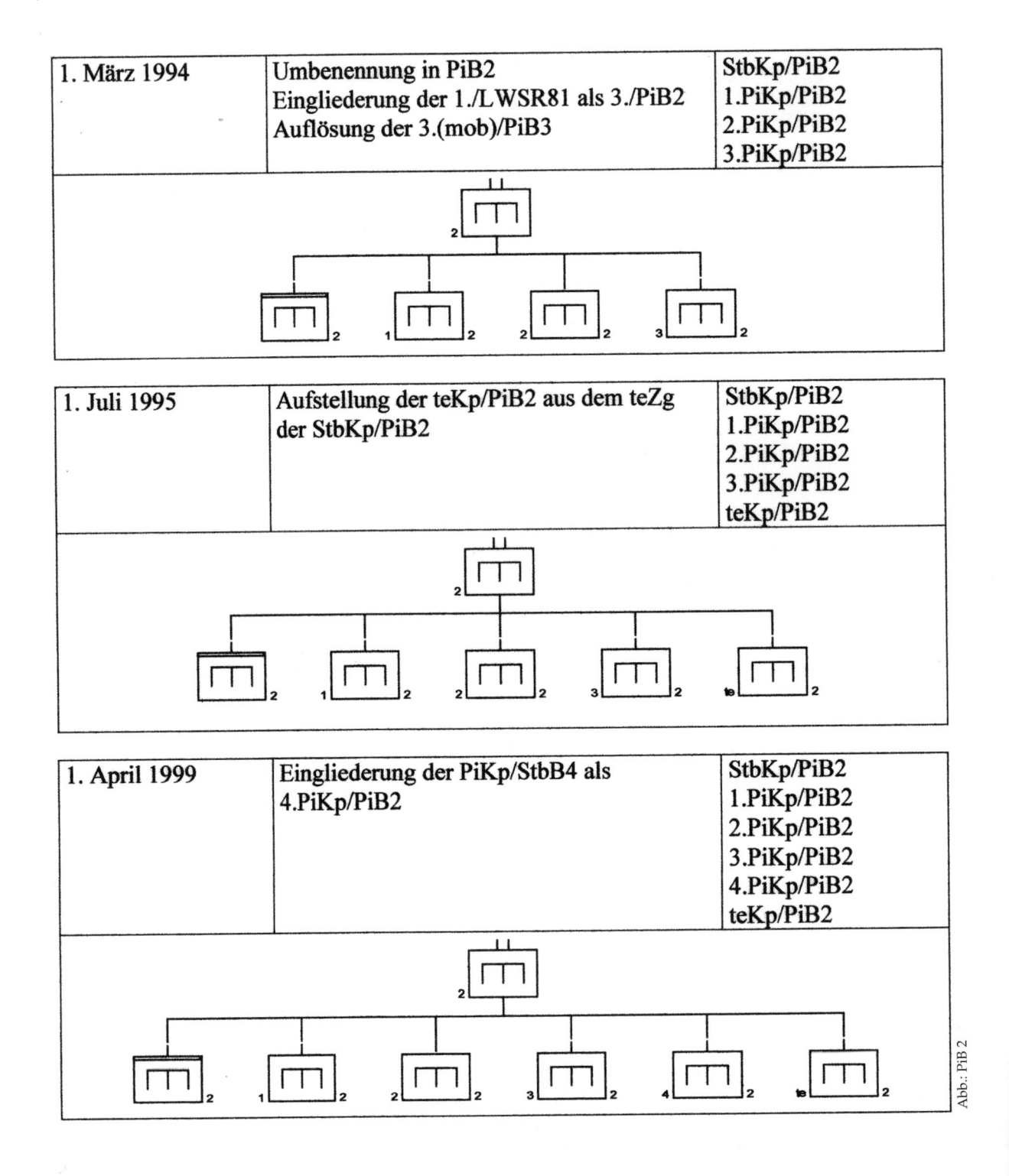

1. März 1994	Umbenennung in PiB2 Eingliederung der 1./LWSR81 als 3./PiB2 Auflösung der 3.(mob)/PiB3	StbKp/PiB2 1.PiKp/PiB2 2.PiKp/PiB2 3.PiKp/PiB2

1. Juli 1995	Aufstellung der teKp/PiB2 aus dem teZg der StbKp/PiB2	StbKp/PiB2 1.PiKp/PiB2 2.PiKp/PiB2 3.PiKp/PiB2 teKp/PiB2

1. April 1999	Eingliederung der PiKp/StbB4 als 4.PiKp/PiB2	StbKp/PiB2 1.PiKp/PiB2 2.PiKp/PiB2 3.PiKp/PiB2 4.PiKp/PiB2 teKp/PiB2

Abb.: PiB 2

1. Februar 2003	Bildung einer Kdo&StbKp/PiB2 Aufstellung der BrÜbsKp/PiB2 Auflösung der 4.PiKp/PiB2	Kdo&StbKp/PiB2 1.PiKp/PiB2 2.PiKp/PiB2 3.PiKp/PiB2 teKp/PiB2 BrÜbsKp/PiB2
1. Dezember 2006	Aufstellung der PiBauKp/PiB2 Auflösung der 3.PiKp/PiB2 Unterstellung der 1.JaPzKp/AufklB2 (Nov. 06) sowie der LKp/MilKdoS (Jan 07)	Kdo&StbKp/PiB2 PiBauKp 1.PiKp/PiB2 2.PiKp/PiB2 teKp/PiB2 BrÜbsKp/PiB2 1.JaPzKp/AufklB2 LKp/MilKdoS
2008	Aufstellung der PzPiKp/PiB2 aus JaPzKp/AufklB2 und anderer Teile Umstrukturierung der teKp/PiB2 (aus der teKp und der BrÜbsKp/PiB2) Umbenennung der 1.PiKp/PiB2 in PiKp(gebbwgl)/PiB2 Auflösung der BrÜbsKp Auflösung der 2.PiKpKp/PiB2 (010408) Auflösung der 1.JaPzKp/AufklB2 Auflösung der LKp/MilKdoS (010508)	Kdo&StbKp/PiB2 PiKp(gebbwgl)/PiB2 PzPiKp/PiB2 PiBauKp/PiB2 teKp/PiB2

Das Salzburger Pionierbataillon

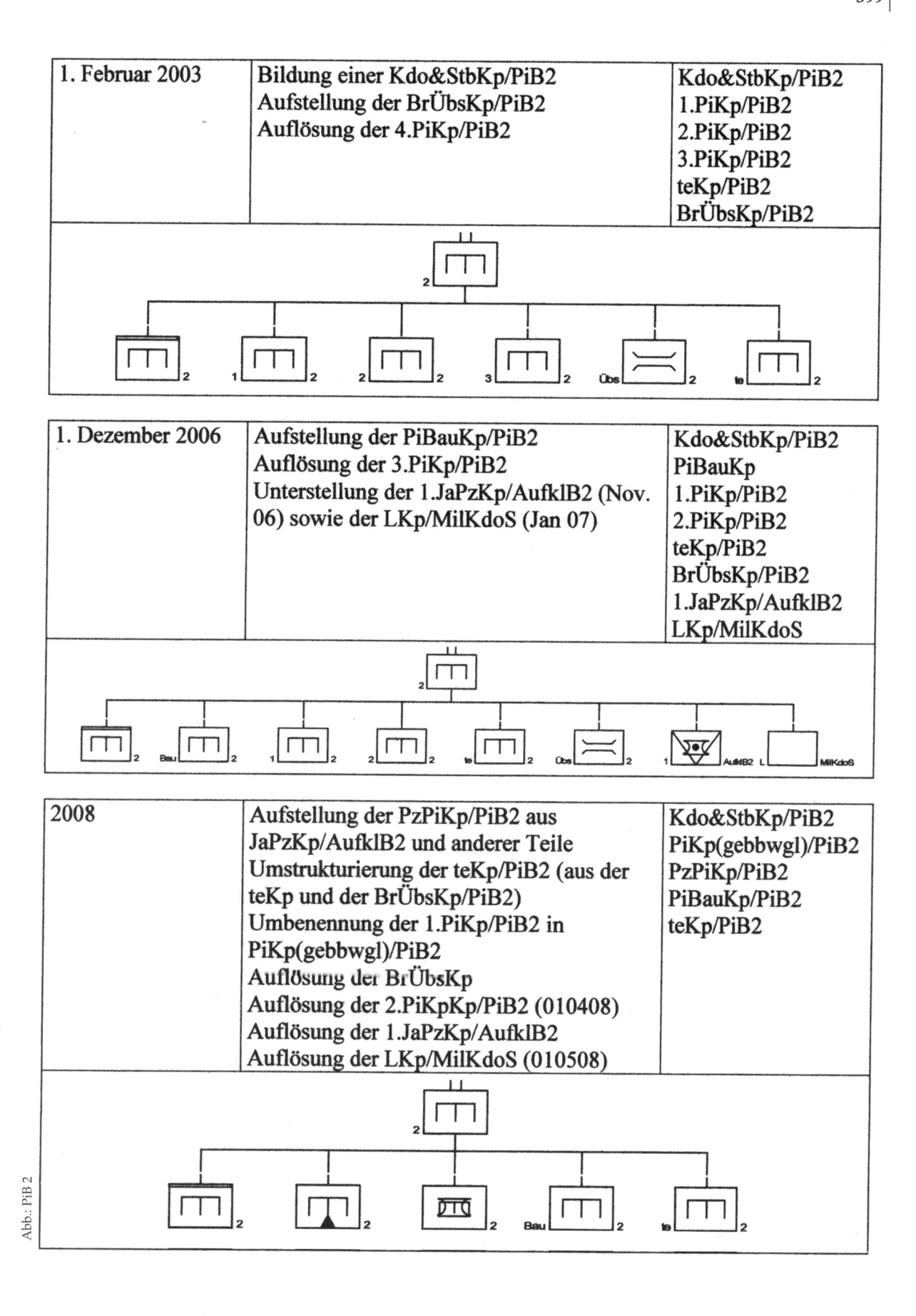

Geleistete Arbeitsstunden bei Unterstützungsleistungen und Katastropheneinsätzen

Jahr	Ulstg	KatE	Summe
1994	2.850	7.810	10.660
1995	18.608	5.106	23.714
1996	5.451	0	5.451
1997	224	712	936
1998	5.146	256	5.402
1999	6.380	53.811	60.191
2000	8.463	836	9.299
2001	5.014	5.154	10.168
2002	8.600	85.673	94.273
2003	15.309	12.203	27.512
2004	10.609	0	10.609
2005	34.734	53.530	88.264
2006	21.877	5.516	27.393
2007	11.352	18.039	29.391
2008	14.185	34.603	48.788

Geleistete Arbeitsstunden bei Unterstützungsleistungen und Katastropheneinsätzen

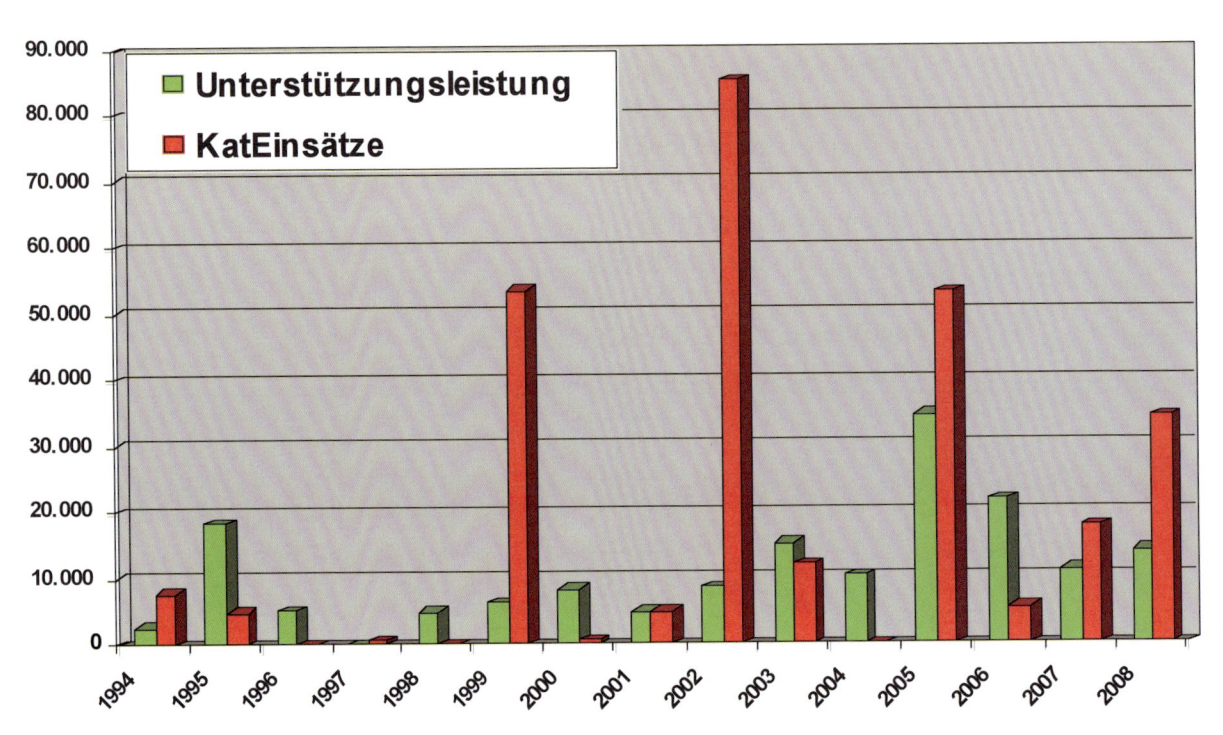

Abb.: PiB 2

✝

In Ehrfurcht

gedenken wir all jener Kameraden des Salzburger Pionierbataillons, die bereits zur Großen Armee abberufen wurden.

**Wir sind uns des großen Glücks bewusst, dass Österreich seit über 6 Jahrzehnten von Kriegen verschont geblieben ist, obwohl es weltweit und auch in unserer unmittelbaren Nachbarschaft zahllose blutige Auseinandersetzungen mit unzähligen Toten gegeben hat.
Zahlreiche Salzburger Pioniere waren im Rahmen internationaler Kontingente in diesen Konfliktzonen im Einsatz und haben dort ihren Beitrag zur Schaffung und Erhaltung des Friedens geleistet.
Kaum einer Generation vor uns war eine so lange Friedenszeit im eigenen Land gegönnt.
Möge unsere Heimat auch in Zukunft von Kriegen verschont bleiben.**

Abb.: PiB 2

Das Salzburger Pionierbataillon

Abkürzungen

2F2	Bauform Aluminiumgrabenbrücke zwei Trägerstränge-Fahrbahnplatte – zwei Trägerstränge	Hptm	Hauptmann
		HSNS	Heeressport- und Nahkampfschule
		HR	Hofrat
AB	Agusta Bell	JaPzB	Jagdpanzerbataillon
ABC	Atomar Biologisch Chemisch	JaPzKp	Jagdpanzerkompanie
AR	Artillerieregiment		
AssZg	Assistenzzug	k.u.k.	kaiserlich und königlich
Aubo	Außenbordmotor	KatE	Katastropheneinsatz
AufklB	Aufklärungsbataillon	KdoGrp	Kommandogruppe
AufklKp	Aufklärungskompanie	Kdt	Kommandant
AUSBATT	Austrian Battalion – Österreichisches Bataillon auf den Golanhöhen	KFOR	Kosovo Force
		KIOP	Kräfte für internationale Operationen
BKdo	Bataillonskommando	KKdt	Korpskommandant
BKdt	Bataillonskommandant	KPE	Kaderpräsenzeinheit
Bgdr	Brigadier	KpKdt	Kompaniekommandant
BrÜbsKp	Brücken- und Übersetzkompanie	Kpl	Korporal
		KUO	Kraftfahrunteroffizier
CISM	Conseil International du Sport Militaire = weltweiter Militärsport-Verband	KzlUO	Kanzleiunteroffizier
		LH	Landeshautpmann
		LIVEX	Life Exercise
DDSG	Donau-Dampfschiffahrts-Gesellschaft	LKp	Lehrkompanie
		Lt	Leutnant
DfUO	Dienstführender Unteroffizier		
dRes	der Reserve	M-Boot	Motorboot
Divr	Divisionär	MilAk	Militärakademie
		MilKdo	Militärkommando
ENTEC	Euro Nato Training Engineer Center	MjrdG	Major des Generalstabs
EOD	Explosive Ordnance Disposal - Kampfmittelbeseitigung	MLC	Military Load Class (Heereslastenklasse)
ET	Einrückungstermin		
Erk&VermUO	Erkundungs- und Vermessungsunteroffizier	NATO	North Atlantic Treaty Organisation
		NUO	Nachschubunteroffizier
FIS	Fédération Internationale de Ski		
FlABt	Fliegerabwehrbatterie	Obst	Oberst
FlAR	Fliegerabwehrregiment	ObstdIntD	Oberst des Intendanzdienstes
FMUO	Fernmeldeunteroffizier	Obstlt	Oberstleutnant
		Olt	Oberleutnant
GebPiB	Gebirgspionierbataillon	ÖPT	Österreichische Post und Telegraphenverwaltung
Gen	General		
GenMjr/GM	Generalmajor	OStv	Offizierstellvertreter
GFM	Generalfeldmarschall	OStWm	Oberstabswachtmeister
Gfr	Gefreiter	ÖTB	Österreichischer Turnbund
GTI	Generaltruppeninspektor	OWm	Oberwachtmeister
HBM	Herr Bundesminister	PfP	Partnership for Peace
HGM	Heeresgeschichtliches Museum	PiB2	Pionierbataillon 2
HLK	Heereslastenklasse	PiGerUO	Pioniergeräteunteroffizier

PiGrp	Pioniergruppe	StWm	Stabwachtmeister
PiTauchGrp	Pioniertauchgruppe		
PiTePlO	Pioniertechnischer Planungsoffizier	TB	Telegraphenbüro
PiTS	Pioniertruppenschule	teKp	technische Kompanie
PiZg	Pionierzug	teZg	technischer Zug
PzB	Panzerbataillon	TÜPl	Truppenübungsplatz
PzPiKp	Panzerpionierkompanie		
		ULstg	Unterstützungsleistung
Rekr	Rekrut	ULV	Umfassende Landesverteidigung
ROA	Reserveoffiziersanwärter	UNAFHIR	United Nations Austrian Field-Hospital in Iran
RW-Gerät	Roth-Waagner-Gerät (schweres Eisenbahnbrückengerät)		
		VR	Versorgungsregiment
SAFE	Salzburger Aktiengesellschaft für Elektrizität	Vzlt	Vizeleutnant
SHIRBRIG	Standby High Readiness Brigade	Whm	Wehrmann
SiO	Sicherheitsoffizier	WiUO	Wirtschaftsunteroffizier
sPiMaschZg	schwerer Pioniermaschinenzug	Wm	Wachtmeister
Stb&VersZg	Stabs- und Versorgungszug		
StbB	Stabsbataillon	zbV	zur besonderern Verwendung
StbKp	Stabskompanie	Zgf	Zugsführer
stvKdt	Stellvertretender Kommandant		

Gemäß der geltenden Vorschrift des Österreichischen Bundesheeres „Abkürzungen und Truppenzeichen" (ATZ) sind keine Zwischenräume bei militärischen Abkürzungen (z.B. PiB2) zu setzen. In dieser Publikation wird diese Vorschrift außer in der Übersicht über die Entwicklung des Salzburger Pionierbataillons nicht angewandt.

Abkürzungen

Literaturverzeichnis

Aichelburg Wladimir, Kriegsschiffe auf der Donau, Militärhistorische Schriftenreihe 37, Wien ²1982

Birago Karl, Untersuchungen über die europäischen Militärbrückentrains und der Versuch einer verbesserten, allen Forderungen entsprechenden Militärbrückeneinrichtung, Wien 1839

Birago Karl, Anleitung zur Ausführung der im Felde am meisten vorkommenden Pionnier-Arbeiten, Wien 1840

Birago Karl, Antwort des Oberst Birago auf die kritischen Bemerkungen, welche in dem Memoire des Herrn Artillerie-Kapitäns Cavalli, der sardinischen Armee, über die Militär-Brücken-Equipagen enthalten sind. In: Österreichische Militärische Zeitschrift (ÖMZ), Band 4, Heft 10, Wien 1843, S. 62 – 71

Birago Karl, Untersuchung über die bisher bekannten Mittel zur Unterhaltung der Korrespondenz im Kriege, und Ideen über die schnellste Art der Beförderung einer solchen Korrespondenz. In: Österreichische Militärische Zeitschrift (ÖMZ), 4. Heft, Wien 1844, S. 3 – 30

Blasek Heinrich, Beiträge zur Geschichte der k. u. k. Genie-Waffe, I. Theil, 1. und 2. Abschnitt (bearb. durch Franz Rieger), Wien 1898

Brinner Wilhelm, Übersichtliche Darstellung der Entwicklung des Kriegsbrückenwesens. In: Österreichische Militärische Zeitschrift (ÖMZ), 2. Band, Wien 1873, S. 165 – 190

Brinner Wilhelm, Geschichte des k. k. Pionnier-Regimentes in Verbindung mit einer Geschichte des Kriegs-Brückenwesens in Österreich, I. Theil, I. und II. Band, Wien 1878; II. Theil, I. und II. Band, Wien 1881

Cserny Karl, Karl Freiherr von Birago – Vortrag, gehalten am 28. Jänner 1982 in der Birago-Kaserne in Melk

Cserny Karl, Beitrag zur Geschichte der „Eisernen Kriegsbrückengeräte". In: Festschrift 100 Jahre Eisenbahn- und Telegraphenregiment, Korneuburg 1883 – 1983, o. O. 1983

Cserny Karl, Die Pioniere und die Pioniergarnison Klosterneuburg, unveröffentlichtes Vortragsmanuskript, Klosterneuburg 1983

Cserny Karl, Beitrag zur Geschichte der österreichischen Pioniertruppe. In: Festschrift 300 Jahre Pioniertruppe in Österreich 1684 – 1984, Wien 1984, S. 17 – 48

Cserny Karl, Karl Freiherr von Birago – ein Lebensbild, unveröffentlichtes Vortragsmanuskript, Klosterneuburg 1992

Dirrheimer Günter, Das k. u. k. Heer 1895, Schriften des Heeresgeschichtlichen Museums in Wien, Band 10, Graz 1997

Festschrift: Zehn Jahre Technik im Bundesheer, Sonderheft der Wehrtechnischen Information, hg. vom Bundesministerium für Landesverteidigung – Heereschefingenieur, Wien 1965

Festschrift: 200 Jahre Pioniertruppe und Pioniergarnison Klosterneuburg 1767 – 1967, Klosterneuburg 1967

Festschrift: 25 Jahre Pioniertruppenschule 1956 – 1981, Klosterneuburg 1981

Festschrift: 300 Jahre Pioniertruppe in Österreich 1684 – 1984, hg. vom Bundesministerium für Landesverteidigung, Wien 1984

Festschrift: 100 Jahre Eisenbahn- und Telegraphen-Regiment Korneuburg 1883 – 1983, o. O. 1983

Fricker R., Einsatz der Biragobrücke. In: Technische Mitteilungen für Sappeure, Pontoniere und Mineure, Heft 4, Bern 1980, S. 112 – 117

Gedenkschrift zur Erinnerung an das vor 60 Jahren (am 1. August 1883) in Korneuburg aufgestellte k. u. k. Eisenbahn- und Telegraphen-Regiment, Verf. Karl Bassi, Generalmajor a. D., Wien 1943

Gedenkschrift: MinR Dr. jur. Ing Heinrich Schalk, 250 Jahre militärtechnische Ausbildung in Österreich, Wien 1967

Gedenkschrift anläßlich des 90-jährigen Gründungsjubiläums des ehemaligen k. u. k. Eisenbahn- und Telegraphen-Regiments, hg. vom Stadtverband Korneuburg des ÖKB, Korneuburg 1973

Die Gedenktage der Pioniere des Österreichischen Bundesheeres – Belgrad 7.X.1915 – 25.XI.1916 (= Sonderheft der Militärwissenschaftlichen und Technischen Mitteilungen, hg. vom Österreichischen Bundesministerium für Heerwesen o. J.)

Geschichte des k. und k. Eisenbahn- und Telegraphen-Regiments 1883 – 1908, Wien 1908

Gredler-Oxenbauer Richard, Der Flußübergang bei Sistov am 23. November 1916, Sonderabdruck aus den „Mittheilungen über Gegenstände des Artillerie- und Geniewesens", Jahrgang 1917, 6. Heft, Wien 1917

Hauptner Rudolf, Die Okkupation Bosniens und der Herzegowina 1878 – Anschluß an Europa. In: Österreichische Ingenieur- und Architekten-Zeitschrift (OIAZ), 138. Jahrgang, Sonderheft 5/1993, Wien S. 182 – 190

Hauptner Rudolf, Die Kriegsbrückensysteme Birago und Herbert, Teil I und II, Wien 1998

Hauptner Rudolf, Zur Geschichte der Technischen Truppen des kaiserlichen Heeres im 19. Jahrhundert, Wien 2000

Hauptner Rudolf, Zur Entwicklung der eisernen Kriegsbrücken. In: Österreichische Ingenieur- und Architekten-Zeitschrift (OIAZ), 145. Jahrgang, Heft 1/2000, S. 2 – 22

Hauptner Rudolf, Studie zum Kriegsbrückenwesen der Neuzeit bis zum Ende des 17. Jahrhunderts. In: Gesellschaft für österreichische Heereskunde (Hg.), Militaria Austriaca 18, Wien 2001, S. 64 – 80

Hauptner Rudolf, Die k. u. k. Lokomotiv-Feldbahn N° 1 Korneuburg – Oberrohrbach – Leobendorf – Korneuburg, Teil 1 (August 2002) und 2 (Jänner 2003). In: Beiträge zur Feldbahn- und Industriebahngeschichte

Hauptner Rudolf, Skizzen zur Tätigkeit der Eisenbahnpioniere im Zweiten Weltkrieg, Wien 2004

Hauptner Rudolf, Die Kohn- und Roth-Waagner-Brücken in Belgrad 1915. In: Pallasch – Zeitschrift für Militärgeschichte Heft 18, Herbst 2004, S. 87 – 99

Hauptner Rudolf, Die Feldbahnen des kuk Eisenbahnregiments (I). In: Pallasch – Zeitschrift für Militärgeschichte Heft 27, Dezember 2008, S. 121-134

Kerchnawe Hugo, Die Flotillisten. In: Mitteilungen über Gegenstände des Artillerie- und Geniewesens 6, Wien 1912

Kohoutek Carl, Pioniergeschichten. In: Zeitzünder, Fachzeitschrift für Pioniere 1984 – 1986

Kohoutek Carl/Krenn Adolf, Aus der Geschichte der Pioniertruppenschule I – LVI. In: Klosterneuburger Zeitung vom 27. Juli 1989 – 18. Oktober 1990

Kohoutek Carl, Oberst Dipl.-Ing. Oskar Buchberger, Konstrukteur der Kriegsbrücke M 36 (Gedenkschrift), Klosterneuburg 1993

Kohoutek Carl, Die Pioniere. In: Pallasch – Zeitschrift für Militärgeschichte, Heft 3, Herbst 1998, S. 26 – 29

Kohoutek Carl, Die Pontoniere. In: Pallasch – Zeitschrift für Militärgeschichte, Heft 7, Herbst 1999, S. 24 – 33

Kohoutek Carl, Das Sappeur-Corps der k. u. k. Armee 1760 – 1851. In: Pallasch – Zeitschrift für Militärgeschichte, Heft 18, Herbst 2004, S. 56 – 71

Kollmann Eric C., Theodor Körner, Militär und Politik, Wien 1973

Lex Erich, Das militärische Eisenbahn- und Seilbahnwesen im Alten Österreich und seine Bedeutung im Weltkrieg I – im besonderen im Krieg gegen Italien 1915/18. In: Mitteilungen der OG Salzburg Nr. 2/98

Liebe Georg, Der Soldat in der deutschen Vergangenheit, Leipzig 1899

Mollinary von Monte Pastello Anton Freiherr, Oberst Carl Freiherr von Birago. In: Organ der militärwissenschaftlichen Vereine Nr. 48/3/1894, hg. Franz Rieger

Quellen und Literatur

Mollinary von Monte Pastello Anton Freiherr, Sechsundvierzig Jahre im Österreichisch-ungarischen Heere, Zürich 1905

Montecucculi Raymundus, Besondere und geheime Kriegs-Nachrichten des Fürsten Raymundi Montecucculi, Röm. Kays. Maj. Generalissimi, worinnen die Anfangs-Gründe der Kriegs-Kunst sehr deutlich beschrieben sind, Leipzig 1736

Müller-Elblein Herbert, Geschichte der österreichischen Pioniertruppe. In: Festschrift 200 Jahre Pioniertruppe und Pioniergarnison Klosterneuburg 1767 – 1967, Klosterneuburg 1967, S. 15 – 63

Müller Ladislaus, Die europäischen Kriegs-Brücken-Systeme, Wien 1874

Ottenfeld Rudolf von/Teuber Oscar, Die Österreichische Armee von 1700 bis 1867, Graz 1971

Petter Dietrich, Integration vor 140 Jahren. In: Pioniere, Heft 1, Darmstadt 1963, S. 7 – 11

Der Pionier Nr. 1 – 42, Jahresberichte des Salzburger Pionier-Bataillons 1961 – 2008

Rainer Otto, Salzburger Pioniertradition, Salzburg o. J.

Rippner Hugo von, Europäische Kriegsbrückensysteme, Sonderabdruck aus den Mittheilungen über Gegenstände des Artillerie- und Geniewesens, Wien 1895

Schäfer Kurt/Gabriel Erich, Kaiserliche Holz-Kriegsschiffe auf der Donau, Katalog des Heeresgeschichtlichen Museums, Wien 1978

Schäfer Kurt, Architectura Navalis Danubiana, Diss., Wien 1983

Schäfer Kurt, Nassern, Tschaiken, Canonierbarquen, Wien 2008

Schaumann Walter, Die Bahnen zwischen Ortler und Isonzo 1914 – 1918, Wien 1991

Schels Johann B., Die Militär-Brücken des Oberst Ritter von Birago. In: Österreichische Militärische Zeitschrift (ÖMZ), Band 1, Heft 1, Wien 1842, S. 55 – 75

Schmedes Kurt von, Zur Geschichte der Donauflotille. In: Mitteilungen aus dem Gebiete des Seewesens, Pola 1914/15

Sedlacek Hugo, Eisenbahnbrückengeräte in Stahl – früher und heute. In: Bauingenieur, Heft 1, 1976

Überlieferungspflege im Bundesheer, hg. vom Bundesministerium für Heerwesen, Wien 1931

V. W., Hauptmann im k. k. Pionnierkorps, Über das österreichische Kriegsbrückensystem – Eine Beurtheilung der Kritik Meudra's, in seinem Werke: „Ponts militaires et passage de rivières", Paris 1861. In: Österreichische Militärische Zeitschrift, 4. Jg., Heft 17, Wien 1863, S. 131 – 194

Wagner Walter, Die k. (u.) k. Armee – Gliederung und Aufgabenstellung. In: Adam Wandruszka/Peter Urbanitsch, Die Habsburgermonarchie 1848 – 1918, Band V: Die bewaffnete Macht, Wien 1987

Wrede Alphons Freiherr von., Geschichte der k. u. k. Wehrmacht, VI. Band (1. Teil), Wien [nach 1909]

Wurmb Julius von, Lehrbuch der Kriegsbaukunst zum Gebrauche der kais. kön. Genie-Academie, Olmütz 1852

Zöllner Erich/Gutkas Karl, Österreich und die Osmanen – Prinz Eugen und seine Zeit, Wien 1988

Anhang

Die Feldzeichen des Pionierbataillons

Die Standarte ...

… wurde dem Pionierbataillon 1967 von den Gemeinden des Lungaus für die Hilfe nach der schweren Unwetterkatastrophe des Jahres 1966 gewidmet.

Folgende Standartenbänder wurden dem Pionierbataillon gewidmet:
- von den Gemeinden des Lungaus 1967
- von der Gemeinde Strobl 1967
- von der Stadtgemeinde Hallein 1967
- von der Gemeinde Straß im Attergau 1978
- von der Gemeinde Hüttau 1979
- von der Gemeinde Niedernsill 1981

von der Kameradschaft der Pioniere und …

Das Ehrensignalhorn ...

... gewidmet von der Kameradschaft der Pioniere und Sappeure

Die Ehrentrompete ...

... übergab Landeshauptmann Dr. Wilfried Haslauer dem Pionierbataillon zum 25-Jahrjubiläum im Oktober 1983.

Die Heilige Barbara

Schutzpatronin der Pioniere

Bruno Koppensteiner, geboren 1938; Mag. Dr., MSD, Oberst i.R.; 1952 bis 1957 Lehrerbildungsanstalt St. Pölten; 1958 bis 1961 Theresianische Militärakademie, Ausbildung zum Pionieroffizier; Dienst in Ebelsberg, Melk und Salzburg; 1969 bis 1980 Kompaniekommandant; 1981 bis 1989 Kommandant des Salzburger Pionierbataillons, anschließend bis zu seiner Pensionierung Korpspionieroffizier (KpsPiO) beim Korpskommando II in Salzburg; 1973/74 UN-Einsatz in Zypern während des EOKA (*Ethniki Organosis Kyprion Agoniston*; nationale Organisation griechisch-zypriotischer Kämpfer)-Putsches und der türkischen Invasion; 1980 bis 1994 Gastlehroffizier an der Pioniertruppenschule für die Bereiche Stellungsbau und Hilfeleistung bei Elementarereignissen; 2003 Promotion zum Historiker an der Universität Salzburg sowie 2007 Graduierung zum „Master of Security and Defence" (MSD) an der Landesverteidigungsakademie in Wien

Publikationen u. a. zu folgenden Themen:

Katastropheneinsatz, Flussübergänge in der Antike, Bogomilen, Krieg in Tschetschenien, militärische Planungen und Verteidigungsvorbereitungen zwischen 1935 und 1938, geheimer Aufbau der österreichischen Streitkräfte zwischen 1945 und 1955

Diplomarbeit: Béthouarts Alpenfestung – Militärische Planungen und Verteidigungsvorbereitunen der französischen Besatzungsmacht in Tirol und Vorarlberg. In: Erwin A. Schmidl (Hg.), Österreich im frühen Kalten Krieg 1945–1958, Wien-Köln-Weimar 2000

Dissertation: Karl Freiherr von Birago – Brückenkonstrukteur, Festungsbauer, Diplomat, Salzburg 2005

Autor

Schriften zur Geschichte des Österreichischen Bundesheeres

Herausgegeben vom Generalstab des Bundesministeriums für Landesverteidigung und Sport und der Militärgeschichtlichen Forschungsabteilung des Heeresgeschichtlichen Museums (Wien)

Band 1
Stefan Bader
General Erwin Fussenegger 1908 bis 1986
Die erste Generaltruppeninspektor des Österreichischen Bundesheeres der Zweiten Republik; Wien 2003
ISBN 3-902455-00-4

Band 2
Walter A. Schwarz
Verleihe ich Ihnen ...
Die militärischen Auszeichnungen der Republik Österreich und deren Vorgänger; Wien 2004
ISBN 3-902455-01-2

Band 3
Stefan Bader
An höchster Stelle ...
Die Generale des Österreichischen Bundesheeres der Zweiten Republik; Wien 2004
ISBN 3-902455-02-0

Sonderband „50 Jahre Bundesheer"
Wolfgang Etschmann/Hubert Speckner (Hg.)
Zum Schutz der Republik Österreich ...
Beiträge zur Geschichte des Österreichischen Bundesheeres; Wien 2005
ISBN 3-902455-03-9

Band 4
Axel Alber
An Sankt Barbaras gnädiger Hand ...
Die Geschichte der Artillerie im Österreichischen Bundesheer der Zweiten Republik; Wien 2005
ISBN 3-902455-04-7

Band 5
Erwin Pitsch
Vom AK zum JaKB 911 ...
Kommanden, Behörden, Verbände und Truppen des Österreichischen Bundesheeres seit 1955; Wien 2005
ISBN 3-902455-05-5

Band 6/1
Siegbert Kreuter
Erlebtes Bundesheer ...
Teil 1; Vom Hilfsgendarm zum Kompaniekommandanten; 1952 bis 1963; Wien 2006
ISBN 3-902455-06-3

Band 6/2
Siegbert Kreuter
Erlebtes Bundesheer ...
Teil 2; Vom S 3 im Brigadestab in den Generalstabsdienst; 1953 bis 1973; Wien 2007
ISBN 978-3-902455-12-3

Band 7
Sascha L. Bosezky
... des Generalstabsdienstes
Die operative Ausbildung im Österreichischen Bundesheer von 1956 bis in die Gegenwart; Wien 2006
ISBN 3-902455-07-1

Schriften zur Geschichte des Österreichischen Bundesheeres

Herausgegeben vom Generalstab des Bundesministeriums für Landesverteidigung und der Militärgeschichtlichen Forschungsabteilung des Heeresgeschichtlichen Museums (Wien)

Band 8
Herbert Haas/Hubert Odstrczil u. a.
Wir waren die Ersten ...
Einrückungstermin 1956; Brigade Aufklärungskompanie 2; 1956 bis 2006; Wien 2006
ISBN 3-902455-08-X

Band 9
Harald Pöcher
Geld, Geld und noch einmal Geld ...
Streitkräfte und Wirtschaft – Das Österreichische Bundesheer als Wirtschaftsfaktor von 1955 bis in die Gegenwart; Wien 2006; ISBN 978-3-902455-09-3

Band 10
Hubert Speckner
Von drüben ...
Die Flüchtlingshilfe des Österreichischen Bundesheeres in den Jahren 1956 bis 1999; Wien 2006
ISBN 978-3-902455-10-9

Band 11
Karl-Reinhart Trauner u. a.
Es gibt nie ein Zuviel an Seelsorge ...
50 Jahre Evangelische Militärseelsorge im Österreichischen Bundesheer; Wien 2007
ISBN 978-3-902455-11-6

Band 12
Mario Strigl
Wacht an der Grenze
Die Grenzschutztruppe des Österreichischen Bundesheeres; Wien 2008
ISBN 978-3-902455-13-0

Band 13
Erwin Fitz
Flügelhorn und Sturmgewehr
50 Jahre Militärmusik Vorarlberg 1958 bis 2008; Wien 2008
ISBN 978-3-902455-14-7

Band 14
Peter Barthou
Der „Oberstenparagraph"
Der Umgang mit Obersten und Generalen der Deutschen Wehrmacht im Österreichischen Bundesheer; Wien 2008
ISBN 978-3-902455-15-4

Band 15
Horst Pleiner/Hubert Speckner
Zur Verstärkung der nördlichen Garnisonen ...
Der „Einsatz" des Österreichischen Bundesheeres während der Tschechenkrise im Jahr 1968; Wien 2008
ISBN 978-3-902455-16-1